강박장애

이론, 현상학, 평가

정승아 저

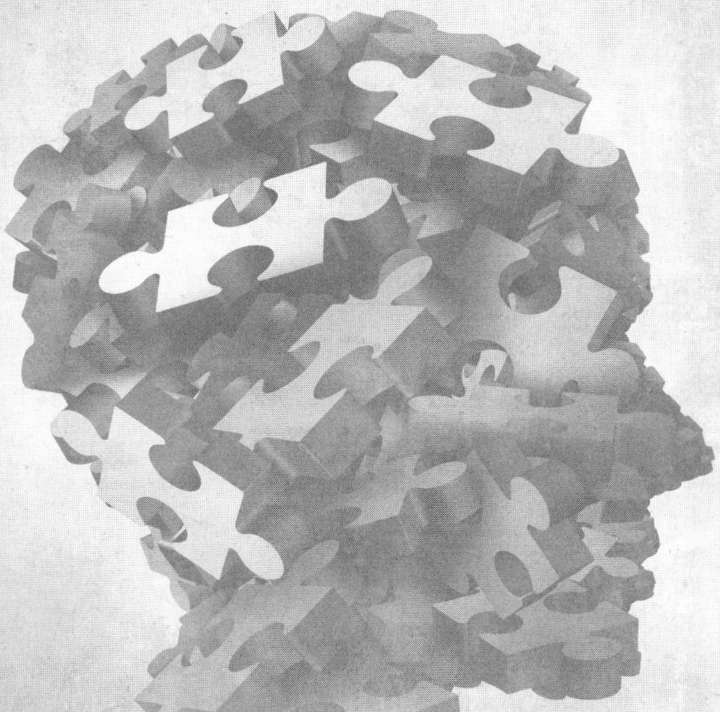

학지사

머리말

'성급한 일반화의 오류'를 무릅쓰고 말하자면, 현대는 가히 강박의 시대라고 할 수 있다. 조금 더 과장하자면, 현대 문명은 어쩌면 강박의 정신 위에 세워진 것인지도 모른다.

그 어느 때보다 우리 현대인들은 모두 시간과 공간을 정밀하게 나누고 정확하게 측정하기를 추구하며 그 바탕 위에서 생활하고 있다. '추구한다.'라는 능동태를 쓸 수도 있지만, 강박장애의 정의에 더 맞게 표현하자면 '추구하도록 강요당하고 있다'라고 수동태를 쓰는 게 더 정확한 표현일 수 있다. 우리는 예전 우리 선조들이 살았던 세상과는 비교할 수 없을 정도로 촘촘하게 쪼개진 시간과 공간의 단위 위에서 생활하고 있고, 감각기관으로는 감지할 수도 없는 정밀한 단위 위에서 모든 생산물을 만들어 내고 있다. 소수점 아래 수십 자리까지의 단위를 고려하지 않고서는 인공위성을 띄우거나 GPS 체계를 운용할 수 없으며, 반도체 회로는 나노 단위로 설계되어 우리가 일상적으로 사용하는 전자제품으로 생산되고 있다. 오늘날 각국은 1초를 수십억 번 쪼개어, 1초의 소수점 아래 한 자리라도 더 늘릴 수 있는 정확도를 가진 원자시계를 개발하기 위해 노력하고 있다.

또 현대인은 인류 역사상 그 어느 때보다도 위생적인 삶을 추구(당)하고 있다. 더럽거나 건강에 해가 될 수 있는 모든 요소를 사전에 철저히 통제하려고 한다. 불을 이용하여 음식을 만들어 먹는 동물은 지구상에서 인간이 유일하며, 꼭 전염병이 유행하고 있는 시기가 아니더라도 하루에 세 번 정도 손을 씻는 것은 최소한의 일상적인 생활수칙으로 권장되고 있다. 그 결과, 예전에는 오염이나 감염으로 유행하던 많은 질병이 사라지긴 했다. 현대 국가발전의 수준을 가늠할 수 있는 척도 중의 하나는 국가의 위생관리 시스템이 어느 정도인가이다.

오늘날의 시대가 이전보다 더 안전해졌는지에 대해서는 논쟁의 여지가 있지만, 적어도 오늘날의 현대인들은 우리 선조들보다 훨씬 더 안전을 추구하고 있고, 안전에 대한 감각도 증폭되어 있으며, 훨씬 더 안전하다고 평가받는 환경에서 살아가고 있다. 도시에 사는 현대인들은, 원시적인 상태에서 우리 조상들이 걱정했던 자연재해를 걱정하는 이들은 별로 없다. 오히려 예전의 우리 조상들이 걱정할 필요가 없었던 더 많은 것을 걱정하고 있으며, 위생관리 못지않게, 재난이나 사고에 대응할 수 있는 국가의 안전관리 시스템의 수준은, 그 나라의 발전 수준을 보여 주는 지표 중 하나가 되었다.

양면성이 있기는 하지만, 도덕적인 측면에서도 우리는 그 어느 때보다 도덕적인 동물이 되었다. 어떤 국가와 민족이건 자신이 속한 집단 구성원들의 이익을 먼저 생각하며 자신을 희생하는 행위들을 찬양하고 있다. 살인이나 폭력과 같은 직접적 위해 행위가 아닌, 타인의 감정에 아주 조그마한 상처를 줄 만한 행위를 하고도 밤잠을 못 이루거나 갈등한다. 적어도 공식적으로는, 인권을 침해하거나 차별적인 언행을 보이면 그 사람이 속한 집단에서 매장당할 정도의 비난을 받게 된다. 이제 도덕과 윤리체계는 집단의 힘으로 작용하기보다는 개인의 양심으로 자리 잡아, 한 집단이 아닌 개별적인 인간들이 각자 양심의 가책을 짊어지고 스스로 도덕적인 문제들을 해결해 나가야 하는 시대가 되었다.

마지막으로, 종교적인 것에 대해서는 똑같은 얘기를 할 수 없을 것 같다. 전통적 의미의 종교들만을 종교적인 것이라 정의한다면, 현대인들이 고대인들보다 더 종교적이 되었다고는 말하기 어렵겠다. 규범화된 거대 종교의 테두리 내에서 고대인들만큼 믿음에 헌신하며 종교적 활동에 참여하는 사람들의 숫자만 놓고 보면 그렇다는 얘기이다. 하지만 집단의 종교가 개인화되어버린 것이라면? 혹은 현대인들에게 과학이 종교가 된 것이라면? 그리고 그 과학적 성취를 이룬 초석에 강박의 정신이 놓여 있다면? 이 물음에 대한 답은 진지하게 추구해 볼 만한 가치가 있다.

어쨌건, 오늘날 우리가 '강박장애를 지니고 있는 사람들'이라 부르는 이들에게서 나타나는 증상들은, 현대인들의 이러한 특성들과 여러 측면에서 상당히 닮아 있다. 그들은 병적으로 정확함, 깨끗함, 안전을 추구하며, 스스로에게 과도한 도덕적 책임감을 지우고 있는 사람들이기 때문이다. 만일 강박장애가 '현대병'이라면, 현 시대의 우리가 정의하는 강박장애는 정확히 무엇인지, 그리고 현재까지의 연구자들은 어떻게 그 증상들을 이해하고 정의해 왔는지를 살펴보는 것은 어쩌면 우리의 자화상을 그려 보는 작업일 수 있다.

2018년 8월

저자 정승아

이 책의 내용

어떤 현상에 대한 이해는 그 현상을 면밀하게 관찰하고 개념을 정의하는 것에서부터 시작한다. 현상에 대한 관찰로부터 그 현상에 대한 개념이 형성되지만, 개념이 형성되면 이번에는 그 개념이 관찰을 제약한다. 이처럼 관찰과 개념은 서로 영향을 주고받고 순환하면서 어딘가를 향해 나아간다. 따라서 우리는 현상학적 관점에서의 엄밀한 관찰과 그 관찰을 통해 형성된 개념이 무엇인지를 파악하는 작업을 동시에 수행해야 한다. 정신의학이나 심리학의 대상인 심리적 현상은 객관적으로 관찰하기 어려운 주관적 체험을 담고 있기 때문에 이러한 작업이 쉽지 않다. 또한 어떤 현상, 특히 심리적 현상에 대한 정의는 그 정의가 내려지는 시대의 상황과 시대정신에서도 많은 영향을 받는다. 따라서 우리가 현재 '강박장애'라는 명칭으로 개념화하고 있는 이 현상과 그에 대한 정의도 고정불변의 것이 아닌 진행형이라고 할 수 있다.

'강박'은 현대 정신의학이 성립되기 이전부터 사용되어 온 오래된 용어이지만, '강박장애'라는 명칭은 현대 정신의학이 내린 개념적 정의를 담고 있다. 즉, 병리학적 개념인 것이다. 그러나 우리는 강박장애, 즉 '병'이라고까지는 할 수 없지만 강박장애와 유사한 '정상적'인 현상들도 자주 접하게 된다.

이 모든 것을 '강박적' 현상이라고 부른다면, 어디까지가 정상적인 현상이고 어디부터 병(혹은 장애)이라고 불러야 할지, 그 진단적 정의의 세부기준은 무엇이어야 할지, 그리고 이와 유사한 다른 인접 현상들은 무엇이고 어디서부터 차이점을 발견할 수 있으며, 어느 정도의 차이가 관찰될 때 다른 현상으로 명명해야 하는지 등을 면밀하게 살펴보고 그 개념의 경계를 결정해야 한다.

이 책은 이러한 두 가지 측면, 즉 현상과 개념의 측면 모두에 균형을 맞추어 '강박장애'를 살펴보고 이해하고자 한다. 이를 위해 이 책의 제1장에서는, 현대의 진단적 정의가 내려지기 이전에 강박장애와 관련된 현상들을 어떤 용어로 지칭해 왔는지 몇 가지 역사적 흔적들을 살펴보고, 이런 현상을 설명하기 위해 제시된 주요 고전적 이론가들의 이론을 개관한다. 제2장에서는 고전적 이론가들 이후에 진행된 현대적 연구 성과들을 종합하여 성립된 강박장애의 현대적 이론이라 할 수 있는 인지-행동적 모델과 생물학적 모델을 살펴본다. 이어지는 제3장에서는 강박장애에 대한 현재의 개념적 정의, 즉 정신의학적 진단기준 및 내포된 쟁점들과 핵심적인 증상적 특징들, 그리고 DSM-5에 이르러 '강박 및 관련 장애'라는 독립된 범주로 묶인 유사한 다른 강박현상들이 무엇인지 살펴본다. 제4장에서는 강박장애의 현상학, 즉 보편적으로 자주 관찰되는 주요 강박 증상들의 유형과 그 세부 특징들을 기술하는 데 초점을 맞춘다. 또한 다른 진단적 쟁점을 내포하고 있는 강박성 성격장애의 진단적 개념 및 강박장애와의 관련성에 대해 살펴본다. 마지막으로, 제5장에서는 객관적 기준에 의해 강박장애를 평가하고 진단하기 위해 개발되어 온 주요 평가도구들을 개관해 본다. 이러한 각각의 도구들은 진단 및 평가 혹은 연구를 위한 하나의 수단에 불과한 것일 수도 있지만, 동시에 각기 다른 측면에서 강박장애를 정의하는 하나의 또 다른 진단기준이라는 점에서 강박장애를 이해하는 데 도움이 될 것이다.

차례

제2장

강박장애의 개념화: 현대의 이론

제3장

강박장애의 병리학

제1장

강박장애의 개념화: 역사적 인물, 용어, 초기 이론

'강박'이라는 용어가 쓰이기 시작한 역사는 그리 길지 않다. 물론, 이 용어가 쓰이기 이전에는 강박현상이 존재하지 않았다고 말할 수는 없으며, 다른 유사한 많은 용어로 오늘날의 강박증상과 비슷한 증상을 보이는 사람들이 묘사된 문헌들을 접할 수 있다. 그럼에도 불구하고 쓰이지 않던 새로운 용어와 그 용어를 정의하는 개념이 등장했다는 것은 단지 그 현상을 지칭하는 단어 하나가 새로 생겨났다는 정도의 의미를 넘어서는 영향력을 지닌다. 즉, 용어는 특정한 개념 구조를 함축하고 있고 그러한 구조의 측면에서 어떤 현상을 바라보는 틀과 방향성을 지시하기 때문이며, 그 용어가 한 사회에 통용되기 시작했다는 것은 곧 그 용어를 사용하는 공동체의 구성원들 사이에서 그 용어와 관련된 현상을 공통된 특별한 의미로 바라보고 서로 합의할 수 있는 방식으로 대처하고 있다는 것을 시사하기 때문이다. 그런 의미에서 '강박장애(Obsessive-Compulsive Disorder: OCD)'라는 병리적 현상을 이해하기 위한 첫 걸음은, 먼저 '강박'이라는 용어가 어떤 현상을 지칭하기 위해 사용되어 왔는지를 역사적 맥락에서 살펴보는 것이라고 할 수 있다.

그러나 관련되는 현상들의 역사를 더듬어 본다는 것은 방대하고도 철저한 자료 검토가 필요한 거대한 작업이다. 여기서는 단지 문헌상 강박증상을 겪었던 것으로 보이는 몇몇 역사적 인물들의 사례를 중심으로, 근대 정신의학이 형성되기 이전에는 오늘날의 '강박'이라고 부를 수 있는 특징을 보이는 사람들은 어떤 정신적 경험을 하였던 것인지, 그리고 그것이 오늘날의 강박장애와 어떻게 닮아 있는지를 살펴보는 정도에 그칠 수밖에 없다. 아울러 '강박장애'를 정의하는 오늘날의 정신의학적 진단기준이 형성되기까지의 과정에서 중요한 이론적 틀을 제시해 주었던 초기의 고전적 이론가들은 강박장애를 어떻게 기술하고 이해해 왔는지 살펴볼 것이다.

역사적 흔적

이전의 문헌에서 오늘날의 '강박장애'에 해당하는 명칭들을 찾아볼 때, 먼저 오늘날의 용어로 '양심가책병' 또는 '죄의식병' 정도로 번역할 수 있는 'scrupulous'라는 용어가 사용되었다는 것을 알 수 있다. 이 용어는 지나친 양심 때문에 사소한 문제로도 자신이 어떤 죄를 범했을지도 모른다는 생각으로 끊임없이 괴로워하는 사람들을 기술하기 위해 사용되었다. 가톨릭 교회 역사가들은 이러한 사람들에 대한 기록이 13세기 이전에는 상대적으로 드물었지만, 르네상스가 끝날 무렵부터는 거의 전염병처럼 많아져서, 경미한 경우에는 정상인으로 간주될 정도였다고 말한다. 특히 고해성사(confession)가 규칙적으로 행해야 하는 하나의 보편적인 예배의식처럼 자리 잡고 난 이후에는 죄책감에 시달리는 수많은 사람이 생겨났다(Osborn, 2008). 계몽시대 이전의 가톨릭 성직자들의 기록에 등장하는 이러한 특징을 지닌 사람들은, 특별한 종교적 소명을 받은 사람들이라기보다는 뭔가 마음에 문제가 있는 사람들로 여겨졌고, 이러한 사람들을 대하는 당시 교회의 태도는 이중적이었던 것 같다. 위대한 기독교의 성인들의 경우, '신에게 가장 큰 사랑을 받는 자는 가장 큰 시험을 받는다'는 믿음에 따라 신에게 한발 더 다가서기 전에 맞이할 수밖에 없는 '악마의 시험'으로 혹은 이전의 죄인 상태에서 완전히 새로운 사람으로 거듭나기 위해 거쳐야 하는 단계로 받아들여졌다. 반면에, 신앙의 초심자들이나 일반 시민들이 이러한 문제(특히 신성모독적인 생각들로 인한 괴로움)를 호소하면, 악령에 사로잡힌 사람이나 '마녀'로 취급당했다는 기록도 있다(Shapiro, 2015).

이렇듯 일종의 가벼운 병적인 상태 정도로 기술되어 있는 이 'scruple'의 상태가 구체적으로 무엇을 말하는 것인지는 주로 교회의 위대한 성인들의 행적을 기록한 글이나 그들의 자서전적 기록물들을 통해 엿볼 수 있는데, 그 상태는 분명히 오늘날 강박장애의 진단기준으로 삼고 있는 강박사고나 강박행동과 상당히 유사하다.

기독교적 전통 속의 인물

1) St. Paul

가장 유명한 예는 성경에 포함되어 있는 사도 St. Paul의 서한에서 기술하고 있는 그의 종교적 경험들이다. 그중에서도 자신의 신앙적 체험을 통해 사도들에게 권면하는 내용을 기술한 구절이 있는데, 오늘날의 강박장애에서 정의하는 강박적 사고나 강박적 충동과 유사한 그런 이중적이고 갈등적인 마음 상태를 신앙적 관점에서 기술하고 있다.

> 내가 행하는 것을 내가 알지 못하노니 곧 내가 원하는 것은 행하지 아니하고 도리어 미워하는 것을 행함이라(로마서 7:15).
>
> 내가 원하는 바 선은 행하지 아니하고 도리어 원하지 아니하는 바 악을 행

> 하는도다. 만일 내가 원하지 아니하는 그것을 하면 이를 행하는 자는 내가 아니요 내 속에 거하는 죄니라. 그러므로 내가 한 법을 깨달았노니 곧 선을 행하기 원하는 나에게 악이 함께 있는 것이로다(로마서 7:19-21).

이러한 묘사의 핵심은 St. Paul이 선과 악의 대립구도로 설정한, '원하는 것'과 '원하지 않는 것(또는 미워하는 것)' 사이의 첨예한 갈등이다. 그가 말한 원하지 않는 것이 무엇인지에 관해서는 구체적으로 드러나 있지 않기 때문에, 그 생각의 내용이 오늘날의 강박장애 환자들의 사고내용과 얼마나 유사한지는 확인할 수 없지만, 그의 이러한 언급은 현재의 '강박사고'의 진단기준 중 '원하지 않는 생각'에 해당되는 것일 수 있다.

St. Paul의 이러한 묘사가 현대의 강박장애 진단기준에서 강박사고와 형식면에서 유사점이 있다면, 강박행동과 관련된 내용들은 기독교의 예식과 관련하여 성경의 이곳저곳에 산재해 있는데, 특히 모든 것을 정화시키는 상징으로서의 '물'에 대한 비유가 대표적이다. 또한 그러한 물이 초대 기독교적 예식행위에서부터 중요한 소재로 사용되어 왔다는 것을 알 수 있다.

> 요한도 살렘 가까운 애논에서 세례를 베푸니 거기 물이 많음이라. 그러므로 사람들이 와서 세례를 받더라(요한복음 3:23).

우리가 물로 더러운 것들을 몸에서 씻어내듯이, 물리적 차원에서 기독교적인 세례의식은 심리적으로 더러운 것(즉, 죄)을 씻어내기 위해서 물로 세례를 받아야 이전의 자신과 선을 긋고 새 사람이 될 수 있다는 신념하에 행해진 것이다. 이러한 세례의식이 기독교 내에서는 정해진 규칙과 순서에 따라 정기적으로 행해지고 있다는 측면에서 보자면, 오늘날의 강박장애 진단기준인 강박행동 중 점검행위와 더불어 가장 높은 빈도로 보고되는 '씻기(청결)' 강박행동과 닮아 있다.

2) John Climacus

John Climacus(525~606)는 시나이 사막에 살았던 금욕적인 수도자였는데, 신과 만나기 위한 수도사들의 수행과정에서 지녀야 할 태도와 행동에 관해서 30계단으로 이루어진 사다리에 비유하여 30장으로 구성하여 쓴 『거룩한 등정의 사다리(The Ladder of Divine Ascent)』라는 책을 저술하였다. 오늘날의 '강박사고(obsession)' 진단기준을 충족시킬 수 있을 만한 '차마 입에 담을 수 없는 불경스러운 생각에 관하여'라는 제목하에 제23계단을 기술하는 장(章)에서, 그는 이런 불경스러운 생각들 때문에 양심의 가책으로 고통받는 수도자들을 위로하며 다음과 같은 충고를 하고 있다.

> 불경스러운 생각들에 마주칠 때면, 자신에게 죄가 있다고 생각할 필요는 없다. 주님은 우리 마음의 깊은 곳을 아시는 분이며, 그런 (불경스러운) 생각들은 우리의 것이 아니라, 신을 미워하는 악마의 것이다. …… 그것은 우리 내부의 가장 더럽고 역겨운 생각들을 불러일으킨다. …… 그런 더럽고 입 밖에 낼 수 없는 생각들은 기도하는 중에 찾아오지만, 굴하지 않고 끝까지 기도하면, 물러 간다.

Climacus에 의하면, 이러한 '불경스럽고' '역겨운 생각들'은 자신이 아닌 악마에 의해서 심어진 것이기 때문에 죄가 있다고 생각할 필요가 없으며 '굴하지 않는' 기도를 통해 물리칠 수 있다는 것이 요점이다. 이는 오늘날 강박장애의 진단기준 중 강박사고(더럽고 역겨운 생각들)와 강박행동(굴하지 않는 기도)을 떠올리게 한다.

3) Ignatius Loyola

16세기의 Ignatius Loyola(1491~1556)는 종고개혁 운동에 대항하여 엄격한 군대식 규율에 따르는 수도원 조직인 예수회를 창립한 역사적 인물이다. 긴 기간은 아니었던 것으로 보이지만, Loyola에게 그 '양심가책병(scruples)'이 찾아온 것은 전도유망한 군인의 길을 버리고, 세속의 소유물을 포기한 채 방랑하는 수도자가 되고자 결심한 직후인 그의 나이 30대 초반이었다. 이 시기에 찾아온 이 '병'에 대해 그는 자서전에서 다음과 같이 기록하고 있다.

> 비록 고해성사를 했지만, 여전히 아직까지 고백하지 못했던 몇 가지가 남아 있다. 고해성사 후에 나의 병(scruples)이 다시 나를 찾고, 그럴 때마다 나는 더 예민해져서 극도로 혼란스러워졌다. 이 병이 나에게 매우 해로운 것이라는 것을 알고 있으며 없애 버리는 것이 좋다는 것도 알고 있지만, 떨쳐 버릴 수가 없다(Osborn, 2008, p. 38 재인용).

> …… (길을 걷다) 십자가 형태로 떨어져 있는 지푸라기 두 개를 밟았을 때, 혹은 내가 무엇인가를 생각하거나 말하거나 행하고 난 후에, 어딘가 알 수 없는 외부에서(from without) 내가 죄를 지었다는 생각이 찾아왔고, 반면에 나로서는 내가 죄를 지은 것 같지는 않았다. 그럼에도 불구하고 나는 그 문제에 대해 왠지 불편해졌다. 나는 의심하면서도 의심하지 않았다(Shapiro, 2015, p. 50 재인용).

Loyola의 이 기술내용을 보면, 오늘날 '침습적(intrusive)'이라고 기술하는 강박사고의 미묘한 자아이질적(ego-dystonic) 특징이 잘 묘사되어 있다는 것을 알 수 있다. 즉, 강박사고 자체는 자신의 외부에서 침입하듯이 찾아오며,

그 사고의 내용은 매우 부조리하다는 것을 스스로 인식하고 있음에도 불구하고, 그 생각에 저항하기는 매우 어렵다는 것을 Loyola는 의심하면서도 "의심하지 않았다."라고 표현함으로써 매우 섬세한 감각으로 잘 기술하고 있다. 아울러 그런 생각을 스스로 '병'으로 여기면서도, 그런 생각이 떠오를 때마다 자신이 죄를 지은 것인지 아닌지에 대한 끊임없는 갈등과 검토를 하는 것은 오늘날의 '점검' 강박행동 혹은 '강박적 반추(obsessional rumination)'와 유사하다.

4) John Bunyan

John Bunyan(1628~1688)이 38세에 쓴 자서전적 신앙체험 고백서라 할 수 있는 『죄인의 괴수에게 넘치는 은총(Grace abounding on the chief of sinners)』이라는 책은 오늘날 강박적 사고라고 볼 수 있는 괴로운 생각들(침습적 사고)과 그 생각들에 대한 투쟁(정신적 강박행동)의 고백으로 가득 차 있다. 이 책은 Bunyan이 회심(conversion)을 하기 이전부터 회심한 이후에 겪었던 신앙적 경험들을 시기별로 총 6장에 걸쳐서, 1절부터 399절까지 번호를 붙여 기술하고 있다. 다음은 몇 가지 예이다.

> 그 무렵 저는 성령을 거역하는 죄가 어떤 것인지에 대해 이야기를 듣게 되었습니다. …… 성령을 거역하는 이 죄는 성령을 모독하는 말을 해야 범할 수 있는 것이기 때문에 제가 원하든 그렇지 않든 간에 제 입이 성령을 거역하는 말을 하도록 하는 것이 유혹자의 목표였습니다. 제가 맞닥뜨린 이 유혹이 너무 강렬할 때는 제가 입을 열지 못하도록 제 손을 턱 밑에 강한 힘으로 괴어 놓았습니다. 어떤 때는 입을 다물게 할 목적으로, 즉 입에서 말이 새어나가지 못하도록 거름더미 같은 곳에 머리를 처박기도 하였습니다(103절).

> 주님의 이러한 사역 이후에 유혹자는 다시 저를 찾아왔습니다. 그는 예전보다 더욱 가혹하고 끔찍한 유혹들을 가지고 제 앞에 나타났습니다. 그 유혹은 '이 땅에 있는 그 어떤 것이라도 줄 테니, 가장 복되신 그리스도를 팔고 그분에게서 떠나라.'고 하는 것이었습니다. 이런 유혹이 거의 1년이라는 긴 시간 동안 저를 쫓아다녔고, 끊임없이 제 뇌리에서 맴돌았습니다(132-133절).
>
> 그 생각은 항상 저와 함께 했습니다. 제가 무슨 생각을 하든 끼어들었습니다. 밥을 먹을 때든, 장작을 팰 때든, 눈을 들어 이리저리 둘러볼 때든, 무슨 일을 하든 항상 다음과 같은 유혹이 엄습했습니다. 이것을 위해 그리스도를 팔아라, 저것을 위해 그리스도를 팔아라, 그를 팔아라, 그를 팔아라(135절).
>
> ……이 공격에 대해 저는 다른 때와 마찬가지로 마음속으로 '안 돼, 안 돼, 천만금, 백만금, 억만금을 준다 해도 안 돼.'라고 스무 번은 넘게 외쳤습니다(139절).

Bunyan의 이러한 고백내용을 보면, 그의 체험은 오늘날 강박사고의 한 유형이라고 할 수 있는 신성모독적인 생각들이 반복적으로 엄습하는 강박사고를 겪는 환자들의 그것과 유사하며, 이러한 생각에 저항하기 위해 그가 했던 반복적인 행동들(손을 턱 밑에 괴어 놓기, 입에서 말이 새어 나가지 않게 머리를 처박기 등)은 오늘날 정의하고 있는 '정신적 강박행위(mental compulsion)'와 닮아 있다.

5) Martin Ruther

Martin Ruther(1483~1546) 역시 깨어 있는 시간 동안 거의 항상 자신의 마음속으로 흘러 들어와 공황상태에 이르게 하는 생각들로 고통받았는데, 그 자신은 이것이 부조리한 것이며 사탄의 소행이라고 생각했다. 그는 이러한 생각들과 전력을 기울여 싸웠지만 그런 생각들을 그칠 줄 몰랐다. 그는 열렬한 고해자였는데, 여섯 시간 동안이나 고해를 했으면서도 시간을 더 달라고 요구하였기 때문에, 중단하지 않으면 교정행위에 착수하겠다는 위협을 받기까지 할 정도였다. 또한 엄청나게 긴 시간 동안 기도를 했으나 평화를 얻을 수 없었고, 자신의 기도가 종종 무익하게 반복만 하는 헛된 것이었다고 말했다. 또한 그는 "일과 의복에 있어서의 단식과, 절제, 내핍으로 인해 나는 거의 죽을 뻔했다."라고 할 정도로 극단적인 신체적 금욕도 수행하였다. 그의 종교적 배경을 배제한다면, 그의 이러한 사고와 행동들은 오늘날의 정신의학적 용어로 강박사고와 강박행동에 해당한다고 말할 수 있다. 초기 수도생활에 관한 이러한 자료를 검토한 끝에, Osborn(2008)은 루터를 '강박증의 교과서적 사례'라고 결론지었다.

그 밖의 흔적

한편, 문학작품 속의 인물로는 17세기 Shakespeare의 작품 『맥베스』에서 남편에게 살인을 부추긴 맥베스 부인이 잠을 자다 일어나서 몽유 상태에서 손을 씻으려는 행동을 통해 강박행동이 묘사되고 있다. 이 장면은 손 씻는 행동과 죄의식 사이의 관계를 잠이 깨지 않은 가수면 상태에서 주인공이 행하는 행동을 통해 선명하게 묘사하고 있다. 이런 장면을 통해 맥베스 부인의 강박행동의 배후에는 죄책감이라는 심리적 갈등이 작용하고 있다는 것을 독자들에게 암시하기 위한 작가의 의도를 짐작할 수 있다. 다음은 왕실의 시의가 시녀의 말대로 정말 맥베스 부인이 잠을 자다가 실제로 이상한 행동을 하는지를 지켜보기 위해 맥베스 부인의 침실에 숨어서 잠자는 그녀를 지켜보다가 실제 그녀가 그런 행동을 하는 장면을 목격하면서 시녀와 나누는 대화와 장면의 일부이다.

> 시의(doctor): 대체 저게 무얼 하시는 겁니까? 저렇게 손을 문지르고 계시니.
>
> 시녀(gentlewoman): 저렇게 늘 손 씻는 시늉을 하신답니다. 15분가량이나 계속하는 경우도 있어요.
>
> 맥베스 부인(lady Macbeth): 아직도 여기에 흔적이. 지워져라…… 이 망할 흔적 같으니! 지워지라니까! 하나, 둘, 2시다. 이제 단행할 시간이다. 지옥은 컴컴하기도 하구나! …… 아직도 피비린내가 나는구나. 아라비아의 온갖 향수를 가지고도 이 작은 손 하나를 말끔히 씻어 내지는 못할 것이다. 아, 아, 아!(Macbeth, 5막 1장)

남북전쟁 당시 군의감으로 복무했던 William Hammond(1828~1900)는 자신이 치료하던 18세의 한 여성 환자의 증상을 기술하면서 '불결공포증(mysophobia)'이란 용어를 사용하였다. 그의 기술에 의하면 그 여성 환자는 일상에서 마주칠 수 있는 모든 환경적 자극과 사람들로부터 오염되지 않기 위해 병적인 노력을 기울였다. 횟수를 세면서 하루에도 200번 이상 손을 씻었고, 자신이 사용하는 빗이 깨끗해졌다고 생각될 때까지 반복하여 세척했으며, 길을 걸을 때면 지나가는 다른 사람들과 옷이 닿지 않게 하기 위해 치마를 두 손으로 조심스럽게 부여잡으며 걸었고, 잠을 자기 위해 옷을 벗어야 할 때면 혹시라도 옷에 묻어 있을지 모르는 더러움과 접촉하지 않게 다른 사람에게 옷의 끈을 풀어 주도록 하였고, 자신의 옷을 세탁할 때면 혹시라도 다른 옷과 섞여서 더러운 것이 묻을까 봐 노심초사하였다(Hammond, 1883).

영국의 의사였던 Daniel Hack Tuke(1827~1895)는, 오늘날의 강박장애에 해당할 만한 사람들이 보이는 증상을 지칭하기 위해 '명령하는 생각들

(imperative ideas)'이란 말을 사용했다. 이것은 마치 외부의 누군가가 내린 명령처럼 느껴지는 생각들, 그리고 그 명령에 복종하여 수행해야만 할 행동들을 지칭하기 위한 것이었다. Tuke는 이런 생각들을 자신이 원한 것도 아니고 비정상적인 것이라는 인식을 하고 있기 때문에 미친(insane) 것은 아니지만, 그런 생각들로 인해 받는 고통은 병적인 것이라고 하였다. 또한 그는 이런 생각들이 무수히 많은 다양한 형태를 띠고 나타날 수 있다고 하면서 다음과 같은 몇 가지 예를 들고 있다.

- **접촉망상**(Délire du toucher): 길을 걸어가면서 길에 있는 어떤 물체들을 반드시 만져야 한다는 생각 때문에 물체들을 만지면서 길을 걷는 것과 같이, 어떤 물건을 만져야 한다는 비정상적이고 저항하기 어려운 충동에 시달린다. 이것은 오염에 대한 강박사고가 있는 환자인 경우 어떤 물건도 만지길 꺼리는 증상을 보이는 것과는 행동적으로 반대에 서 있다.
- **의심병**(Maladie du doute): 문을 잠궜는지, 편지봉투에 주소를 제대로 썼고 봉투를 봉했는지 등을 반복적으로 확인하는 것과 같이 반복적으로 자신의 행동 완료에 확신을 갖지 못하고 점검하는 행동을 보인다.
- **산수광**(arithmomania): 그래야만 할 아무런 이유도 없이, 숫자를 세어야만 한다거나 계산을 해야 한다는 비정상적인 충동과 그 충동에 따르는 행동을 보인다.

강박장애의 개념화: 용어와 초기 이론

'강박장애'라는 명칭과 그 개념이 어떤 의미를 담고 있는지, 먼저 용어의 정확한 의미와 유래, 그리고 현재의 진단 명칭과의 관계를 살펴볼 필요가 있다.

오늘날 '강박적' 증상으로 일컫는 현상들을 지칭하기 위해 '양심가책병' '불결공포증' '의심병' 등의 용어가 사용되어 왔지만, 현재의 공식 정신의학적 진단체계에서 사용하는 명칭은 '강박장애(obsessive-compulsive disorder)'이다. 우리말로는 '강박'이라는 하나의 단어로 번역하고 있지만, 이에 해당하는 영어는 두 개의 단어가 하이픈으로 연결된 'obsessive-compulsive'이다.

어원과 의미

먼저, 어원을 살펴보면, obsession이라는 영어의 어원적 활용이 최초로 드러나는 1500년대의 라틴어는 'obsidere'로, 무엇인가를 '포위하고(besiege)' '막아서는(blocking up)' 것을 의미한다(http://www.etymonline.com). 이 용어는 또 종교적인 의미와도 연결되어 어떤 사악한 기운에 의해 사로잡힌 상태라는 의미와도 결합되면서, 'possession'이라는 말과도 어원적인 친족관계를 갖는다. 반면에, 'compulsion'이라는 용어는 라틴어 'com+pellere'라는 다른 어원적 계통에 서 있다. 앞의 접두어를 제외하면, 'pellere'이라는 어원이 핵심인데, 이 어원은 '몰아가고(to drive)' '재촉하는(to urge)' 행위나 힘을 일컫는다(http://www.etymonline.com). 이 어원이 쓰이는 오늘날의 다른 단어들인 '충동(impulse)'이나 '강제하다(compell)'라는 말에서 보듯, compulsion이라는 말은 obsession과는 달리 강제하거나 막아서는, 즉 강박현상을 유발하는 '힘' 혹은 '충동'에 더 강조점을 두고 있는 용어임을 알 수 있다. 이러한 어원적 의미만을 보자면, '강박(obsessive-compulsive)'이라는 용어는 무엇인가 자신의 자발적 의지를 구속하거나, 방해하거나 혹은 지배하는 이질적이고 강제적인 속성을 지닌 심리 내적인 실체나 그러한 실체가 발휘하는 어떤 힘이나 충동, 그리고 보다 넓은 의미로는 그러한 실체나 충동에 대한 반응으로 나타나는 다양한 심리적 경험이나 갈등 혹은 행동적 표현까지도 포괄하는 의미를 담고 있다고 볼 수 있다.

초기 유럽에서는 강박현상을 지칭하는 이 두 가지 용어를 함께 붙여서 쓰기보다는 obsession이나 compulsion 중 하나의 단어만을 쓰곤 했지만, 미국에서는 DSM의 초판부터 두 단어를 연결한 'obsessive-compulsive'라는 용어를 써 왔다(APA, 1952). 어떤 근거나 과정에 의해 이런 용어 사용이 정착된 것인지를 정확히 설명하는 문헌을 찾기는 어렵다. 19세기 말과 20세기 초까지 아직까지는 학문의 중심이었던 유럽에서 오늘날의 강박장애를 지칭하는 데 가장 많이 쓰이던 용어는 독일어의 'Zwangsneurose(강박신경증)'였는데, 독일어 'Zwang'은 강제하거나 압박한다는 뜻을 지니고 있고, 'Neurose'는 노이로제(신경증)로 오늘날의 영어 'neurosis'와 정확하게 같은 의미이다. 즉, 유럽 대륙의 용어 사용법이 미국으로 건너오면서 DSM 진단체계에서는 당시의 '신경증'(neurosis)'이 오늘날은 '장애'(disorder)로 바뀌었고, 한 단어로 지칭되던 '강박(zwang)'은 두 단어가 연결된 '강박(obsessive-compulsive)'으로 바뀐 것이다. 정신분석가 Sandor Rado(1890~1972)는 두 개의 거의 동일한 의미를 지닌 단어가 하이픈으로 연결된, 현재의 강박장애를 기술하는 명칭인 '강박(obsessive-compulsive)'이라는 명칭의 유래에 관해 언급한 적이 있다. Rado (1974)에 의하면, Kraepelin과 Freud가 사용했던 독일어 'Zwangsneurose'를 영국에서는 'obsession'으로, 미국에서는 'compulsion'으로 각기 달리 번역해서 쓰고 있었는데, 이후의 연구자들이 그 두 가지 다른 번역어의 기원을 확인하지 못한 채 각각의 용어를 쓰기를 고집하다가 일종의 타협물로 현재의 용어가 된 것이라고 말한다. 하지만 그의 이런 설명 역시 어떠한 근거 자료에 바탕을 둔 것인지는 불명확하다.

어쨌건, 현재의 정신의학적 진단체계인 DSM-5과 ICD-10은 모두 'obsessive-compulsive'라는 용어를 '강박'장애를 지칭하기 위해 사용하고 있다. 구체적으로, DSM-5에서 'obsession'은 오직 '사고'의 측면에서만 한정하여 정의하고, 'compulsion'은 그러한 강박적 사고에 반응하여 나타나는 사후적 '행동'을 지칭하는 것으로 구별하여 진단항목들이 제시되고 있다. 이처럼 두 개의 단어를 쓰고 있고 각 단어에 대한 진단항목을 별개로 제시하고 있으므로, 어원적으로는 구분이 잘 되지 않고 일상용어로도 중첩된 의미를 담고 있는 이 두 용어의 개념을 분명히 구분하기 위해, 비록 어색하고 복잡함에도 불구하고 두 단어를 하이픈으로 연결한 이 명칭을 계속 유지하고 있는 것으로 보인다.

초기 이론

역사적으로 볼 때, 강박장애와 관련지을 수 있는 다양한 명칭과 사례가 단편적으로 기술된 과거의 문헌들이 있지만, 현대적 의미의 강박장애, 즉 현재의 진단적 개념으로서의 '강박장애'는 19세기 무렵부터 본격적으로 탐구되기 시작했다. 먼저, 이 과정에 중요한 영향을 미친 몇몇 고전적인 학자들이 강박장애를 어떻게 기술하고 이론화해 왔는지 살펴볼 필요가 있다.

1) Pierre Janet

Pierre Janet(1859~1947)는 Freud(1856~1939)와 동시대인으로서, 히스테리나 강박신경증에 관한 그의 관찰이나 이론이 Freud에게 상당히 영향을 주었던 것으로 보이며 그 자신도 정신분석이론으로부터 영향을 받은 것으로 보이지만, 역동적 관점과는 독립적으로 자신만의 신경증 이론을 구축하였다. 그럼에도 불구하고 강박신경증의 핵심 특징들에 대해 그가 기술한 내용은 오늘날 별로 알려져 있지 않다. 그 원인 중 하나는 프랑스어로 쓰인 그의 저서가 다른 언어로 널리 번역되어 있지 않기 때문이다. 비록 논문의 형태로 요약된 것이긴 하지만, 뒤늦게 Pitman(1984)에 의해 그의 저서가 영어로 번역되었다. Janet가 관찰하여 보고한 강박신경증에 대한 묘사는 아마도 Freud와 더불어 오늘날의 '강박장애'라는 개념을 형성하게 되는 데 영향을 미친 가장 초기의 그리고 가장 체계적인 관찰과 이론화를 시도한 것이었고, 그가 기술한 강박신경증의 핵심 증상들은 현재의 진단체계에서도 강박장애를 진단하기 위한 핵심 진단기준으로 여전히 이어지고 있음을 알 수 있다. 그는 '정신쇠약(psychasthenia)'이란 명칭으로 묶을 수 있는, 자신이 임상에서 진찰했던 325명의 환자(여자 230명, 남자 95명)로부터 강박신경증의 가장 특징적인 내용과 형태들을 다음과 같이 기술했다.

(1) 강박사고의 내용

강박적 환자들은 금지된 생각들이나 불경스럽고 공격적이며 성적인 내용을 담고 있기 때문에 면담과정에서 자신이 경험하고 있는 강박사고들이 무엇인지 털어놓기를 극도로 꺼리고, 그 상상된 행위들이 마치 실제로 행해지기나 한 것처럼 죄책감을 동반하는 것이 가장 큰 특징이며 공통점이다. 때로 자신과 자신의 신체에 대한 수치심, 뭔가 일을 잘못했거나 불완전하게 했다는 감각도 나타난다. 또한 '의심'이 특징적인데, 자신이 바람직한 행위를 했을 때조차 그 배후에 어떤 불순한 의도가 포함된 것은 아닌지 의심할 정도로 모든 것을 의심한다.

이들은 히스테리성 신경증 환자들과는 반대로, 자신의 외부에 있는 것들에 대한 것이 아니라 자신의 내부에 있는 것들을 통제하려는 데 관심이 많다. 또한 자신이 평소에는 전혀 원치 않는 반대되는 행위를 할지 모른다는 두려움에 의해 공포증적 증상도 동반될 수 있다. 예를 들어, 자신의 아이를 죽일지 모른다는 두려움 때문에 고통받고 있는 한 여성 환자에게 왜 남편은 아니고 아이에 대해서만 그런 생각이 드는지 질문했을 때, "남편은 죽인다는 생각을 할 만큼 사랑하지 않아요."라고 대답했다. 강박사고나 강박충동(compulsion)의 이러한 특징은 '대비에 의한 연상(association by contrast)' 과정의 결과이다.

(2) 강박사고의 형태

증상학적으로 볼 때, 강박신경증 환자들은 히스테리 환자들과는 대조적으로 그 증상이 불완전하게 전개된다. 히스테리 환자들은 자신의 생각을 행동, 지각, 신념으로 분명하게 표현하는데 반해, 강박증 환자들은 행동과 지각이 결여되고 이것이 믿음의 결여로 이어짐으로써 자신이 무엇을 믿어야 하는지에 대해 항상 고통스럽게 의심하고 있는 상태에 놓여 있다.

강박적 환자들은 자신의 의지에 반하여 '침범당하는 것과 같은 느낌(invasive quality)'으로 강박사고를 경험한다는 점이 특징적이다. 그들은 자신의 강박사고가 얼마나 불합리한 것인지를 스스로 인식하고 있다. 또한 강박적 생각들은 확산성이 강한데, 마치 '기름을 칠한 표면 위로 미끄러져 나가듯이' 원래의 생각과는 별로 관련 없는 부수적이고 지엽적인 다른 생각들로 연상의 경로가 쉽게 확산된다.

또 다른 중요한 특징은 그들이 행위를 향한 저항하기 어려운 충동을 경험하지만 정작 실행은 결여되어 있다는 점이다. 그들은 그 충동대로 실행한 적이 거의 없으며, 실행한다 해도 그 행위의 일부분만을 불완전하게 수행하거나 혹은 수행 후 바로 취소행동이 뒤따른다. 따라서 어떤 충동이 목표로 하는 바를 완전히 만족시키는 실행이 관찰되었다면, 강박신경증이라는 진단을 잘못 부여한 것이 아닌지 의심해 보아야 한다.

Janet는 이와 같은 특징을 지닌 생각이나 충동들이 가장 전형적인 강박신경증 환자들의 증상이지만, 사고, 운동 그리고 정서의 형태로 표현되는 '**강요된 초조성 흥분상태**(forced agitation)'가 부차적으로 동반될 수 있다고 하였다.

이러한 초조상태(mental agitations)는 몇 가지 다른 형태로 나타날 수 있다.

첫째, 상반되는 생각들을 반복해서 비교하거나, 떠오른 의심에 대한 답을 반추하고, 상상 속에서 실행하며 그 결과들이 어떤지 검토하는 것들이 포함된다. 둘째, 그들이 경험하는 '**확실성이 결여된 느낌**'을 보상하기 위한 것들로서, 자신의 지각과 행위에 대해 정확성과 완벽성을 과도하게 추구하게 된다. 이런 방식으로 완벽성을 추구하다 보면, '질서 및 대칭광(manias of order and symmetry)', 숫자와 계산에 집착하는 '산수광(arithmetic manias)', 완벽한 수행을 위해 매사를 천천히 신중하게 행하는 '지연광(manias of slowness)'이나 '반복광(manias of repetition)', 혹은 '점검광(manias of going back)' 등이 나타날 수 있다. 셋째, 운동적 초조상태는 내적인 불만족감에서 나오는 것으로서, 전적으로 무의식적이거나 전적으로 자발적인 것도 아닌 운동적 행동이다. 이는 틱과 같이 제한된 양상이거나 과도하게 걷거나 글을 쓰거나 말을 하는 것과 같이 분산된 양상으로 표현될 수도 있는데, 그러한 행동들이 전혀 현실적인 효과를 얻지 못하는 무의미한 운동이라는 특징을 공유한다. 넷째, 정서적 초조상태로서, 외부의 환경적 맥락과는 전혀 관련 없는 과장되고 부적절하고 부조리하다는 특징을 지니고 있다. 이 상태와 관련된 정서는 고통, 두려움, 슬픔과 같이 주로 부정적인 속성을 지니고 있으며, 이러한 정서적 초조상태는 크게 세 가지 유형으로 나타날 수 있다. ① 신체적 고통이나 신체기능에 대한 염려를 포함한 몸과 관련된 공포증, ② 칼 뾰족한 물건, 빨간색 꽃과 같이 접촉하거나 지각하기를 회피하는 등의 사물과 관련된 공포증, ③ 넓은 장소나 타인들과의 상호작용이나 접촉이 예상되는 상황에 대한 두려움과 회피를 포함하는 상황적 공포증의 유형이다.

(3) 정신쇠약: 강박장애의 소인

Janet는 강박신경증의 이러한 특징들이 '정신쇠약(psychasthenia)'이라 이름붙일 수 있는, 보다 광범위한 기저의 어떤 병적인 소인에 의해 나타난다고 보았다. 이 소인을 가진 사람들의 가장 핵심적인 특징은 현실에서 마주치는 다양한 요구와 과업을 주도적이고 자발적으로 처리해 나갈 수 있는 정신적이고 신체적인 기능, 즉 '현실기능(reality function)'이 보통 사람들에 비해 약화되어 있다는 점이다. 이러한 취약한 소인은 지각 주의, 기억, 상상, 추상화 기능과 같은 인지적 수준, 물리적이고 사회적 현실에서의 자발적 혹은 자동적 대처 행동과 같은 행동적 수준, 그리고 마지막으로 내장기관의 반응이나 이와 관련된 정서적 반응과 같은 생리적 수준이나 틱이나 기타 복합적인 운동반응과 같은 운동기능의 수준에서 병리적 증상으로 발현될 수 있다.

그가 제시한 이 '쇠약' 상태라는 용어는, 뇌나 중추신경 계통에서 실제로 관찰하고 확인할 수 있는 구체적인 생물학적 구조나 실체를 지칭한 것이 아닌 가설적이며 모호한 개념이긴 하지만, 저하된 심리적 긴장감과 현실 적응에 무능한 상태를 초래하는 공통된 소인이라는 가설적 의미를 함축하고 있다. 그는 이 정신쇠약 상태의 핵심적 특징을 지적이고 정서적인 측면에서의 '불완전감(feelings of incompleteness)' 및 심리적 · 생리적 측면에서의 '결핍(insufficiency)'이라고 개념화하였다.

이러한 '불완전감'은 행동이나 지적인 측면에서 다양한 양상으로 나타날 수 있다. 즉, 이 소인을 지닌 사람들은 자신의 행위가 충분하게 만족스럽다는 느낌을 줄 수 있는 수준으로 완료되지 못했다는 느낌, 자신의 행위가 원인이 되어 바라는 결과가 초래된다는 주도적이고 능동적이며 생생한 느낌보다는 외부에서 강제된 힘에 의해 이끌려 자동적이고 습관적으로 어떤 역할만을 수동적으로 행하고 있다는 느낌을 자주 경험하게 된다. 또한 지적 기능의 측면에서는 이러한 불완전함이 주의력 유지와 생각들 간의 협응력이나 통합력을 약화시킴으로써 원래의 목표와는 별로 관련 없는 다른 생각들에 의해 쉽게 주의가 흩어지며, 쓸데없는 생각들을 반추하거나, 자신에 관한 지각에 있어서는 비현실감이나 이인증, 기시감, 그리고 주변 세상과 고립되어 마치 섬에 갇혀 있는 것과 같은 느낌들을 초래하게 된다.

한편, '결핍(insufficiencies)' 역시 심리적 · 행동적 · 생물학적 측면에서 다양한 양상으로 나타날 수 있다. 심리적 측면에서의 결핍은 의욕 결핍과 행동지연 및 게으름으로 인한 과업 완수의 실패나 성취의 결핍, 타인에 대한 과도한 순응과 그로 인한 자율감의 결핍, 새로운 상황에 대한 적응, 낯선 사회적 상황에서의 수줍음 등으로 나타날 수 있다. 이러한 자율감의 박탈이나 강제되는 느낌은 사람들이나 현실적 활동에 충분히 몰입하지 못하게 함으로써 정서적으로 생생한 경험, 특히 즐거움을 느낄 수 있는 능력을 제한시킬 수 있다. 또한 비록 강박적 환자들은 평균적으로 높은 지능을 지니고 있는 것처럼 보이지만, 지적 기능의 측면에서도 많은 결핍의 요소를 안고 있다. 예를 들어, 특정한 쪽으로 과도하게 주의가 쏠리거나, 일시적인 기억상실, 당면한 과업의 구체적인 요소들에 주의를 기울이기보다는 몽환적으로 대상을 추상화시켜 지각하는 양상을 보일 수 있다. 또한 연상을 한 지점으로 몰아가지 못하고 흩어지게 만듦으로써 당면 과업과 관련한 명료한 의식상태를 유지하지 못하거나, 심하면 마치 달에 의해 태양의 빛이 잠시 가려지듯이 대화나 행위의 흐름이 갑자기 중단되었다가 다시 이어 가는 '정신적 식(mental eclipse)' 현상이 나타날 수도 있다. 마지막으로, 생리적인 측면에서의 결핍 역시 다양한 형태를 취할 수 있다. 이러한 정신쇠약의 소인을 지닌 사람들은 대개 마르고, 창백하고 핼쑥한 외모 때문에 전체적으로 병약한 인상을 주며, 두통이나 요통, 소화기 장애, 성기능 장애, 불면증과 같은 신체적 증상도 자주 겪게 된다.

요약하면, Janet는 강박신경증(강박장애)을 분명하게 확인할 수 있는 신경학적 손상(혹은 기질적 손상)에 의한 것은 아니지만 현실적인 문제들을 처리해 나가는 데 필요한 전반적인 정신기능이 쇠약한 상태로 인해 초래되는 기능적 문제, 즉 신경증으로 보았다. 이러한 정신기능의 쇠태와 결핍은 지적 · 정서적 · 행동적 그리고 생물학적 측면에서 강박신경증 환자들이 보이는 독특한 증상 유형으로 나타나며, 이러한 증상들은 모두 그가 살고 있는 삶 속에서 현실기능을 수행하는 데 지장을 초래한다. 강박신경증 환자가 지니고 있는 이러한 정신기능의 쇠약은 근본적으로 불완전함(incompleteness)에 대한 감각이나 결핍(insufficiency)에 의한 것이며, 이 두 가지 핵심 요인은 강박신경증 환자들이 경험하는 모든 증상적 표현의 기저에 자리 잡고 있고, 그들이 그 증상표현 속에서 체험하는 정서경험의 핵이라고 할 수 있다. 이러한 '정신쇠약' 상태라는 개념을 중심으로 강박신경증의 증상을 기술하는 Janet의 견해는 당시 유럽 대륙의 정신병리학자들 사이에 형성되어 있던 강박신경증에 대한 진단적 개념을 대표하는 것이었다고 볼 수 있다.

2) Sigmund Freud

오늘날의 형태로 우리가 정신의학에서 주로 사용하는 '강박장애'의 개념을 그 핵심 증상과 함께 정신분석적 이론의 맥락에서 정의한 사람은 Freud였다. 그는 신경증을 크게 전이신경증(transference neurosis)과 자기애성 신경증(narcissistic neurosis)으로 나누어 강박신경증을 불안 히스테리, 전환 히스테리와 함께 전이신경증의 세 가지 형식 중 하나로 분류했다. 즉, 강박신경증을 리비도가 자아가 아닌 외적 현실이나 상상적 대상으로 옮겨 감으로써 발생하는 노이로제(신경증)의 한 종류로 개념화한 것이다. 이처럼 그는 신경증의 주요한 유형 가운데 하나로 '강박신경증(Zwangsneurose)'을 개념화했고, Janet가 주장하듯, 강박신경증이 정신기능의 퇴화 때문에 초래되는 장애라는 견해와는 분명하게 대립되는 입장을 보였다. 강박신경증에 대한 이러한 그의 진단적 개념은 1896년 발간된 『신경증의 유전성과 원인론(Heredity and the Neuroses)』이라는 그의 초기 저술에서 분명하게 표현되고 있다.

> 나는 질병학적 혁신으로 내 작업을 시작했어야 했다. 대다수의 권위자가 강박증을 정신적 퇴화를 구성하는 증후군에 포함시키거나 신경쇠약(neurasthenia)과 혼동하고 있지만, 나는 분명하고도 독립적인 장애의 하나로서 히스테리 옆에 강박신경증(Zwangsneurose)을 나란히 배열해야 할 만한 이유를 발견했다(Freud, 1896, p.146).

이처럼 Freud는 정신분석적 원인론에 근거하여 강박신경증을 분류하였으며, 그 당시 유럽에서 강박증을 지칭하기 위해 통용되던 '정신(신경)쇠약증(neurasthenia, psychasthenia)'이라는 명칭이 원인론적 관점에서 강박증을 제대로 기술하지 못하고 있다고 보았다. 즉, 정신기능이 약화되어 있는 상태에서 초래된다는 의미로서의 '신경쇠약'이란 명칭은 너무나 광범위하고 모호한 기술적 용어로서, 강박신경증의 핵심 특징을 기술하기 위해서는 적절하지 못한 진단적 용어라고 생각했던 것이다.

Freud가 사용한 '강박(Zwang)'이라는 독일어는 '강제하는 어떤 힘'을 의미하는 것으로, 오늘날 우리말로 '강박사고'로 번역한 'obsession'보다는 '강박행동'으로 번역하여 쓰고 있는 영어 'compulsion'과 의미상 더 가까운 말이다. 따라서 그가 사용한 이 용어는 오늘날의 강박행동뿐 아니라 '강박사고(obsession)'까지도 포함하고 있으며, 사고나 행동을 포함하여 어떤 내적인 힘에 의해 강제되는 것으로 볼 수 있는 것을 모두 기술하고 있다. 이처럼 그는 초기 시절부터 이 용어를 오늘날의 강박장애에서 의미하는 것보다는 훨씬 더 넓은 의미로 사용해 왔는데, 그 이유는 심리 내적인 욕동이 중심을 이루고 있는 그의 이론을 감안할 때 이해할 수 있는 것이다. 즉, 그는 내적인 욕동에 의해 수동적으로 영향을 받는 모든 비정상적인 정신작용을 기술하기 위해 이 용어를 일찍부터 사용해 왔다. 심지어 그는 후기에도 본능의 가장 기본적인 속성을 기술하기 위해 **'반복강박**(Wiederholungszwang)'이라는 용어까지 사용할 정도로, 강박신경증 환자들뿐 아니라, 인간의 보편적인 심리적 상황이 지니고 있는 운명적인 수동성을 강조해 왔다.

그러나 강박신경증에 대한 그의 본격적인 관심과 연구는 일명 「쥐 인간(Rat Man)」으로 부른 한 사례연구와, 인류학적이고 정신분석적 관점에서 종교의 기원을 추적하면서 강박신경증의 범인류사적 보편성을 주장하고자 만년에 출판한 그의 저서 『토템과 터부(Totem and Taboo)』라는 저작에서 가장 잘 드러난다.

(1) Freud의 사례연구: 「쥐 인간」

그가 가장 심층적으로 연구하여 보고한 강박신경증의 사례는 일명 「쥐 인간(Rat Man)」으로 불리는 사례연구 보고서이다. 이 사례연구는 『한 강박 신경증 사례에 관한 고찰(Note upon a Case of Obsessional Neurosis)』이라는 제목으로 1909년에 출간되었다(Freud, 1909).

이 사례의 환자는 당시로서는 흔치 않았던 대학교육을 받은 29세의 변호사로서, 첫 대면에서부터 Freud에게 치밀하고 지적인 사람이라는 인상을 주었다. Freud를 찾아오기 전부터 미리 그의 저서를 읽고, Freud가 듣고 싶어 할 것이라 스스로 기대했던 얘기들을 일목요연하게 준비할 정도였기 때문이다. 그 환자가 호소했던 증상은 오늘날의 진단기준에 의해서도 전형적인 강박장애 환자로 진단될 수 있는 사람들도 보일 수 있는 그런 것이었다. 예를 들어, 자신의 아버지와 자신의 연인에게 어떤 끔찍한 일이 발생할지 모른다는 생각이 불현듯 반복적으로 떠오르는 것이 주된 증상이었다. 그 '끔찍한 생각'이란 쥐가 그들의 항문을 파먹고 내장기관으로 올라갈 것이라는 등의 상당히 기괴하고도 비합리적이며 있을 법하지 않은 내용이었다. 이는 오늘날의 진단기준에 의해서도 분명한 강박사고로 명명할 수 있을 만한 것들이다. 이러한 강박사고 외에도 이 환자는 자신의 목을 스스로 칼로 그을지 모른다는 충동, 그리고 수리받았던 안경 값을 지불하는 것과 관련된 복잡한 생각들도 호소했는데, 오늘날의 진단적 용어로 말한다면 반복되는 원치 않는 생각, 충동, 심상 또는 반추적 사고 등을 모두 포함하고 있다고 볼 수 있다.

Freud는 치료과정에서 자유연상을 통해 이 환자가 보이는 이러한 강박사고 및 증상들의 의미를 탐색한다. 그 결과, 쥐가 아버지와 연인의 항문을 파먹고 올라간다는 이 기괴한 강박사고의 배후에는 이미 돌아가신 아버지의 임종을 지키지 못했다는 사실과 관련된 죄책감이 작용하고 있음을 발견하였다. 이 죄책감은 반동형성과 취소 방어기제를 통해 아버지의 건강을 과도하게 염려하는 착한 아들로 인식되기 바라는 마음으로 표현되었다. 또한 훨씬 어린 시절의 기억까지 연상이 이어지면서, 자신에게 지나치게 잔혹했고 동시에 성적 억압을 많이 강요했던 아버지에 대한 부정적인 기억들, 그리고 동시에 어린 시절 여자 가정교사에게 성적인 자극을 받았을 때 아버지로부터 처벌받을 것에 대한 두려움을 느꼈던 기억이 떠올랐으며, 그 결과 성적 자극과 아버지로부터 받게 될 처벌을 동일시해 왔다는 사실, 그러한 아버지에 대한 억눌린 적개심 등이 드러났다. 따라서 이 환자가 보였던 증상은 아버지에 대한 적개심(쥐가 아버지의 항문을 파고 들어가 공격한다는 내용)과 동시에 아버지의 건강에 대한 염려, 죄책감을 동시에 포함하고 있으며, 자신의 목을 칼로 그을지 모른다는 두려움도 그러한 죄책감에 의한 자기처벌의 충동이 작용한 결과였음을 알아냈다. 동시에 이 환자는 안경 값을 갚는 문제 및 돈과 관련된 복잡한 생각들에 시달리고 있었는데, '돈(Rattus)'이라는 말이 '쥐(Ratten)'와 독일어로 같은 발음이며, 아버지에 대한 강박관념인 항문 속의 쥐는 '대변'을 의미하는 것이라는 점 등으로 연상이 수렴되면서, 이미 오래전부터 이 환자가 항문성애적 욕구나 항문기적 특성을 다분히 지니고 있었던 사람이라는 점도 보여 주었다.

이러한 분석과정을 통해 Freud는 이 환자의 강박관념이 아버지에 대한 양럽하기 어려운 충동들이 증상을 통해 타협된 것이라고 결론지었다. 여성으로부터 성적인 자극을 받을 때마다 아버지에게 받았던 질책과 가혹한 처벌의 기억으로부터 파생되는 아버지에 대한 두려움이 그중 하나이고, 그러한 가혹한 아버지에 대해 자연히 품게 되었던 적대적 감정, 그리고 그러한 적대적 감정을 용납할 수 없다는 죄책감이나 자기처벌적 충동은 또 다른 계열의 충동들로서, 이런 충동들이 모두 항문기적 양식을 통해 증상으로 표출되고 있었던 것이다. 이러한 갈등의 뿌리가 이미 오랜 것이었음에도 불구하고 최근에 더 심해져서 Freud를 찾아오게 된 이유는 당시 새로운 여성과 연애를 시작했던 시점, 즉 리비도의 욕구가 항진되던 시기였다는 상황적 요인과도 맞물려 있었다. 요약하자면, 이 환자의 강박증상은 아버지와의 오이디푸스적 갈등이 항문기적 갈등으로 퇴행하여 가학적 항문기의 특징인 강박증상으로 표출되고 있었던 것이며, 그가 보인 다양한 강박증상은 이러한 상충되는 복잡한 욕구들이 모인 타협물이었던 것이다.

(2) Freud의 종교 연구: 『토템과 터부』

Freud는 '원시인들과 신경증 환자의 정신생활에 있어서 닮은 점들'이라는 부제로 1913년 『토템과 터부(Totem and Taboo)』를 출간했다. 이 책은 인간문명 발달에 있어 중요한 한 영역인 종교의 발달과정을 정신분석적 관점에서 조망한 것이다. Freud는 종교 발달과정의 가장 초기 형태라고 할 수 있는 애니미즘(animisim)과 토테미즘(totemism)이 이후의 종교 발전과정에서 전개된 보다 고등한 종교들의 뿌리가 된다고 생각하였다. 이러한 생각은 사실 Freud만의 독창적인 것은 아니고 그 당시까지의 종교학 분야의 연구자들에게서 대체로 인정되고 있던 것이었다. Freud가 일종의 원시종교라 할 수 있는 애니미즘과 토테미즘의 다양한 현상 속에서 신경증, 특히 강박신경증의 흔적을 찾아낸 것은 어쩌면 당연한 것일 수도 있다. 그는 인류학자는 아니었기에 그 당시까지 이루어졌던 가장 대표적인 원시종교나 인류학적 연구서들을 토대로 자신의 가설을 이론적으로 검증해 나가기 시작한다.

이러한 인류학적 자료들에서 그가 먼저 주목한 것은 토템 씨족 사회에서는 오히려 현대인들보다 더 많은 '금기(taboo)'가 존재했다는 점이다. 그는 이 금기들이 오늘날의 강박신경증 환자들이 보이는 다양한 강박적 의례행위(rituals)와 그 형태에서뿐 아니라 심리적 작동기제의 측면에서도 동일하다는 것을 인류학적 문헌들에 근거하여 논증하려고 했다. 특히 그 다양한 원시적 금기사항들이 다양한 영역에서 다양한 형태로 표현되고 있음에도 불구하고, 모두 동일한 하나의 목적, 즉 근친상간을 피하기 위한 목적에 봉사하고 있다고 생각하였고, 토템 씨족 사회를 구성하는 근간인 '족외혼(exogamy)' 제도가 바로 이런 목적하에서 범문명적으로 성립하게 된 것이라고 보았다. 그는 이러한 주장을 뒷받침하기 위해 Frazer가 관찰하여 보고한 연구로부터 다양한 원시적 금기사항들인 '터부'의 예를 들면서 그러한 모든 것이 근친상간에 대한 공포감에서 발현된 것이라고 설명한다. 그러한 금기들 중 가장 중요하고도 뿌리 깊은 것은, 첫째, 씨족의 조상이자 상징으로 씨족의 구성원들에게 받아들여지고 있는 '토템 동물에게 해를 끼쳐서는 안 된다.'는 것이며, 둘째, '동일 토템 씨족 내의 여성들과 성적인 접촉을 해서는 안 된다.'는 것이다. 그는 '터부'에서 표현되고 있는 두려움이라는 감정의 배후에 두려움과 동시에 성적 접촉의 욕구라는 양가적 측면이 있다고 보았다. 금기가 존재한다는 것 자체가 배후에 이미 유혹을 내포하고 있다고 본 것이다. 따라서 '터부'가 되는 대상에 대해 갖게 되는 정서는 두려움과 연관된 신성하고 외경스러운 감정, 그리고 유혹과 연관되어 접촉해서는 안 되는 대상을 대하는 것과 같은 불결한 감정을 포함하는바, 이는 오늘날의 강박장애 환자들도 보이는 주된 증상 중 하나인 외설스러운 생각과 관련된 강박사고나 청결이나 금욕적 행동으로 분류할 수 있는 강박행동들과 닮아 있다.

이러한 분석을 통해 Freud는 "강박신경증 환자들에게서 원시인들의 터부를 보며, 토템 씨족 구성원들의 터부에서 오늘날의 강박신경증을 본다." 그리고 "강박신경증은 개인화된 종교이며, 종교는 집단화된 강박신경증이다."라는 결론에 도달한다(Freud, 1913a). 즉, 오늘날의 강박장애 환자나 원시 토템사회에서 존재했던 터부들은 모두 동기와 출처가 모호한 감정에 의해 지배되고 있는 동시에, 무조건적인 금지의 형태로 표현되고 있는 어떤 압박을 받고 있다는 공통점을 지닌다. 따라서 강박신경증 환자들은 만질 수 있는 물리적인 대상이건 심리적인 욕구나 생각이건 그 대상과의 접촉에 대해 두려움을 갖는, 일종의 '**접촉공포증**' 또는 '**터부병**' 환자라고 부를 수 있다는 것이다.

이에 더하여 Freud는 강박신경증 환자와 원시인들 간의 또 다른 중요한 공통점을 언급한다. 그것은 원시인들의 정신세계를 지배했던 애니미즘(animism)의 세계관, 그리고 그러한 세계관을 만들어 내고 있는 정신적 작동 기제인 '**사고의 전능성**(omnipotence of thought)'에 대한 믿음이다. 인류 발달의 초기 단계에 속했던 원시인들은 살아 있는 생명체이건 무생물이건 상관없이 세상의 모든 것이 살아서 움직인다는 관념을 지니고 있었고, 이것은 개체로서의 인간 발달과정의 초기 단계인 유아와 아동기에서도 관찰된다. 원시인들은 모든 자연현상이 살아 움직이고 있으며 그러한 움직임들이 곧 정령(spirit)의 활동이라고 믿었고, 그러한 믿음에 따라 자연현상을 인간의 환상작용을 통해 통제할 수 있는 수단들을 만들어 내었는데, 그것이 원시사회에서 행해지는 다양한 주술적 또는 마술적 행동들이다. Freud는 집단적으로 혹은 개인적으로 행해지던 이러한 다양한 주술적 행동들이 유행할 수 있었던 것은 그 바탕에 '생각'에 대해 마술적 힘을 부여하고 있기 때문이라고 보았다. 동시에 이 모든 현상은 주관적인 심리적 상황을 외부의 자연세계로 투영한 결과이다. 생각만으로도 현실세계에 영향을 줄 수 있다고 믿는 이러한 경향성은 다른 모든 신경증 환자에게도 공통된 것이긴 하나, 특히 강박신경증의 증상을 형성하는 데 중요한 역할을 한다. 특히 강박신경증 환자들은 '생각' 만으로 모든 것을 통제하려는 듯이 행동하고 있고, 강박증상 자체가 그런 의미를 내포하고 있기 때문이다. 예를 들어, 머릿속에서 불현듯 어떤 생각이 떠올랐는데 현실에서 그와 관련된 것으로 보이는 어떤 일을 우연히 마주쳤다면, 강박신경증 환자들은 그 둘이 마치 필연적 관계를 갖고 있기나 한 것처럼 둘 사이를 즉각적으로 연결 지으면서, 자신의 그 생각이 어떤 마술적 힘을 지니고 있는 것처럼 여긴다. 그런 점에서 강박신경증 환자들은 상당히 미신적이며, 원시인들과 닮아 있다는 것이다.

이러한 관점에서 본다면, 원시인들이 바라던 어떤 일이 현실에서 이루어지길 소망하면서 주문을 외운다거나 여타 다른 마술적 행위를 하고 있는 것이라면, 강박신경증 환자들은 그러한 바람이 이미 현실화된 것처럼 두려워하면서, 그러한 소망이 현실이 되지 않도록 주문을 외우거나 강박적 행동을 통해 그것을 막고 있는 것이라고 볼 수 있다. 하지만 그것 또한 마술적 행동이며 생각의 전능성에 대한 믿음에 기초하고 있는 것이다. 이처럼 심리적 행위에 대해 과도한 가치를 부여하고 있다는 점에서 원시인들과 강박신경증 환자들 간에는 공통점이 존재한다. 이것은 또한 외적인 현실이 주관적인 심리적 경험의 세계로부터 분리되어 있다는 것을 자각하지 못하는 무능함, 곧 자기애적 상태에서 고착되어 있다는 것을 보여 주는 것이기도 하다. 이것은 사실 인간의 세계관이 발달해 온 인류학적 역사를 살펴볼 때도 어렵지 않게 많은 사례를 발견할 수 있다. 인간은 그 객관적 반대 증거들이 이미 존재하고 있었음에도 불구하고 뒤늦게야 태양이 자신의 주위를 돌고 있다는 자기애적 신념을 마지못해 포기할 수밖에 없었던 것이다. 결국 근본적으로 사고의 전능성에 대한 이러한 믿음은 이러한 유아적 자기애의 산물이며, 강박신경증 환자들은 이러한 단계에 여전히 고착되어 있다는 것이다.

Freud는 이러한 사례연구 및 인류학적 자료에 대한 문헌연구들을 통하여, 다양한 신경증 증상들과 공유하고 있는 강박신경증의 공통점을 언급하고 있으며, 동시에 다른 여타 신경증과는 구별되는 강박신경증만의 독특한 특징을 다음과 같이 요약하고 있다(Freud, 1909, pp. 221-249).

① 강박신경증 환자들은 특히 '생각(소망)'에 대해 전능한 힘을 부여한다

이는 자신의 전능함(omnipotence)에 대한 유아기 과대망상적 믿음의 파편이며, 강박신경증 환자들의 증상이 다른 신경증 환자들과는 달리 왜 '생각(소망, 믿음 등)'의 영역에 집중되어 있는지를 설명한다. 그들은 어느 순간 경험하게 되는 그런 생각들이 향후 현실에서도 반드시 일어날 어떤 일을 암시하는 전조나 마술적 예감인 것처럼 경험한다. 그런 '전조'를 느끼는 그 순간 그들은 그 생각들이 현실의 어떤 일들과는 굳이 관련이 없다거나 일어날 가능성이 희박하다는 '합리적' 생각을 하지 못한다. 그들이 평소에는 매우 논리적이고 치밀한 사람들임에도 그러하다. 즉, 그들은 논리적인 동시에 미신적이다. 그들이 어떤 예감에 사로잡히는 순간에는, 도저히 합리적으로는 연관성을 설명할 수 없는 우연한 사건들 속에서 놀라운 기발함으로 필연성을 찾아낸다. 그것은 자신도 기억할 수 없는 무의식 속의 재료들이 개입하여 중간에 다리를 놓아주기 때문이다.

② 강박신경증 환자들은 생각으로부터 감정을 분리한다

이것은 히스테리나 전환장애 환자들과 대비되는 점으로, 히스테리 환자들에게서는 기억(생각)이 망각(혹은 억압)되고 감정만이 남아 있는 반면, 강박신경증 환자들에게서는 감정이 억압되고 생각만이 남아 있다. 그들은 생각뿐 아니라 정서적인 영역의 다양한 심리적 경험인 충동이나 욕구, 소망들도 모두 뭉뚱그려서 '생각'으로 간주한다. 감정이 빠지면서 기억을 이어 주는 정서

적 인과관계의 고리가 끊어진 기억들만이 생각으로 의식의 표면에 남게 된다. 따라서 당사자는 그 생각들이 무엇에 의해 연결될 수 있는지를 설명할 수 없으면서도, 의식에서 사라진 감정의 연결고리에 의해 분명히 연결되어 있는 것으로 느껴진다. 그 사이를 이성적으로만 메우기 위해 자칫 기괴한 논리가 동원될 수도 있으며, 이것이 몇몇 강박사고들이 보이는 기이한 특성을 만들어 낸다.

③ 강박신경증 환자들은 의심, 우유부단, 불확실성을 추구한다

이러한 특성은 일견 완벽함을 추구하는 것처럼 보이는 겉모습과는 반대되는 특성이다. 그러나 이처럼 양립할 수 없는 두 가지 특성은 긴밀하게 연결되어 있다. 그들이 한편으로는 확실성을 위해 몸부림치는 것처럼 보일지라도, 그것은 계속 의심하면서 불확실성 안에 머물고자 하는 또 다른 더욱 근원적인 욕구의 일면일 뿐이며, 이는 사실 강박신경증을 포함한 모든 신경증을 발생시키고 유지시키는 공통된 기반인 '퇴행적 경향성'을 나타내는 것이기도 하다. 모든 신경증 증상의 궁극적 목적은 가장 확실한 것인 '현실'로부터 물러서는 데 있기 때문이다.

이러한 모든 특징의 공통점은 또한 '행동'의 중단이나 지연을 목표로 한다는 점이다. 강박신경증 환자들의 특징인 사랑과 미움 충동 사이의 양가적 갈등상태는 필연적으로 특정한 행동을 개시하기 어렵게 만든다. 사랑의 대상을 찾아 사랑을 획득하려는 행동으로 옮기려 할 때, 자동적으로 미움 충동도 활성화되며, 그 미움 충동으로부터 사랑의 대상을 지키기 위해서는 행동을 멈추고 미움 충동을 통제해야 한다. 어떠한 행동도 위험한 것이다. 이는 결국 신경증이 지니고 있는 퇴행의 힘에 의존하여 행동 대신 그 행동의 준비상태 안에서만 머물도록 만든다. 강박신경증 환자들이 보이는 강박사고는 이러한 준비된 행동을 생각의 형태로 표현한 것일 뿐이며, 강박사고가 더욱 지배적

인 상태로 발전해 갈수록 그 증상들은 유아기적 자위행위의 속성을 띠게 된다. 요컨대, 그들에게 있어서 '생각'하는 행위 자체가 어린 시절의 성적 쾌락을 얻기 위한 방식이었던 자기애적 성행위의 대용물인 것이다.

따라서 그들은 이처럼 결론을 내기 어렵고 끊임없이 생각할 수 있는 원천을 지닌 주제들, 즉 '생각하기'에 적합한 불확실한 주제들에 매력을 느낀다. 강박신경증 환자들은 그러한 불확실성에 대한 추구를 생각의 형태로 표현하면서 지속적으로 의심하며, 그러한 의심이 잘 통할 수 있는 주제, 즉 확실한 경계를 짓거나 원인을 확정하기 어려운 추상적이고 결정하기 어려운 문제들에 대해 생각하기를 좋아하게 되는데, 죽음 이후의 세계, 현상의 기원, 그리고 여타의 철학적 주제들이 그런 것들이다.

④ 강박신경증 환자들은 공통의 소인을 지닌다

다른 형태의 신경증적 장애가 될 수도 있었을 텐데, 왜 강박신경증 환자들은 그러한 형태의 증상을 보이는 장애로 발전하게 되었을까? 이것은 강박신경증의 '소인'에 관한 질문이며, Freud(1913b)는 「강박신경증에 잘 걸리는 기질(The Disposition to Obsessional Neurosis)」이라는 논문에서 이 질문에 대한 답을 가설적 형태로 추구하고 있다. 어떤 신경증이 특정한 형태를 띠는 이유는 신경증 증상을 만들어 내는 심리내적인 구조의 발달의 측면에서 그 답을 찾을 수 있다. 즉, 그 발달이 저해된 지점과 그 저해를 일으켰던 상황적 요인들이 결국 강박신경증의 소인을 만들어 낸다. Freud는 강박신경증 환자들은 리비도가 성기 우위의 체계로 발달해 가기 전인 전 성기기적 단계, 특 항문기의 상황에 고착된 지점을 갖고 있다고 볼 만한 사례와 증상들을 제시한다. 강박신경증은 항문기의 가장 핵심적인 갈등 구조인 가학적 공격성과 사랑이라는 양립하기 어려운 양가적 갈등상태의 표현인 것이다. 강박적 증상들은 항문기에 고착된 리비도의 사랑 방식인 가학적 충동에 대하여 반동형성이라는 방어기제를 통해 증상으로 타협되어 나타난 결과이다.

3) Kurt Schneider

Kurt Schneider(1887~1967)는 독일의 정신병리학자로서, Jaspers와 함께 현상학적 관점에서 정신병리를 체계적으로 기술하려고 했던 독일 정신의학의 전통에 서 있는 사람이라고 할 수 있으며, 특히 정신분열증(schizophrenia)에 대한 진단과 이해에 기여한 부분이 크다. 따라서 강박장애에 대해서도, 어떤 체계적인 이론을 제시하려고 했다기보다는, 단지 강박장애와 관련된 정신병리적 현상을 환자의 주관적 체험과 객관적 징후로 연결하여 정확하게 기술하고 분류하는 데 더 초점을 맞추었다. 따라서 Schneider는 원인론적 관점에 입각하여 강박장애를 독창적으로 개념화했다기보다는, 강박장애 환자들이 보이는 핵심 증상들이 무엇인지를 현상적 측면에서 정확하게 기술하려고 노력했으며, 그의 이러한 노력은 오늘날 강박장애의 핵심 진단기준을 구성하는 데 있어서 큰 영향을 끼쳤다.

Schneider 역시 Janet나 Freud처럼 강박장애의 증상이 성격적 취약소인으로부터 파생된다고 보았으며, 그러한 취약한 성격 구조를 지닌 사람들을 속박성(anankastishe) 인격, 자신결핍 인격(selbstunsichere Persönlichkeit), 또는 강박 정신병질자(Zwangpsychopathen) 등으로 불렀다(이부영, 한오수, 1996). 또한 이 장애를 현실 감각을 상실한 정신병 계통에 있는 것이 아닌 신경증 계통에 있는 것으로 분류해야 한다고 보았던 점에서도 Freud나 Janet와 같은 입장을 취하고 있다. 예를 들어, 강박사고를 그 외적인 결과의 측면에서만 보면 정신병적인 사고장애의 형태를 띨 수는 있지만, 본질적으로 망상과 같은 정신병적 사고장애의 측면에서 이해할 수는 없다고 했다.

Schneider 역시 강박사고와 강박 충동을 중심으로 강박신경증(강박장애)의 핵심 증상을 기술한다. 현재의 '강박사고'라는 명칭에 대응하는 것으로 그가 사용한 독일어 '강박착상(Zwangeinfälle)'은 자신의 의지에 반하여 갑자기, 습격하듯이 침범해 오는 생각들이라는 의미를 내포한다는 점에서 현재의 강박사고를 판정하는 진단기준의 핵심 내용과 일치한다. 그가 기술한 강박착상과 관련된 내용을 그대로 옮겨 보면 다음과 같다(이부영, 한오수, 1996).

> 번개처럼 보통 지나가는 말 한마디로 유발되고, 그런 착상은 엄습하는 불안과 더불어 신체적 흥분을 일으키는 경우가 드물지 않다. …… 그것은 흔히 그 내용에 비추어 전혀 다른 낯선 것, 그 (강박사고의) 내용과는 관련 없는 것, 그 내용에 전혀 속하지 않는 것들까지도 지배해 버리고 또한 그것을 쓸모없는 무가치한 것으로 만들곤 한다.

Schneider는 강박체험이 일련의 강박적 과정을 통해서 일어나는데, 이 과정에는 강박사고, 강박충동, 그리고 강박행동이 포함된다고 말한다.

- **강박사고**: 늘 따라다니는 이미지나 멜로디와 같은 '강박적 표상(Zwangvorstellungen)', 구체성이 결여된 '강박적 착상(Zwangeinfälle)', 그리고 가스밸브를 잠그지 않았다거나 타인에게 해를 끼쳤을지 모른다거나, 잘못한 일들을 고백해야 한다는 등 억누를 수 없는 생각들이 엄습하는 '강박적 사고(Zwanggedanken)'가 여기에 포함된다.
- **강박충동**: 일차적인 강박 사고나 충동이 있는데, 이는 뚜렷하게 확인될 수 없는, 관련된 강박사고 없이 경험되는 강박충동을 말한다. 예를 들어, 양탄자 무늬를 세어야 한다거나 달리는 기차에 뛰어들어야만 한다거나, 무엇을 훔쳐야 한다는 충동이라거나, 혹은 외설스러운 말을 내뱉고 싶

은 것과 같이 어떤 행동을 향하는 (일차적) 충동이 그러하다. 또한 더럽혀졌다는 것과 같은 강박적 사고에 대한 반응으로 끊임없이 씻어 내야만 하는 욕구와 같이 이차적으로 나타나는 충동이 있다.

- 강박행동: 씻어 내는 행동과 같이 강박사고 및 강박충동을 실행한 결과 나타나는 행동을 말한다. 이러한 강박행위는 늘 해롭지 않은 성질을 지니며, 고통을 유발하는 강박사고나 강박충동을 방어하려는 성격을 지닌다.

그는 이러한 강박과정에서 다양한 형태의 강박적 증상이 나타날 수 있는데, 그 다양성을 하나로 묶어서 다른 정신병리와 구분할 수 있는 기준이 무엇일지 자문하면서 하나의 기준을 제안한다. 그것은 그러한 체험이 '자아이질성(Ichfremdheit)'으로, 혹은 경험하는 당사자에게 스스로 불합리하다고(혹은 낯설고 무의미한 것으로) 인식되어야 한다는 점이다. 조현병에서 나타나는 망상이나 알코올 중독자들의 술에 대한 충동이 강박사고로 간주될 수 없는 이유는 이러한 자아이질성이 결여되어 있기 때문이라는 것이다. 강박사고가 지닌 이러한 미묘한 속성을 기술하고 있다는 점, 그리고 이러한 특징이 오늘날에도 임상현장에서 강박사고의 핵심 속성을 파악하는 데 있어서 여전히 적용되고 있다는 점을 주목할 필요가 있다(참고로, DSM-IV까지는 강박장애의 진단기준들에 있어서 슈나이더의 이러한 관점이 반영되고 있었지만, 현재의 진단체계인 DSM-5에서는, 이러한 자아이질성을 명시하던 항목이 사라졌다). 어쨌든, Schneider는 강박과정에서 핵심적인 특징인 이러한 자아이질성을 다음과 같이 기술하고 있다.

> 의식의 내용을 제거할 수 없을 때 강박사고는 발생한다. 비록 그런 생각이 들 때 그는 그것이 무의미하다거나 적어도 아무런 이유 없이 자신을 지배하고 지속한다는 것을 알고 있다. 따라서 환각, 망상, 기분의 혼란은 그 형

> 식에서 강박적일 수가 없다. 그것은 무의미하게 느껴지지도 않고, 그런 생각을 없애 버려야 한다는 충동이나 행동도 없다. 알코올 중독자들의 술에 대한 갈망, 성도착자들의 비정상적인 충동들은 엄밀한 의미에서 강박적인 것이 아니다(Schneider, 1959: Oyebode, 2008 재인용).

> 어떤 사람이 그의 의식의 내용을 동시에 내용적으로 무의미하다든가 또는 최소한 마땅한 이유 없이 지배하고 지속하는 것으로 판단함에도 불구하고 그 의식내용에서 벗어날 수 없다면 그것은 강박이다(Schneider, 1996).

한편, Schneider는 Janet나 Freud는 물론 현재의 DSM-5 진단체계에서도 기술되어 있지 않은 강박증상들 간의 관계에 대한 독특한 관찰내용을 개념화하였다. 그는 강박적 착상과 강박적 충동의 관계에서 그 관계 유형에 따라 두 가지 유형을 구분할 수 있다고 언급한다. 즉, 강박적 착상과 강박충동의 관계를 객관적으로 '요해(verstehen)' 가능한 경우와 그렇지 않은 경우로 나눈다. 여기서 말하는 '요해'라는 용어는 보편적이고 합리적인 인식에 의해 객관적으로도 누구나 그 연결관계를 이해할 수 있다는 것을 의미한다. 따라서 요해 불가능하다는 것은, 타인들은 그 증상들 간의 연결관계를 이해하기 어렵고 그 증상을 경험하는 당사자만이 필연적인 연결성을 체험하고 있다는 의미이다. 그는 이러한 강박사고와 강박충동의 두 가지 관계 유형을 다음과 같이 명명하여 설명한다.

① **발동성 관계**: 강박사고와 강박충동이 이해 가능한 범위 내에서 근접해 있는 경우이다. 더럽다는 강박사고에 의해 씻고 싶다는 강박충동이 일어나고, 그 결과 씻는 강박행위가 뒤따른다면 이는 발동성 관계에 있는 것이다. 이 관계는 객관적으로 충분히 이해 가능한 범위에 있다.

② **원발성 관계:** 강박사고와 강박충동이 이해 가능한 범위를 벗어나서 발생하는 경우이다. 자신의 아이를 죽일 것 같은 생각이나 충동, 달리는 차에 몸을 던지고 싶은 충동 등과 같은 충동을 유발한 강박착상이나 기타 이해 가능한 선행 요인을 발견할 수 없는 경우이다.

그는 이러한 '원발성' 관계에 있는 '요해 불가능한 강박충동'인 경우, 강박증상을 유발하는 것으로 보이는 취약한 성격구조를 가진 사람들과는 뭔가 질적으로 다른 유형의 사람들에게서 그러한 강박충동이 발생한다고 암시하고 있다. 오늘날 이러한 관점을 따른다면, Schneider의 이러한 분류에 따라 각각 요해 가능한 신경증적 차원과 요해 불가능한 정신병적 차원에서 표출되는 강박사고나 강박충동으로 증상의 하위 유형으로 분류해 볼 수도 있을 것이다. 하지만 현재의 진단체계인 DSM-5에서는 이러한 방식의 유형 분류를 적용하지는 않고 있다.

4) 학습이론적(행동주의적) 관점

정신분석이론이 인간의 병리적 정신현상을 설명하고 치료하려는 가운데 시작되어 인간의 정상적인 정신현상까지도 포괄하여 설명하는 이론체계로 자리 잡았다면, 정신병리적 현상에 대한 설명과 치료 모형으로서의 학습이론은 그 반대의 순서를 거쳤다고 할 수 있다. 즉, 학습이론은 인간뿐 아니라 모든 유기체가 환경과 상호작용하면서 어떻게 경험을 조직화해 나가는지를 설명하는 정상적 현상에 대한 보편적 이론의 틀이 먼저 정립되었고, 이러한 관점에서 인간의 정신병리 현상은 어떻게 바라보고 해결해 나갈 수 있는지에 적용되어 온 역사를 지닌다. 이 관점에 의하면 병리적 현상은 정상적 현상과 질적으로 다른 어떤 과정에 의해 파생된 것은 아니며 학습의 과정만이 달랐다고 본다. 즉, 병은 처음부터 있었던 것이 아니라, 오직 병적인 학습과정을 거친 결과일 뿐이다. 이처럼 학습이론(혹은 행동주의적 관점)은 병리적 현상을 설명하려는 가운데 발전되어 온 이론은 아니지만, 다양한 정신병리적 현상, 그중에서도 공포증이나 불안장애를 간명하게 설명할 수 있는 모델로서 적용되어 왔고, 특히 치료적 응용에서 힘을 발휘해 왔다. 이 관점은 우리의 모든 경험이 '반복'과 '연합'에 의해 조직화된다고 보는 영국의 경험론적 철학에 그 뿌리를 두고 있다. 따라서 인간의 정신병리 역시 그 유기체가 처한 환경에 적절하게 기능하지 못하게 만드는 부적응적인 연합과정이 반복되어 온 결과이다.

이러한 설명 모형은 초기에는 주로 특정공포증이나 불안장애를 설명하고 치료하는 데 적용되어 왔고, 이후 인지적 관점을 가미하여 강박장애를 포함한 다양한 불안장애나 여타 다른 정신병리까지도 다룰 수 있는 광범위한 적용 범위를 갖게 되었다.

고전적 학습이론에 의한 강박장애의 설명 모형

강박장애를 학습이론의 관점에서 이해한다는 것은 암묵적으로 강박장애를 불안장애의 한 유형으로 간주하는 것이다. 학습이론은 인간의 부정적 정서반응과 그로 인한 장애를 조건형성 원리에 의해 설명하고 그 원리에 의해 효과적으로 치료할 수 있었으며, 이후 이러한 설명 모형을 다양한 장애, 특히 강박장애에도 동일하게 적용해 보려했던 역사를 지니고 있기 때문이다. 불안장애, 특히 '특정공포증(specific phobia)'과 같이 그 불안의 대상이 특정한 대상에 한정된 경우 학습이론은 유용한 설명 틀과 치료적 전략을 제시할 수 있다. 특정공포증 환자들이 특정한 대상을 두려워하는 이유는 그 대상과 관련된 공포경험을 학습한 결과로, 즉 고전적 조건형성 원리에 의해 특정 대상과 공포반응이 짝지어진 결과로 보는 것이다. 이에 대한 가장 고전적인 예는 '어린 알버트(little Albert)'의 공포반응 학습 실험이다. 알버트가 처음에는 공포반응을 보이지 않았던 중립적 자극(토끼)과 선천적인 공포자극(무조건 자극)인 큰 소리를 인위적으로 짝지어 제시했을 때, 알버트는 토끼에 대한 공포반응을 실험적으로 학습하게 되어 일종의 토끼공포증을 보이게 되었다. 문제는 그런 조건형성 과정에 의해 공포반응이 습득되었다 해도, 그 이후에 더 이상 강화가 주어지지 않는데도 왜 공포증이 소거되지 않고 계속 유지되는지를 설명하기 어려웠고, 상당수의 공포증 환자가 그러한 공포 조건형성의 과거 경험이 없는 것처럼 보였다는 데 있었다.

이러한 난점을 보완하기 위한 시도가 Mowrer(1939)의 '2요인이론(two factor theory)'이었다. 이후 Dollard와 Miller(1950)은 2요인이론을 강박장애를 설명하는 데 적용하였다. 이 이론에 의하면, 먼저 강박장애 환자들의 불안반응은 중립적인 단서들(예: 화장실 변기나 신성 모독적 생각들과 같은 강박적 사고, 심상, 상황들)이 혐오감이나 고통을 유발하는 무조건 자극들(예: 질병 혹은 처벌로 인한 고통, 기타 무조건적 불쾌감을 유발할 만한 사건들)과 짝지어짐으로써 학습된다. 이는 고전적 조건형성 원리에 의한 것이다. 이후 이렇게 학습된 불안반응은 조작적 조건형성의 원리에 의해 강화되고 계속 유지된다. 즉, 그들은 그러한 불쾌감을 유발할 만한 단서들을 지속적으로 회피하게 되는데, 이러한 회피행동 자체가 일종의 '부적 강화(negative reinforcement)' 역할을 하는 것이다. 예를 들어, 오염과 관련된 강박사고와 강박적 세척(씻기)행동을 보이는 강박장애 환자의 경우, 그러한 세척행동은 오염과 관련된 공포를 일시적으로는 줄여 줄 수 있을지 모르지만, 동시에 그 강박행동은 공포를 반복적으로 경험하면서 습관화(habituation)에 의해 불안반응이 무디어 질 수 있는 과정을 방해함으로써 오히려 오염에 대한 공포가 유지되거나 더 강해진다. 요컨대, 강박장애 환자들이 보이는 다양한 강박행동은 학습이론의 관점에서 보면, 일시적으로 불안을 완화시켜 주는 부적 강화의 기능을 하는 일종의 회피행동이나 안전행동(safety behavior)인 것이다.

그러나 이처럼 보완된 설명 모형으로도 실제 강박장애 환자가 보이는 증상의 작동기제를 충분히 설명할 수 없는 부분도 있다. 특정공포증 환자들과 마찬가지로, 많은 강박장애 환자가 실제 그러한 혐오적 사건과 중립적 단서를 조건형성했다고 볼 수 있을 만한 특정한 기억을 갖고 있지 않다. 또한 실제 강박장애 환자들이 보이는 강박사고와 강박행동의 유형은 주로 특정한 영역(오염, 성적인 생각 등)에만 한정되어 있는 현상을 설명하기도 어렵다. 즉, 왜 조건형성 과정이 강박장애 환자들에게 있어서는 그러한 특정한 유형의 자극들에만 작용하는지를 한정하여 설명하기 어렵다. 물론 고전적 학습이론을 사회학습이론으로 확장하자면, 혐오적이고 고통스러운 자극을 직접 경험할 필요는 없으며, 간접적 경험(예: 대중매체나 책을 통해 세균에 오염된 환자가 얼마나 끔찍한 질병에 걸릴 수 있으며 그 질병의 고통이 끔찍한지를 알게 끔찍하게 죽어 가는 뉴스나 영화를 본 경우)에 의해서도 얼마든지 학습은 이루어질 수 있다. 그렇다고 하더라도, 다른 많은 정상적 사고내용 중에서 강박장애 환자들이 보이는 독특한 강박사고의 유형과 특정한 주제들이 왜 특정한 강박행동 혹은 매우 복잡한 의례적 행동들과 연합되어야만 하는지, 스트레스를 유발하는 혐오스러운 사건들은 사실 모든 사람이 경험하는 정상적 경험인데, 그러한 사건을 경험한 많은 사람은 왜 그런 연합이 형성되어 강박장애로 발전하지 않는지를 설명하기는 어렵다. 또한 강박행동이 정말 불안을 감소시켜 주는 부적 강화의 역할을 하는가에 대해서도 논란의 여지는 남아 있다. 강박행동이 불안을 완화시켜 주는 것이 아니라, 그런 행동이 현실적으로 아무런 대책이 되지 않는 터무니없는 것이라는 것을 스스로 알면서도 그것을 반복할 수밖에 없다는 사실로 인해 고통을 겪고 있는 많은 강박장애 환자가 존재하기 때문이다.

확인 가능한 객관적 측면(즉, 증상적 행동과 그 행동과 연합된 것으로 보이는 환경적 요인)에만 주로 초점을 맞추는 전통적 행동주의적 관점에서는 이 모든 난점을 다 해명하기 어렵기 때문에, 필연적으로 강박증상을 지닌 개인의 내적인 측면에서 이루어지는 과정, 즉 인지적 과정을 포함시켜 강박현상을 설명하려는 방향으로 이론이 확장되기 시작했다.

제2장

강박장애의 개념화:
현대의 이론

제2장

강박장애의 개념화: 현대의 이론

강박장애의 핵심 증상이 원치 않는 생각들, 즉 '사고'의 측면을 포함하고 있기 때문에 전통적인 행동주의적 학습이론만으로 강박장애를 설명하거나 치료하는 데는 한계가 있을 수밖에 없다. 조건형성 원리에 바탕을 둔 전통적인 학습이론으로는 강박장애 환자들이 보이는 다양한 증상의 내용을 단순한 학습과 강화의 기제로 모두 설명하기 어렵다. 게다가 많은 강박장애 환자는 자신이 경험하는 강박사고와 연관 지을 수 있는 과거의 조건형성 경험을 지니고 있는 것 같지 않다. 이러한 한계점을 극복하기 위해 강박적 현상의 인지적 과정에 초점을 맞추기 시작하는 접근이 강박장애에 대한 현대적 설명모형의 주류로 자리 잡아 발전되어 왔다.

인지적 측면에 초점을 맞추는 현대의 강박장애 이론들은 전통적인 학습원리를 부정하지는 않지만, 강박장애 환자들이 보이는 현재의 증상적 측면들에 일차적으로 주의를 기울인다. 즉, 그들이 경험하는 강박사고의 내용과 그 사고에 대한 반응 특징들을 기술하고 설명할 수 있는 모델을 개발해 왔다. 아울러 그러한 모델의 각 측면을 객관적으로 검증하기 위한 도구들을 만들고 측정하여 그 모델이 지지되는지의 여부를 경험적으로 검증하고자 했으며, 또한 그 모델에 따른 치료 프로그램을 만들고 그 효과를 증명하고자 했다. 이러한 과정을 거쳐 모델은 수정되고 세분화되고 정교화되어 가고 있는 중이다. 강박장애에 대한 학습이론에 바탕을 둔 고전적 모델에 뒤이어 1970년대쯤부터 본격화되어 나타난 이러한 인지적 접근은 강박장애를 설명하는 '현대적' 접근이라 부를 수 있으며, 현재는 생물학적 연구 결과들이나 신경심리학적 연구 결과들과 결합하여 강박장애를 보다 통합적으로 설명할 수 있는 확장된 이론으로 구축되어 나가고 있는 중이다.

이 장에서 살펴보고자 하는 것은 고전적 이론가들에 뒤이어 나타난 강박장애에 대한 이러한 현대적 접근들이다. 강박장애를 연구하는 이러한 현대적 흐름은 크게 네 방향에서 흐르고 있던 지류가 합류한 결과이다. ① 강박장애의 증상들이 지니고 있는 인지적 과정에 초점을 맞추는 접근들, ② 강박증상을 인지기능의 결손으로 설명하려는 접근들, ③ 그러한 인지적 결손이 뇌의 어떠한 구조적·기능적 측면과 관련되는지를 밝혀내려는 생물학적 접근들, ④ 보다 거시적인 진화적·동물행동학적 관점에서 강박증상의 의미를 해석하여 현대적 이론들을 통합하려는 접근들이 그것이다.

인지적 접근

인지적 평가과정의 이상

인지적 평가(cognitive appraisal)에 초점을 맞춘 이론가들은, 강박증상을 지닌 사람들은 침습적 사고가 시사하는 위협자극을 과대평가한 결과 그런 증상을 지니게 되는 것으로 설명한다. 즉, 그 내용 면에서 볼 때 침습적 사고는 강박장애를 지닌 사람들만 경험하는 것이 아니지만, 그 침습적 사고가 초래할 수 있는 위험이나 손상을 과대평가하면 필요 이상의 두려움이나 책임감을 갖게 되며, 그런 결과가 초래될 수 있는 행동들을 방지하기 위한 강박행동이 뒤따르게 된다는 것이다. 이 관점에 의하면, 강박사고는 건강문제, 타인의 안전, 종교적인 교리에 위배되는 어떤 생각이나 충동 등과 관련하여 우리가 누구나 경험할 수 있는 현실적 혹은 도덕적 위협 사건들을 지나치게 위험한 것으로 과대평가한 결과이며, 강박행동은 그렇게 과대평가된 위협 때문에 초래된 과도한 불안감을 줄이기 위한 일종의 대처행동과 유사한 것이다.

그러나 강박장애를 이렇게 이해할 수 있다고 해도, 이런 설명은 강박장애뿐 아니라 다른 불안장애에 대해서도 동일하게 적용될 수 있다. 범불안장애, 사회불안장애, 공황장애, 외상후 스트레스 장애를 지닌 사람들과 같이 다양한 불안장애 환자들 역시 위협자극을 과대평가하는 경향이 있다. 범불안장애 환자들은 거의 모든 현실적 위협 자극을 과대평가하며, 사회불안장애 환자들은 자신이 부정적으로 평가될 수 있는 사회적 자극을 과대평가하고, 공황장애 환자들은 특정한 신체적 감각이나 죽음의 위협을 과대평가한다. 따라서 이러한 설명 역시 왜 강박증상을 보이는 사람들은 그러한 강박장애와 특징적으로 관련되어 있는 위협자극에 대해서만 과대평가를 하는지를 정교하게 설명할 수 없다는 한계점을 지닌다.

이러한 한계점을 보완하기 위해 더욱 정교한 인지-행동적 모형이 개발되었는데, Salkovskis(1985, 1989, 1999)의 모형이 대표적이다. 이 모형은 강박장애에 있어서 부정적인 자동적 사고, 회피행동, 중화행동이 강박사고를 계속 유지하도록 만드는 핵심적인 역할을 하며, 이러한 특징들이 강박사고와 정상적인 침습적 사고의 경계를 구분 짓지 못하게 방해한다고 설명한다. Salkovskis의 이러한 설명은, 그 이전에 이루어진 몇몇 연구(Clark & de Silva, 1985; Parkinson & Rachman, 1981)를 통합한 것이다. 이 연구자들은 강박사고가 더 고통스럽고 받아들여질 수 없다고 느끼는 사람들이 더 심한 강박증상을 경험한다는 것을 발견하였다. 비임상군을 대상으로 한 연구에 의하면, 침습적 사고나 의례적 행동의 빈도는 생활 스트레스가 많으면 많을수록 증가한다. 실제로, 이들은 비임상군 표본의 90%가 침습적 사고를 경험한다는 것을 발견하였는데, 이러한 침습적 사고의 내용은 실제 강박장애 환자들이 경험하는 강박적 사고와 내용 면에서는 차이를 발견하기 어려운 것이었다. 즉, 강박장애를 지니고 있지 않은 정상인들도 대부분 강박장애 환자들이 경험하는 그런 침습적(강박적) 사고를 경험한다는 것이다(Rachman & de Silva, 1978; Salkovskis & Harrison, 1984). 다시 말해, 강박장애를 겪고 있는 사람들이 경험하는 강박적(침습적) 사고는 임상적인 강박증상을 경험하지 않는 사람들이 경험하는 침습적 사고와 질적으로 다르지 않았다. 따라서 스트레스가 이러한 강박증상을 증가시키는 촉매제 역할을 할 수는 있지만, 그것만으로 명백한 강박증상을 보이는 강박장애 환자들을 충분히 설명할 수는 없다. 다시 말해, 우리가 스트레스 사건에 많이 노출되면 될수록 침습적 사고나 의례적 행위를 보일 수는 있지만, 그들 대부분은 강박장애로 발전하지 않는다. 강박사고나 강박행동으로 발전하기 위해서는 그러한 침습적 사고에 대한 평가과정이나 그러한 평가과정을 유발하는 것으로 추정되는 보다 상위의 신념체계나 가치관 등이 개입되어야 한다.

이러한 연구 결과에 근거하여 Salkovskis는, 강박장애 환자들뿐 아니라 정상인들도 누구나 경험하는 침습적 사고 그 자체가 아니라, 그 침습적 사고를 인지적으로 어떻게 평가하는지에 따라 정상인으로 남을지 혹은 강박장애로 발전하게 될지가 결정된다고 결론지었다. 강박장애 환자들은 이러한 침습적 사고를 매우 부정적이며 위협적인 것으로 받아들이는 경향이 있는데, 이러한 평가는 부정적인 자동적 사고를 통해 표출되며, 마치 침습적 사고 그 자체가 실제 위험이나 사고를 유발할 수 있다거나(사고-행위 융합, thought-action fusion), 자신이나 타인에게 일어날 수 있는 어떤 위협적인 사건을 예방할 수 있는 책임의 정도와 관련된 과장되고 불합리한 신념의 형태로 나타난다. 예를 들면, 어떤 행동에 대해 생각하게 되면 실제로 그 행동을 하게 될 것이라고 생각한다거나, 그 생각과 관련된 위험을 예방하지 못한 것은 그 위험을 자신이 직접 초래한 것과 동일하다는 식의 생각들이 그러하다. 이후 강박장애가 없는 정상인들과 강박장애를 구분해 주는 것으로 보이는 다양한 역기능적인 신념들이 제안되었다.

1) OCCWG가 제시한 강박장애의 신념 영역

강박장애의 인지적 측면을 연구하는 국제적 연구 집단인 OCCWG(Obsessive Compulsive Cognitions Working Group, 1997)는, 강박장애 환자들이 지니고 있는 다양한 신념을 조사하여 크게 여섯 가지 영역으로 분류하였으며, 이를 평가할 수 있는 자기보고형 설문지도 개발한 바 있다. 이 신념 영역들은 서로 독립적인 것은 아니지만 개념상으로는 구별이 가능하며, 강박장애가 아닌 불안장애나 다른 장애를 지닌 사람들도 이러한 신념을 지니고 있을 수 있으나 강박장애 환자들이 이 영역에서 더 왜곡되고 경직된 신념 구조를 지니고 있거나 관련된 자동적 사고를 보인다. 그들이 제시한 이 여섯 가지 신념 영역은 다음과 같다.

(1) 부풀려진 책임감

Salkovskis(1985)는 강박증상을 유발시키고 유지하는 데 핵심적인 역할을 하는 인지적 요인은 위협자극(침습적 사고)을 과대평가하고 잘못 해석하게 만드는 '책임감(inflated responsibility)'과 관련된 역기능적 신념이라고 보았다. 이 신념은 침습적 사고와 그 침습적 사고가 초래할 수 있는 위험한 결과에 대해 자신에게 책임이 있다는 신념을 말한다. Salkovskis와 Forrester(2002)는 강박장애 환자들이 지니고 있는 특유의 책임감을 다음과 같이 정의했다.

> 결정적인 부정적 결과를 자신이 초래하거나 예방하는 데 있어서 핵심적인 역할을 하는 힘을 지니고 있다는 믿음이다. 그러한 결과는 예방하는 것이 핵심이라고 지각된다. 그러한 결과들은 실제적인 것, 즉 실제의 세상에서 그리고/또는 도덕적 수준에서 중요한 의미를 갖는 것일 수 있다.

이러한 과도한 책임감은, 예를 들어 다음과 같은 신념들로 표현될 수 있다.

- '만일 어떤 원치 않는 사건에 대해 당신이 조금이라도 영향을 미칠 수 있다면, 당신은 그 사건을 예방하기 위해 완전히 책임져야 한다.'
- '만일 내가 위험을 예상할 수 있었을 때 아무런 행동을 하지 않았다면, 그 일이 발생했을 때 어떤 결과에 대해서도 나는 비난 받아야 한다.'
- '위험을 초래하는 것에 관해 생각하는 것은, 그것을 실제로 초래하는 것만큼 나쁘다(사고-행위 융합).'
- '사악한 사람만이 사악한 생각을 한다.'

이런 신념과 관련된 또 다른 요인은 '누락오류(ommission error)'에 대한 역기능적 신념들이다(OCCWG, 1997). 강박장애를 지닌 사람들은 침습적 사고의 내용이 미래의 어떤 불행이나 사고를 예상하게 만들면, 그런 불행을 예방하기 위한 가능한 모든 조치를 미리 취해야 한다고 생각함으로써 과도한 책임감을 갖게 된다. 누락오류와 관련된 이러한 과도한 책임감은 "특히 어떤 위험의 가능성이 있을 때, '개입하지 않는 것(ommission error)'은 '부적절하게 개입하는 것(commission error)'과 똑같이 나쁜 것이다."와 같이 표현된다. 이는 행동하지 않은 것보다는 잘못 행동한 것에 대해 더 큰 책임감을 부여하는 식으로 귀인(attribute)하는 경향을 보이는 일반인들과는 반대되는 특징으로서, 강박장애를 지닌 사람들의 독특한 신념 요인으로 볼 수 있다.

이러한 식으로 침습적 사고에 반응하게 되면, 그 침습적 사고는 더욱 위협적인 것이 되며, 강박장애를 지니고 있지 않은 사람들처럼 그 침습적 사고가 그냥 스쳐 지나가도록 내버려 둘 수 없다. 따라서 이러한 신념을 지닌 사람들은 그 원치 않는 사고를 억제하거나, 원치 않은 부정적 결과가 초래되지 않기 위한 예방행동(즉, 강박행동)을 하지 않을 수 없게 된다. 그러나 생각을 억제하려고 하면 할수록 그러한 생각은 더욱 자주 의식되는 역설적인 효과를 낳게 되고, 예방행동을 한 이후에는 일시적으로 불안이 감소되므로 그 강박행동을 강화시킴으로써 강박장애가 지속되게 만든다. 요컨대, 책임감과 관련된 신념들은 통제하기 어려운 자연스런 사고과정에 대해 민감하게 반응하도록 만들고, 일어날 수 있는 위험한 사건의 가능성을 과대평가하도록 만들며, 결과적으로 그런 사고과정을 과도하게 통제하도록 강제하는 역할을 한다.

(2) 생각의 중요성

강박장애에 대한 현대의 인지-행동적 이론이 형성되기 이전에도, Freud는 실제 강박신경증 환자를 치료했던 사례들을 통해서, 그리고 원시사회의 특징을 묘사한 인류학자들의 문헌연구를 통해서 강박장애의 뿌리를 개체 발달과 계통 발생적 측면에서 추적하였다. 그 결과, 그는 강박장애 환자들이 지닌 퇴행적 요소들 중 하나가 강박장애를 유발하는 중요한 요인이며, 그것은 어린아이들이나 원시인들의 심성을 지배했던 한 가지 특징, 즉 '생각'에 대해 지나친 가치를 부여하는 경향성과 관련이 있다고 주장했다(Freud, 1909, 1913a). 강박장애 환자들이 지닌 특징으로 그가 기술하는 이 '사고의 전능성(omnipotence of thought)'이라는 개념은 우리의 어린 시절이나 원시사회를 지배하는 보편적 심리적 특징인 애니미즘적 세계관이나 '생각'이 지니고 있는 마술적(magical)인 속성을 지칭한다는 점에서, 이러한 발달적 · 인류학적 관점을 가정하지 않는 현대의 인지행동적 이론과 내용 면에서는 유사하지만, 그 이론적 배경에서는 차이가 있다. 즉, Freud가 말하는 '사고의 전능성'은, 사고 발달의 보다 원시적 단계에서 누구에게나 나타나는 것으로서 '일차과정(primary process)'의 사고가 지니고 있는 보편적 특징이며, 그것이 부정적이건 긍정적이건 상관없이 발달의 초기 단계에서는 생각(소망)과 현실 간의 경계가 아직 분명하지 않기 때문에 생각 자체를 현실처럼 대한다는 의미이다.

반면, 강박장애를 설명하는 현대의 인지-행동적 이론은 이러한 정신분석학적인 인지발달 이론을 전제하지 않으며, 오직 강박장애 환자들이 보이는 인지적 특징들 내에서만 논리적 인과관계를 통하여 설명을 한정하고 있다. 즉, 강박사고와 강박행동과 직접적으로 연관되어 있는 역기능적인 사고의 내용이나 사고과정들을 설명하려고 하기 때문에, 주로 '원치 않는' 침습적 사고, 즉 그 사고의 내용이 위험이나 여타 불길한 일들이 발생할 것을 암시하는 어떤 부정적인 의미를 함축하고 있는 경우에 강박장애 환자들이 그 생각을 다루는 편향되고 역기능적인 방식에만 주로 초점을 맞추어서 '사고의 과도한 중요성'이라는 용어를 정의한다. OCCWG(1997)는 강박장애 환자들이 '생각에 대해 과대한 중요성을 부여하는 것(overimportance of thought)'은 "단지 어떤 생각을 했다는 것 자체가 의미가 있는 것이라거나, 그 자체가 그런 생각을 한 사람의 소망이나 진정한 본성을 드러낸다고 믿는 것"이라고 정의했다. 예를 들어, Thordarson과 Shafran(2002)은 강박장애 환자들은 침습적 사고들에 대해 과도한 중요성을 부여하는데, 그것은 주로 세 가지 주제 영역에서 그들이 지니고 있는 것으로 보이는 어떤 일반적인 믿음과 특수한 해석 방식이라고 보았다. 그 세 가지는 다음과 같다.

① 부정적인 침습적 사고는 그 개인에 관해서 뭔가 특별히 중요한 의미를

지닌다는 것을 나타낸다. 예를 들어, 그러한 생각을 한 당사자가 끔찍하거나, 사악하거나, 비정상적이라는 것을 의미한다.

② 부정적인 침습적 사고가 떠오른다는 것은 나쁜 일이 발생할 위험성을 증가시킨다. 예를 들어, 그러한 생각이 들었다는 것은 그 일이 실현될 가능성이 있으며, 어떤 충동을 느꼈다는 것은 그 사람이 그들에게 그런 행위를 할 수 있다는 것을 의미한다.

③ 부정적인 침습적 사고는 단지 그런 생각이 떠올랐다는 것 때문에 중요하다.

한편, Rachman(1993)은 강박장애 환자들이 생각에 대해 과도한 가치를 부여하는 이러한 성향이 그들이 지닌 또 다른 특성들인 과도한 책임감이나 죄책감을 갖기 쉬운 특성들과 어떻게 연결되는지를 설명하기 위해 '사고-행위 융합(Thought-Action Fusion: TAF)'이라는 인지적 과정이 개입된다고 설명했다. 이러한 사고-행위 융합이라는 개념은 이후 몇몇 인지-행동 이론가들에 의해 크게 두 가지 구성 요소로 그 속성을 세분화하기에 이른다(Rachman et al., 1995b; Shafran et al., 1996). 그 두 가지 '사고-행위 융합'은 다음과 같다.

① 도덕성 사고-행위 융합(Moral TAF): 생각과 행위는 도덕적으로 동등하다고 믿는 것

② 가능성 사고-행위 융합(Likelihood TAF): 생각은 그와 관련된 나쁜 사건이 실제로 발생할 가능성을 증가시킨다고 믿는 것

이 두 가지 유형의 TAF에 의해 부정적인 침습적 사고가 떠오르면 그것을 지나치게 중요한 의미로 해석하며, 이는 강박장애 환자들이 갖고 있는 과도한 책임감을 파생시키는 선행 요인이 된다. 즉, 그 침습적 사고는 도덕적으로

받아들일 수 없는 것이기 때문에(도덕성 TAF), 그리고 그런 일이 실제 생활에서 발생할 위험성을 증가시키기 때문에(가능성 TAF) 그 사고를 경험한 당사자에게 과도한 책임감을 불러일으키는 것이다. Rachman(1998)은 침습적 사고에 대해 과도한 중요성을 부여하게 되면 세 가지 유형의 결론에 도달하게 된다고 말한다. 미친(mad), 나쁜(bad), 위험한(dangerous) 결론이 그것이다. 몇 가지 예는 다음과 같다.

- '이런 생각을 했다는 것은, 내가 정말 사악한 본성을 지니고 있다는 것을 드러낸다.'
- '이런 생각을 한다는 것은, 내가 그 일이 일어나기를 바라고 있다는 것이다.'
- '이런 생각을 하면 그 일이 더 잘 발생하도록 만들 것이다.'
- '다른 사람들이 내가 이런 생각을 하고 있다는 것을 알면, 그들은 내가 나쁜 사람이라고 생각할 것이다.'
- '이런 생각을 한다는 것은, 내 마음이나 행동을 제어할 수 있는 힘을 잃어버리게 된다는 것을 의미한다.'

(3) 사고 통제의 중요성

강박장애 환자들은 자신도 모르게 떠오르는 생각들에 대해 과도한 점검(checking)을 하는데, 이는 그 생각을 통제하지 못할 경우 어떤 재앙적인 사건이 발생할지 모르며 그런 일이 발생한다면 그것은 자신의 책임이라는 식으로 그 침습적 사고를 해석하기 때문이다. 따라서 그러한 재앙이나 위험을 피하기 위해서 그와 관련된 생각들을 완벽하게 통제하는 것이 중요하다는 믿음을 지니게 된다. 이러한 '생각에 대한 생각'은 일종의 상위 인지적 요소들(meta-cognitions)로서, 강박장애를 지닌 사람들은 생각과 행위(현실)를 동등하게 취급하기 때문에 생각을 통제하는 것이 매우 중요하다는 믿음을 갖게 된다.

OCCWG(1997)는 생각을 통제하는 문제에 과도한 중요성을 부여하는 이러한 믿음(over importance of controlling thought)을 "침습적 생각, 이미지 혹은 충동을 완벽하게 통제하는 것이 중요하다는 것에 과도한 가치를 부여하는 것이며, 이것이 실제로 가능하기도 하고 바람직스러운 것이기도 하다고 믿는 것"이라고 정의하면서, 여기에는 다음과 같은 네 가지 차원의 믿음 요소들이 확인된다고 하였다.

① 정신적 사건들을 추적하고 그것들을 탐지하기 위해 과도하게 주의를 기울이는 것
② 침습적 사고를 통제하지 못한 것에 대해 도덕적 의미를 부여하는 것, 침습적 사고를 통제하는 것이 인간의 바람직한 덕목인 것처럼 생각하는 것
③ 침습적 사고를 통제하지 못한 것이 어떤 심리적이고 행동적인 의미(예: 비정상적이라거나 무능력하다는 것)를 지닌다는 것
④ 사고 통제의 효율성에 대한 믿음(예: 노력만 기울인다면 즉각적이고 항구적인 통제가 가능하다거나, 한 개인의 사고 통제능력은 결코 변하지 않는다는 믿음)

Purdon과 Clark(1999)는 모든 사람이 자신의 사고과정에 대해 어떤 믿음을 지니고 있지만, 강박적 증상을 보이기 쉬운 사람들이 지니고 있는 그러한 믿음은 더 경직되고, 비현실적이며 과도한 가치가 부여된다고 말한다. 예를 들어, 다음과 같은 믿음들이 그러하다.

- '나는 내 마음속에 떠오르는 모든 생각(특히 부정적인 생각들)을 통제해야 한다.'
- '생각을 통제하지 못하는 것은 행동을 통제하지 못하는 것만큼 나쁜 것이다.'

- '원치 않는 생각을 통제할 수 있다면 나는 더 좋은 사람이 될 것이다.'
- '생각을 통제하는 것은 자기통제의 중요한 한 부분이다.'

강박장애를 지닌 사람들은 생각을 통제하기 위해 다양한 방법을 쓸 수 있다. 가장 적극적인 방법은 뚜렷한 강박행동(compulsion)으로 표현하는 것이지만, 이 외에도 잘 관찰할 수 없는 다양한 내현적인 유형의 통제 전략들이 사용된다. Wells와 Davies(1994)는 불안장애 환자들이 사용하는 사고 통제 전략을 평가하기 위한 질문지(Thought Control Questionnaire: TCQ)를 개발하였고, 이를 통해 강박장애 환자들이 주로 사용하는 다섯 가지 사고 통제 전략을 확인하였다.

① 주의분산(유쾌한 생각하기, 긍정적인 이미지를 마음속에 떠올리기)
② 사회적 통제(그 생각이 정상적이라는 것을 평가하고 재확인하기)
③ 걱정(다른 부정적인 생각이나 걱정에 초점을 맞추기)
④ 처벌(자신을 꼬집거나 때리기, 자신에게 화내기)
⑤ 재평가(그 생각을 다른 방식으로 해석하기, 그 생각을 합리적으로 분석하기)

Ladouceur 등(2000)은 강박장애 환자들과 다른 불안장애 및 비임상 통제 집단을 대상으로 이러한 통제 전략의 차이가 있는지를 비교해 본 결과, 강박장애 환자들은 다른 비교 집단에 비해 더 많은 외현적 통제 전략과 내현적 통제 전략을 사용하며, 그들이 사용하는 이러한 전략들은 다른 비교 집단에 비해 사고의 내용과 더 긴밀하게 연결되어 있음을 발견하였다.

이처럼 생각을 통제하는 것이 중요하다는 과도한 신념을 지니고 자신의 생각을 통제하려는 것은 오히려 강박증상들을 더 촉발하고 그 증상들을 유지시키고 고착화시키는 기제로 작용할 수 있다. 몇 가지 경로를 통해 이런 기제가 작동할 수 있다. 첫째, 다른 불안장애를 설명하는 2요인 모델이 여기서도 적용될 수 있다. 즉, 생각을 과도하게 통제하려 노력하고 통제 전략을 사용하게 되면 통제하려는 그 생각들에 충분히 노출되지 못하도록 만들며, 그 생각이 통제되지 않았을 때 그들이 생각하는 해로운 결과가 초래되지 않는다는 것을 새로 학습할 기회를 차단하고, 그런 통제행위를 수행한 후에 일시적으로 불안이 감소되는 강화 효과를 얻게 된다. 둘째, 일찍이 Wegner 등(1987)이 실험적으로 보여 준 '사고억제의 역설적 효과(paradoxical effect of thought suppression)'로 인해, 침습적 사고를 통제하려는 강박장애 환자들의 노력은 오히려 그러한 사고를 더 빈번하게 경험하도록 만드는 역효과를 초래할 수 있다. 셋째, 통제 노력의 실패는 침습적 사고 자체의 발생 빈도를 증가시킨다기보다는 그 침습적 사고에 대한 평가나 파생되는 부정적 기분에 영향을 미침으로써 강박증상을 강화하고 유지시키는 요인이 될 수 있다(Purdon & Clark, 2001). 즉, 통제가 잘 되지 않는 경험을 하게 되면, 그 침습적 사고를 더 진실인 것처럼 받아들이게 되고, 자신이 정말 나쁜 사람이기 때문에 그런 신념이 계속 떠오르고 통제되지 않는다는 부정적 신념이 강화될 수 있으며, 그 결과 부정적 기분이 더욱 확산된다.

(4) 위협의 심각성과 가능성에 대한 과대추정

위협에 대한 과대추정(overestimation of threat)은 '해(harm)를 당할 가능성이나 그 해의 심각도를 과장하는 것'으로 정의되며, 위협과 관련된 믿음은 두 가지 요소, 즉 ① 피하고 싶은 사건이 실제로 일어날 가능성에 대한 믿음, ② 피하고 싶은 사건들이 초래할 비용(심각도나 '나쁨'의 정도)에 대한 믿음(OCCWG, 1997)을 포함한다. 이러한 인지적 특성은 강박장애를 포함하여 공황장애나 사회불안장애 등 다른 불안장애로 진단받은 환자들에게 공통적인 것이기도 하다. 다양한 불안장애 환자가 보이는 위협에 대한 반응에는 몇 가지 공통점이 있다. 첫째, 자신이나 중요한 타인들에게 실제보다 더 위험한 것으로 평가되거나 처리되는 특정한 자극들에 대해 반응하면서 불안해진다. 둘째, 불안을 감소시키거나 두려운 사건들이 실제로 발생하는 것을 방지하기 위해 부적응적인 인지적·행동적 전략들이 동원된다. 셋째, 이러한 부적응적인 전략은 그러한 비합리적인 평가를 반증할 만한 기회를 차단함으로써 불안을 영속화시키거나 악화시킨다. 넷째, 불안 증상들은 위험한 것으로 지각되며 불안 감소나 회피를 더 시도하게 된다(Sookman & Pinard, 2002 재인용).

비록 다양한 불안장애를 지닌 사람들도 위협을 과대추정하는 경향성이 있기는 하지만, 이러한 경향성은 강박장애 환자들에게서 가장 뚜렷하게 나타난다(Steketee et al., 1998). 특히 교통사고나 지진과 같은 일반적인 범주의 위험한 사건들이 아닌, 개인에게 특별한 의미를 지닌 사건들일 경우에 더욱 그러한데, 이는 그러한 사건들에 대해 자신이 적절하게 대처할 수 없을 것이라는 믿음, 즉 자신의 무능력과 취약성과 관련된 믿음과 관련된 것일 수 있다(OCCWG, 1997). 다음과 같은 믿음들이 대표적인 예이다.

- '세상은 위험한 곳이다.'
- '나쁜 일들은 다른 사람들보다는 나에게 일어날 가능성이 더 높다.'
- '내 인생에서 항상 조그만 문제들이 큰 문제를 일으키는 것 같다.'

(5) 불확실성에 대한 감내력 부족

일찍이 1800년대부터 임상가들은 강박장애를 지닌 사람들을 '의심병 환자(la folie du doute)'로 기술하면서, 불확실한 상황에서 대처하기 어려워하고 의사결정을 내리기 어려워하는 것이 강박장애의 핵심 특징이라고 생각해 왔다. 또한 이와 관련된 몇 가지 다른 특징도 강박증상과 관련된다. 예를 들어, 강박장애 환자들은 사건을 통제하거나 예측하기 위해 과도하게 확실성을 추구하는 경향이 있으며, 그들이 의례적 행동에 집착하는 것은 언제 어떻게 행동을 시작하고 종결지어야 하는지에 대한 확실성을 요구하기 때문일 수 있다. 불확실성에 대한 감내력 부족과 관련된 믿음(intolerance for uncertainty)은 세 가지 유형, 즉 ① 확실성에 대한 필요성과 관련된 믿음들, ② 예측할 수 없는 변화에 대처할 수 없는 무능력함과 관련된 믿음들, ③ 애매할 수 밖에 없는 상황에서 적절하게 기능할 수 없다는 믿음들(OCCWG, 1997)로 나눌 수 있다. 예를 들어, 다음과 같은 믿음들이 그러하다.

- '내가 하려고만 한다면, 내가 하고 있는 어떤 것에 대해 완벽하게 확신할 수 있다.'
- '나에 관한 어떤 의문들에 대해서 나는 확실한 답을 알고 있어야 안심할 수 있다.'
- '나는 불확실한 것을 견딜 수 없다.'
- '절대적으로 확신할 수 없다면, 나는 그 일에서 실수를 범할 것이다.'

이러한 특징들은 자신의 대처능력이 취약하다는 보다 상위의 믿음들과도 관련되어 있는데, 위험하고 예측하기 어렵고 새롭거나 변화하는 상황에 직면했을 때 그러한 믿음이 활성화될 수 있다(Sookman & Pinard, 2002 재인용).

그러나 불확실한 상황을 잘 견디지 못하는 특징은 강박장애뿐 아니라 범불안장애나 강박성 성격장애 혹은 의존성 성격장애를 지닌 사람들에게서도 찾아볼 수 있으며, 완벽주의적 믿음이나 완벽주의적 성격 특성과도 연결되어 있기 때문에, 이것이 강박장애에만 독특한 인지적 측면인지 또는 다른 신념 영역들과는 독립된 특징인지에 대해서는 후속 연구들이 뒷받침되어야 할 것이다.

(6) 완벽주의

몇 가지 중요한 보편적 성격 특성 중의 하나로서의 완벽주의(perfectionism)는 강박장애에만 국한되어 연구된 것은 아니며, 우울이나 불안 증상을 포함한 다양한 신경증적 장애나 성격장애를 기술하기 위한 개념으로 사용되어 왔다. 예를 들어, Hamachek(1978)은 완벽주의를 '정상적(normal)' 완벽주의와 '신경증적(neurotic)' 완벽주의로 구분하여, 전자는 한 개인이 높은 기준을 세우고 융통성 있게 자기평가를 해 가면서 자신의 현재 수행을 그 기준에 비추어 평가하는 적응적인 것으로, 후자는 역시 높은 기준을 세우기는 하지만 그 기준에 미치지 못하는 것은 모두 실수로 간주하는 식의 경직된 자기평가 방식을 사용하는 것으로 설명하였다. 이후 Slade와 Owens(1998)도 이와 비슷한 맥락에서, 긍정적 · 부정적 완벽주의라는 두 가지 차원으로 분류하는 새로운 모형을 제시하기도 하였다. 이 모델은 기능적 차원에서, 즉 그러한 완벽주의가 어떤 기능을 하는지에 따라 분류한 것이다. 긍정적 완벽주의는 긍정적 강화를 얻기 위한 인지와 행동들이며, 부정적 완벽주의는 실패(즉, 부정적 결과)를 회피하기 위한 인지와 행동들이다.

완벽주의를 이러한 방식으로 기술하는 것은 강박장애의 증상만을 설명하기 위한 것은 아니었고, 여타 다른 정신병리를 유발할 수 있는 취약한 성격 특성의 하나로서 완벽주의를 개념화한 것이었다. 강박장애의 증상에만 초점을 맞추어 그 증상이 발생하고 유지되는 기제를 설명하기 위한 인지적 요인으로서의 완벽주의는 "모든 문제에는 완벽한 해결책이 존재한다는 것, 무엇인가를 완벽하게(즉, 실수 없이) 수행하는 것은 가능할 뿐 아니라 필요하다는 것, 그리고 아주 사소한 것이라 할지라도 실수는 심각한 결과를 초래한다고 믿는 경향성"으로 정의된다(OCCWG, 1997). 다음과 같은 믿음들이 대표적인 예이다.

- '무슨 일이건 완벽할 때까지 일을 계속하는 것이 중요하다.'
- '나에게 있어, 부분적인 실패는 전적인 실패와 마찬가지로 나쁜 것이다.'
- '내가 가치 있는 사람이 되려면, 무엇이건 완벽하게 해야 한다.'
- '뭔가를 완벽하게 하지 못할 것 같다면, 아예 그 일을 하지 말아야 한다.'

이러한 정의에 바탕을 두고, 주요 강박증상과 밀접하게 연관된 완벽주의의 인지적 요인들을 정의하고 이를 객관적으로 측정하기 위한 다차원적 완벽주의 척도(Frost Multidimensional Perfectionism Scale: FMPS)가 Frost 등(1990)에 의해 개발되었다. 이 척도는 완벽주의를 다음과 같은 여섯 가지 차원에서 평가한다.

① 개인적 기준(personal standards): 스스로에게 지나치게 높은 기준을 부과하며, 자기평가에 있어서 이 높은 기준을 지나치게 중요시한다.
② 실수에 대한 염려: 실수에 대한 부정적 반응, 실수를 실패에 대한 징표로 해석하며, 실패를 하면 타인의 존중을 상실할 것이라고 믿는다.
③ 행위에 대한 의심: 과업을 완수할 수 있는 자신의 능력에 대한 확신의 수준이다.
④ 부모의 기대: 부모가 자신에게 지나치게 높은 기대를 갖고 있다고 믿는다.
⑤ 부모의 비판: 부모가 자신의 실수에 대해 지나치게 비판적이어서 부모의 기대를 충족시켰던 적이 거의 없다고 믿는다.
⑥ 조직화(organization): 매사를 체계적이고 조직적으로 계획·정리하고 그처럼 잘 정돈된 방식으로 일을 수행하고 상황에 대처한다.

이러한 완벽주의의 하위 차원들은 이후의 연구자들에 의해 세 가지 혹은 네 가지 요인으로 재분류되기도 하였지만, 이러한 척도로 측정한 완벽주의 성향과 강박장애의 증상이 실제로 밀접한 관계가 있음을 보여 주는 연구들이 이어져 왔다. 예를 들어, FMPS로 측정한 높은 완벽주의 성향을 지닌 비환자 성인들은 그렇지 않은 집단에 비해 점검(checking) 강박행동과 저장행동, 그리고 오염을 제거하기 위한 목적보다는 완벽한 청결을 유지하기 위한 목적의 세척 강박행동을 더 많이 보였다(Frost & Gross, 1993; Ferrari, 1995; Gershunny & Sher, 1995; Tallis, 1996). 또한 대학생 집단에 있어서 완벽주의의 다양한 차원과 '뭔가가 똑바르지 않은 경험(Not-Just-Right Experiences: NJREs)'을 하는 빈도 간에는 유의한 상관이 있음도 발견하였는데(Coles et al., 2003), 그들은 이러한 경험이 여타 다른 불안장애의 증상보다는 대칭이나 정확함을 추구하는 유형의 강박증상과 더 밀접한 관련이 있는 일종의 '감각적 완벽주의 성향(sensory perfectionism)'이라고 보았다.

그렇기는 하지만 완벽주의는 보다 상위의 인지적 신념 혹은 폭넓은 성격 경향이므로 강박장애와만 독특하게 관련된 것은 아니라는 것을 시사하는 연구 결과도 상당수 존재하는 만큼, 완벽주의가 특정한 강박증상을 유발하는 직접적인 요인이라기보다는 일종의 '취약성(vulnerability)'으로 간주되어야 한다는 견해도 있었다(Wade et al., 1998).

지금까지 제시한 이 여섯 가지 요인은 이후 각각의 인지적 신념 영역을 객관적으로 측정하는 도구들이 개발되고 타당성 검증과정을 거치면서 중복되는 부분들이 통합되어 다음과 같은 세 가지 영역으로 축소 정리되었다(OCCWG, 1997, 2003, 2005).

- 책임감과 위협 평가(responsibility and threat estimation)
- 완벽주의와 불확실성에 대한 감내력 부족(perfectionism and intolerance

for uncertainty)

• 사고의 중요성과 사고에 대한 통제(importance and control of thoughts)

2) 인지-행동적 모형에서 과도한 '책임감'의 역할

강박장애 환자들이 지니고 있는 이러한 역기능적 신념들은 주로 개인적 책임감이나 자기비난에 연결되어 있는 과민한 감각들과 관련이 있다. Salkovskis는 강박장애 환자들이 손상이나 위험의 가능성 자체를 과대평가한다기보다는, 그러한 손상이나 위험이 발생했을 때 자신이 그런 생각을 했기 때문에 그런 일이 벌어졌다는 식으로 자신이 져야 할 책임감이나 받아야 할 비난을 과대평가한다고 주장한다. 손상이나 위험을 과대평가하는 것은 다른 다양한 불안장애 환자들도 동일하기 때문에, 책임감의 역할을 강조하는 그의 이러한 주장은 다른 불안장애와는 구별되는 강박장애만을 특화하여 설명할 수 있다는 장점을 갖는다. 이후 이러한 책임감이나 비난에 대한 과민한 평가뿐 아니라, 강박장애 환자들만이 특징적으로 지니고 있는 다른 인지적 신념 요소들도 제안되었다. 결정을 내리지 못하는 우유부단함과 관련된 신념들(예: 자신의 결정을 믿지 못한다는 신념)이나 불확실한 것을 잘 참지 못하는 것(예: 모든 상황은 정답이 있다는 신념), 과도한 혹은 경직된 도덕성(예: 특정한 사고나 행위가 얼마나 적절한 것인지에 관해 과도한 가치를 부여하는 종교적 신념들)과 같은 신념들이 그 예이다.

침습적 사고가 있었다 하더라도 이후의 평가과정이 진행되지 않으면 그 이상의 강박적 증상의 진행은 일어나지 않을 것이다. 침습적 사고의 두 가지 측면이 평가과정을 촉발할 수 있다. 하나는 침습적 사고의 '발생'이며, 다른 하나는 침습적 사고의 '내용'이다. 평가에 의해 특별한 반응이 필요하다고 시사되면 통제과정이 뒤따른다. 침습적 사고에 대한 행동적 반응들은 그 침습적 사고를 더 도드라지게 만들게 되고, 따라서 그 사고를 가장 시급하게 우선적으로 처리해야 할 것으로 만든다. 그리하여 그 침습적 사고를 경험하는 당사자가 그 사고에 대해 반응해야 할 내용을 담고 있는 것처럼 보이면 처리의 우선순위는 올라가게 되며, 그 이후의 평가와 정교화 작업은 더 자주 일어나게 된다. 이러한 평가과정에서 중요한 것이 과민한 '책임감'과 관련된다. 임상적인 강박증상을 지니고 있지 않은 대부분의 사람은 침습적 사고가 발생했다는 것에 대해 특별한 의미를 부여하지 않는 반면, 강박증상을 지닌 사람들은 그런 생각이 떠올랐다는 것 자체가 마치 자신의 책임인 것처럼 평가하게 되며, 따라서 그 침습적 사고를 무해한 것으로 중화시키기 위한 이후의 반응이 뒤따르는 것이다. 침습적 사고로 인해 자신 혹은 타인에게 손상이나 재앙을 가져올 가능성에 대해 그것을 자기 책임으로 돌리려는 이러한 평가는 '치명적인 부정적 결과를 초래하거나 예방할 수 있는 중요한 힘을 자신이 소유하고 있다는 믿음'으로 정의될 수 있다(Salovskis et al., 1996).

이처럼 위험이나 손상의 가능성을 과대평가하고 그 위험에 민감하게 반응하는 것은 다양한 불안장애 환자들에게서 공통적으로 관찰될 수 있지만, 그 위험을 어떻게 과대평가하느냐가 어떤 불안장애를 유발하느냐를 결정한다고 보았다는 점에서 Salkovskis의 모형은 강박장애에 특화된 인지-행동적 설명 틀이라고 할 수 있다. 강박장애 환자들은 다른 불안장애 환자들과는 달리 그 위험이 초래되었거나 초래될 가능성을 자신의 책임으로 받아들이는 경향이 더 강하며, 그 결과 자신의 책임을 벗어나기 위해 강박사고를 중화시키려고 노력하는 가운데 강박행동이 결합된다고 보는 것이다.

한편, 이러한 강박적인 현상은 인지적이고 행동적인 수준에서 다른 부가적인 증상들을 초래할 수 있다. ① 불안이나 우울을 포함한 불편한 감정경험의 증가, ② 침습적 사고 그 자체, 그리고 그러한 침습적 사고를 유발하기 쉬운 환경적 요인들에 선별적으로 주의의 초점이 몰리는 현상, ③ 최초의 침습적 사고와 그에 관련된 다른 생각들에 과도하게 집착하는 현상, ④ '중화시키려는 반응'을 포함한 다양한 행동적 반응으로서, 그러한 행동들은 겉으로 드러난 것일 수도 감추어진 것일 수도 있는데, 그것은 강박행동일 수도 있고 강박사고와 관련된 상황을 회피하는 행동일 수도 있고, 자신에게 책임이 없다는 확신을 계속 얻기 위한 행동일 수도 있고, 자신의 마음속에서 그런 생각을 제거하거나 배제하려는 행동일 수도 있다. 이 모든 행동적 반응의 목적은 그러한 행동을 통해 책임감으로부터 벗어나거나 책임감을 경감시키려는 것이다.

3) '중화'행동

이러한 책임감과 관련된 신념들이 파생시키는 인지적 · 행동적 부산물 중 대표적인 것이 중화행동(neutralization behavior)이다. 이것은 그러한 강박적 과정에 의해 증가되는 불안을 상쇄시키기 위한 목적으로 침습적 사고가 일어났을 때 의도적으로 행해지는 모든 반응을 말한다. 정신적 혹은 행동적 강박행동(compulsion)의 형태로 나타나는 이러한 중화시키려는 노력은 강박장애의 두드러진 특징이지만, 확신 추구 행동(reassurance seeking)의 형태로, 그리고 그 강박사고와 관련된 어떤 상황에 대한 회피행동의 형태로 나타날 수도 있다. Salkovskis는 중화행동이 특히 책임감이나 죄책감과 관련된 부정적인 자동적 사고가 발생하는 상황에서 주로 나타나며, 강박행동을 수행하게 될 가능성은 원치 않는 그 침습적 사고가 초래할 수 있는 잠재적 결과에 대해 강한 개인적 책임감을 지니고 있는 강박장애 환자에게서 더 자주 나타날 수 있다고 주장했다. 비록 부정적인 감정을 일시적으로 덜어 줄 수 있다 해도, 중화시키려는 노력은 다양한 방식으로 강박적 증상이 지속되도록 만든다. 두려워하는 상황이 일어날 것이라는 두려움을 반박할 수 있는 기회를 방해하거나, 개인적 책임감에 관한 믿음을 더 수용하게 만들기 때문이다.

따라서 이러한 과정에 의해 발생한 또 다른 부산물인 부정적(불편한) 정서는 침습적 사고에 대한 개인적 해석이 초래한 자동적 결과인 반면, 행동적 반응은 동기화된 반응이다. 이 두 가지 유형의 부산물들은 모두 이후에 또 다른 침습적 사고를 연쇄적으로 유발하고 그 사고에 대한 부정적 해석을 고조시키는 효과를 갖게 된다. 자신의 생각이나 행동에 부착된 책임감에 대한 부풀려진 감각은 과도한 통제와 집착을 특징으로 하는 정신적, 그리고 행동적 노력을 이끌게 된다. 이러한 악순환의 과정을 정리하면 [그림 2-1]과 같다.

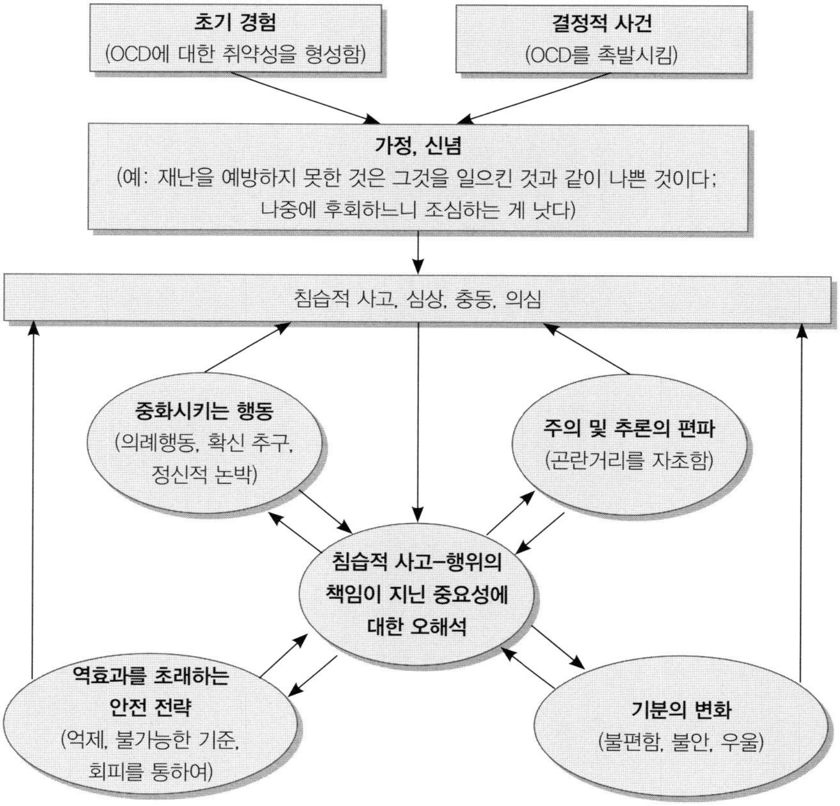

[그림 2-1] 강박장애에 대한 인지적 모형

출처: Salkovskis & McGuire(2003).

인지기능 결손 모형

강박장애 환자들이 보이는 증상들은 인지의 '기능적' 측면에서 이론화해 볼 수 있다. 즉, 이들이 보이는 역기능적인 인지 특성들을 인지기능의 결손이라는 측면에서 모형화할 수 있다. 예를 들어, 침습적 사고 및 반복적인 의례적 행동 등은 통제기능의 결핍 문제로, 강박행동 중 대표적인 다양한 점검행동은 기억기능과 의사결정 기능의 결손으로 보는 것이다. 더 세부적으로 들어가면, 시공간적 처리능력, 일반적인 지적 혹은 기억 능력, 특수한 감각영역 기억능력(시각 혹은 청각 기억), 혹은 강박장애의 핵심 증상과 관련된 행위에 대한 기억능력에 있어서 강박장애 환자들이 결함을 보이는지를 알아볼 수 있다. 넓게 보자면, 인지기능의 결손을 전반적인 기능의 결손으로 볼 것인지, 아니면 그 증상과 특별히 관련된 특정한 인지기능의 결손으로 볼 것인지에 따라 모형이 달라질 수 있다. 따라서 이러한 영역을 탐구했던 연구들은 크게 두 가지 유형으로 나누어 볼 수 있다. ① 강박장애 환자들은 일반적인 기억기능과 의사결정 능력이 결핍되어 있다고 보는 것, ② 강박장애 환자들은 인지적 통제에 있어서 일반적인 결함을 안고 있다고 보는 것이다. 물론 이러한 인지기능의 결손 모형은 이러한 인지기능과 연결되어 있는 신경학적 측면의 결손과 통합하여 모형화할 수 있다.

1) 시공간적 처리능력의 결함

먼저, 강박장애 집단과 정상 집단 간에 웩슬러 지능검사(Wechsler Adult Intelligent Scale: WAIS)의 언어성 지능과 동작성 지능 간에 차이가 있는지를 살펴본 결과, 성인은 물론이고 아동과 청소년기에 발병한 강박장애 집단에서도 동작성 지능이 유의하게 낮았다는 보고가 있었다(Boone et al., 1991). 한편, 웩슬러 지능검사의 동작성 소검사 중 하나인 토막짜기와 선분방향검사(Line Orientation Test)를 사용한 연구에 의하면, 강박장애 환자들이 토막짜기에서만 저조한 수행을 보였는데, 이는 강박장애 환자들이 시공간 능력 자체에 결함이 있다기보다는 비언어적 · 시각적 자극에 대한 정신적 틀(mental set)을 변경할 수 있는 유연성의 결함이 있는 것으로 해석되었다. 요약하자면, 시공간 능력의 결함 여부를 확인하려 했던 몇몇 연구는 그 결과가 시공간 능력 자체의 결함인지, 아니면 시공간적 자극을 다루는 다른 관련된 기능들(유연성, 혹은 시각적 자극에 대한 정보처리 속도)에 의해 영향을 받는 것인지를 명확하게 확인하기 어렵다.

2) 기억능력의 결함

기억능력과 관련하여, 강박장애의 특징적인 증상 중 하나인 '점검(checking)' 강박행동을 기억장애의 측면에서 설명하려는 연구가 있었다. 가스 불, 대문이나 창문 등을 잠갔는지 반복적으로 확인하고 점검하는 강박행동은 강박행동의 몇 가지 유형 중 대표적인 것이다. 이들이 이처럼 반복하여 자신이 한 행동을 점검하게 만드는 원인을 기억능력의 결함으로 설명할 수 있는지를 검증해 보려는 연구들이 있어 왔다. 기억능력의 영역 중에서 이러한 점검 강박행동과 관련지을 수 있는 것은 '절차적 기억(procedural memory)'이다. 대학생들을 대상으로 한 연구에서 Sher 등(1983, 1984, 1989)은 반복적으로 손을 씻는 것과 같은 청결 강박행동이 아닌 점검 강박행동을 보이는 사람들이 특히 행위에 대한 기억(Memory For Action: MFA), 다르게 표현하면 실제 행한 운동에 대한 기억과 상상된 운동을 구별하는 능력(Reality-Monitoring: RM)에 결함이 있다는 것을 보여 주었다. 성인을 대상으로 한 연구에서도 특히 점검 강박행동이 심한 사람들이 행위에 대한 기억력이 떨어지고, 실제 한 행동과 상상한 행동을 더 많이 혼동하고, 행위에 대한 자신의 기억에 대해 더 확신을 갖지 못하였다는 결과를 보고하였다(Ecker & Engelkamp, 1995).

기억력 손상을 시사할 만한 몇몇 연구가 있기는 하지만, 전반적으로 기억 결손 모형을 지지해 줄 수 있는 경험적 연구 결과가 아직까지는 부족하며, 이러한 모형을 치료 프로그램에 반영하여 저하된 인지기능을 향상시켜 주는 것이 실제로 강박증 치료에 효과가 있다는 것을 증명해 주는 연구 결과도 거의 없고, 강박장애의 특징적인 증상들을 이러한 기억 결손의 측면으로만 이해하기 어려운 점이 있는 것도 사실이다. 예를 들어, 집의 대문 잠그는 것을 반복 점검하면서도 집 안의 찬장이나 냉장고 문을 닫았는지는 반복 확인하지 않거나, 강박장애 환자가 믿을 만한 지인과 함께 있는 경우에는 점검 강박 행동을 보이지 않는다거나(Rachman, 1993), 오염과 관련된 강박증상을 보이는 환자들이라고 해도, 모든 대상에 대해 오염과 관련된 걱정을 동일한 정도로 보이는 것이 아니다. 표준화된 강박증상 측정도구(Maudsley Obsessional-Compulsive Inventory: MOCI)를 사용하여, 이 척도에서 높은 점수를 보인 사람들(특히 '점검' 강박행동이 심한 사람들)이 표준화된 기억력 검사인 웩슬러 기억검사(Wechsler Memory Scale: WMS)의 수행도 저조하다는 연구 결과(Sher et al., 1989)가 있긴 했지만, 그들의 기억력 결함은 강박증상과 직접적으로 관련되지 않은 다른 영역에서는 관찰되지 않았다. 또한 비임상 집단을 대상으로 한 연구(Maki et al., 1994)에서, 점검 강박행동을 보이는 사람들(checker)과 아닌 사람들(non-checker) 간에 인지에 대한 억제적 통제력 검사의 수행에 있어 차이를 보이지 않았지만, 점검 강박행동을 보이는 사람들은 아닌 사람들에 비해 자신이 인지적 통제력이 더 취약한 사람이라고 지각하는 경향이 있었다. 이는 기억능력 자체에 결함이 있다기보다는 자신의 기억능력에 대한 평가나 확신에 문제가 있을 가능성을 시사한다. 한편, 강박장애를 가진 사람들이 오히려 불필요한 정보에 대한 망각능력이 부족하다는 것, 다시 말해 부정적인 정보(위협 정보)에 있어서는 오히려 강박장애를 지닌 환자들이 강박장애가 없는 사람들보다 더 우수한 기억능력을 보였다는 결과도 있다(Wilhelm et al., 1996).

물론 이러한 몇몇 연구가 뇌의 기저핵(basal ganglia) 관련 부위의 기능이상을 가정하는 강박장애에 대한 신경학적 모델과 연결될 수 있는 여지를 준다는 점에서 시사점이 있지만, 많은 한계점은 있다. 다른 강박행동을 보이는 집단 또는 비교가 필요한 다른 임상 집단을 비교 집단으로 사용하지 못했다는 점, 그리고 다른 다양한 유형의 점검행위 중에서 왜 특정한 점검행위에 대해서만 기억능력의 문제를 보이는지를 설명하기 어렵다는 점이 그러하다. 또한 오염에 대한 두려움을 보이는 강박장애 환자들은 오히려 정상 집단보다 오염 관련 항목들에 대해서만큼은 더 우수한 기억능력을 보였다는 연구들도 있었다(Radomsky & Rachman, 1999).

단, 특수한 감각 영역의 기억능력에 있어서는 청각 기억능력보다는 시각 기억능력을 측정하는 신경심리학적 검사에서 강박장애 환자들의 수행이 더 저조했다는 연구 결과가 더 많았다(Aronowitz et al., 1994; Boone et al., 1991; Christensen et al., 1992; Dirson et al., 1995). 그러나 이러한 연구들은 기억능력에 영향을 미칠 수 있는 전반적인 지능 수준, 혹은 주의나 정보처리 속도를 통제하지 못했다거나, 약물의 효과나 공존하는 다른 정신병리(불안이나 우울장애)를 통제하지 못했다는 방법론적인 한계점을 안고 있었다. 더구나 정상 집단이 아닌 다른 임상 집단이 비교 집단으로 사용되지 못했기 때문에, 다른 임상 집단에서 보일 수 있는 기억능력의 문제와 강박장애 환자들만이 고유하게 안고 있는 기억기능의 결함이 무엇인지를 확인할 수 없다. 요약하자면, 강박장애 환자들이 정상인이나 다른 임상 집단에 비해 기억능력에 결함이 있다고 확신할 수 있을 정도의 확고한 근거는 부족하다고 할 수 있다.

강박장애의 증상이 기억 결손과 관련이 있다는 것을 입증하기 위해 시도된 이러한 몇몇 연구를 종합하자면, 강박장애 환자들이 실제 기억기능에 손상이 있다는 것을 분명하게 지지하는 결과는 충분치 않으며, 그들은 인지기능 자체의 결함이 있다기보다는 자신의 인지적 능력의 적절성에 대해 더 염려하고 집착하는 사람들일 뿐이라는 것을 시사한다. 이러한 설명은 강박장애 환자들이 자신의 인지기능을 어떻게 '평가'하는지가 더 중요하다는 것을 시사한다는 점에서, Salkovskis의 인지적 모형과 통합될 수 있는 여지를 남겨 둔다.

3) 실행기능의 결함

'실행기능(executive function)'이란, 새로운 문제를 해결하기 위해 필요한 일련의 몇 가지 인지기능을 모두 포함한다. 목표 지향적 행동을 수행하는 능력, 해결해야 할 문제 상황을 정신적으로 표상하고 그에 대한 인지적 틀(cognitive set)을 유지하는 능력, 자동적인 반응을 억제거나 주의력을 유지하는 기능, 또는 인지적 틀을 상황에 맞추어 변경할 수 있는 정신적 유연성과 유창성(fluency)이 모두 뇌의 전두엽 관련 부위와 관련된 실행기능의 측면들이다. 따라서 기억능력과 같이 특정하고 협소한 인지기능의 결함만으로 다양한 강박증상을 설명하기보다는 이러한 실행기능의 차원에서 강박증상을 설명하려는 모형들이 제안되어 온 것은 오히려 더 자연스러운 일이다.

먼저, 문제 해결을 위한 순서를 정하거나 전략을 설정하는 등의 실행 계획을 세우는 능력, 즉 계획능력(planning)에 있어서 결함이 있는지를 알아보기 위해 하노이 탑 문제(Tower of Hanoi)를 사용하여 강박증상을 보이는 사람들과 정상인들 간의 수행 차이를 비교해 본 몇몇 연구가 있었다. 이 연구들에서는 강박장애 환자들이 하노이 탑 문제에서 문제 해결에 도달하기 위해 유의하게 더 많은 실행 단계를 사용했고, 검사의 총점과 강박증상이 심각도 간에 상관관계가 있었다고 보고하였다(Mataix-Cols et al., 1999). 하지만 이와 비슷한 결과를 보여 준 연구 자체가 적을 뿐 아니라, 이후의 아동 · 청소년기의 강박장애 집단을 대상으로 한 연구에서는 하노이 탑 문제에서 정상 집단과 유의한 차이가 없었다는 결과가 나타나는 등, 이와 관련된 결과들은 전두엽 기능의 발달이라는 발달적 관점에서 통합적으로 설명될 수 있어야 할 것이다.

유창성(fluency)은 실행기능의 또 다른 중요한 측면이다. 이 능력을 측정하는 신경심리검사는 주로 제한된 시간 내에 특정한 조건을 가진 단어를 얼마나 많이 연상할 수 있는지를 알아보는 도구들(예: Controlled Oral Word Association Task: COWAT)을 사용한다. 그런데 이러한 도구를 사용한 연구들이 많지도 않았을 뿐 아니라 결과도 일관되지 않았다.

인지적 틀을 전환하는 능력(cognitive set shifting)도 실행기능의 중요한 측면이며, 특히 직관적으로도 강박증상 자체가 보여 주는 인지적 경직성과 관련이 있어 보인다. 강박사고와 강박행동이라는 것 자체가 특정한 주제와 영역의 생각과 행동을 반복 경험하는 것이며, 그러한 정형화된 행동양식을 쉽게 변경하지 못하는 경직성을 내포하고 있기 때문이다. 머니 지도검사(Money Road Map Test: MRMT)나 위스콘신 카드분류검사(Wisconsin Card Sorting Test: WCST)를 사용하여 강박증상을 지닌 사람들이 이러한 인지기능의 결함을 보이는지 살펴본 결과, 특히 강박적 지연(slowness)증상을 보이는 사람들인 경우 정상 집단에 비해 이 기능이 유의하게 떨어졌다거나(Hymas et al., 1991), WCST 검사에서 더 잦은 보속증적 실수를 저질렀다는 결과가 보고된 적이 있다(Head et al., 1989). 하지만 또 다른 몇몇 연구에서는 이러한 기능의 차이를 발견할 수 없었다(Boone et al., 1991; Christensen et al. 1992).

강박증상을 살펴볼 때 고려하지 않을 수 없는 또 다른 인지기능은 '억제'기능과 관련되어 있다. 강박사고 자체가 정상인들도 경험하는 자연스러운 것들이라면, 강박장애 환자들이 보이는 강박사고의 문제는 정상인들과 달리 그러한 생각 자체를 억제하지 못하는 것일 수 있으며, 강박행동이라는 강박증상 역시 행동억제 능력의 결함 때문에 발생하는 것일 수 있다. 경쟁자극들에 대한 정보처리 과제를 사용한 몇몇 실험실 연구에 의하면, 강박장애 환자들은 정상 집단에 비해 감각자극에 대한 운동반응을 억제하거나 불필요한 자극에 대해 시선을 억제하는 데 어려움을 보였고, 이전에 점화(priming)된 자극에 대해 더 많은 편향을 보였다(Hartson & Swerdlow, 1999; Rosenberg et al., 1997). 또한 실험실에서의 인공적 자극이 아닌, 일상적 상황에서 경험하는 자극들에 대한 주의기능을 탐색한 몇몇 연구에 의하면, 강박장애 환자들은 공황장애 환자들이나 정상인들에 비해 중요하지 않은 외적 감각자극과 내적 자극을 선택적으로 무시할 수 있는 능력이 떨어졌다(Clayton et al., 1999). 이러한 연구들에서 시사되듯, 강박장애 환자들은 불필요하거나 중요하지 않은 외적·내적 자극들이 자동적으로 처리되는 과정을 의식적으로 억제하거나 주의를 기울이지 않을 수 있는 능력이 저하되어 있는 것처럼 보인다.

기억능력, 판단력, 언어성 및 동작성 지능, 실행기능을 포함하여 '인지기능의 결손'이라는 측면에서 접근한 이러한 연구 결과들을 요약하자면, 결손 모형을 지지하기에는 근거가 빈약한 것도 있고 어느 정도 충분한 것도 있다. 단순한 시각, 청각적 기억능력, 혹은 언어성, 동작성 지능의 영역에서 강박장애 환자들이 정상 집단에 비해 기능이 떨어진다는 것을 보여 줄 수 있는 근거는 빈약한 편이다. 반면, 실행기능과 같이 여러 가지 인지기능이 결합되어 있는 영역에서 기능의 결손을 탐구했던 연구들은 어느 정도 근거가 확립되어 있다고 볼 수 있으며 신경학적 모형이나 인지적 평가 모형과 통합되어 보다 폭넓은 결손 모형으로 확립되어 나갈 수 있는 여지가 있다.

생물학적 접근

생물학적 모형은 강박장애의 핵심 증상인 반복되는 일련의 특징적 행동과 사고를 생물학적인 억제와 조절 기능의 결함으로 모형화하려고 한다. 이를 위해 강박장애로 진단된 환자들과 아닌 집단 간에 뇌의 구조와 기능에 있어서 어떤 차이가 있는지를 탐색해 왔다. 뇌의 기능적 측면에서는 양전자방출단층촬영(PET)이나 기능적 자기공명영상(fMRI) 등을 동원하여 관여하는 신경전달물질과 그 대사기능의 이상 여부를 탐색하였으며, 이와 함께 신경심리평가 도구상에서 어떤 기능적 특징을 보이는지에 관한 연구들과의 통합을 모색하고 있다. 뇌의 해부학적이고 구조적인 측면에서의 이상 여부를 밝히기 위해서도 자기공명영상(MRI)을 사용한 연구들이 진행되어 왔다. 초기에는 주로 뇌의 기능적 혹은 구조적 측면에서 강박장애 환자들이 지닌 결함을 밝히기 위해 초점을 맞추어 왔던 이러한 연구 결과들은 현재 인지심리학적인 관점에서, 그리고 행동주의적 혹은 진화론적인 관점에서 이루어진 연구 결과들과 통합되어 강박장애에 관한 보다 폭넓고 통합적인 이론으로 형성되어 가고 있는 중이다.

신경화학적 모형

이전에는 약물에 잘 반응하지 않았던 강박장애가 세로토닌 계통의 삼환계 약물에 반응한다는 사실이 알려지면서 강박장애와 세로토닌 체계의 관계에 대한 관심이 집중되었다. 항상 일관된 효과만이 보고되지는 않았지만, 잘 통제된 한 연구에서 세로토닌계 약물인 클로미프라민(clomipramine)이 비 아드레날린 계통의 약물보다 강박증상의 완화에 효과적이었다는 일부 증거가 보고되면서(Zohar & Insel, 1987), 강박장애에 대한 세로토닌 가설이 형성되었다. 이어진 연구들에서 클로미프라민의 효과는 강박장애보다는 모발 뽑기나 손톱 물어뜯기, 정형화된 행동 등과 같은 반복적인 행동을 완화시키는데 더 효과가 있다고 보고되었다(Leonard et al., 1989; Swedo et al., 1989). Rapoport 등(1992)은 반복적 이상행동(피부 조직이 벗겨질 정도로 반복하여 앞발을 핥는 행동)을 보이는 개에게도 클로미프라민이 데시프라민보다 효과가 있음을 보여 주었다. 이후 세로토닌 재흡수 억제제(SRIs)의 효과를 살펴본 연구에서는, 이 약물이 신체추형장애, 지적장애인의 자해행동에도 효과가 있었고(Phillips et al., 1994; Scahill et al., 1997), 세로토닌 전달체계와 관련된 유전자가 강박장애와 관련되어 있음을 시사하는 증거들도 보고된 바 있다(Hanna et al., 1998). 또한 3,097명의 강박장애 환자가 참여한 17개 연구를 개관해 본 한 연구에 의하면, 선택적 세로토닌 재흡수 억제제(SSRI) 계통의 약물은 치료 후 6~13주 동안 예일-브라운 강박척도(Yale-Brown Obsessive Compulsive Scale: Y-BOCS)로 측정한 강박증상에 있어서 위약집단보다 유의한 효과가 있다고 결론지었다(Soomro et al, 2008).

한편, 투렛장애에서 도파민 차단제가 효과가 있다는 사실은 이미 알려져 왔으며, 도파민 체계 역시 강박증상(특히 정형화된 행동들)과 관련되어 있음을 보여 주는 연구들이 있어 왔다. 동물의 다양한 정형화된 행동들이 도파민 체계와 관련이 있다는 연구(Goodman et al., 1990) 이래, 주로 정형화된 행동이 주된 증상인 투렛장애와 도파민과의 관련성에 대한 연구들이 있어 왔다. 예를 들어, 도파민 체계와 세로토닌 체계가 상호작용한다거나(Kapur & Remington, 1996), 도파민 항진제는 틱 증상과 모발뽑기장애의 증상을 악화시켰고(Goodman et al., 1990; Martin & Davies, 1998), fMRI를 사용한 연구에서도 투렛장애 환자의 도파민이 흡수되는 뇌 부위(선조체)의 밀도가 높았다. 또한 모발 뽑기 증상에 있어서 SRI와 도파민 차단제를 함께 사용하는 것이 효과적이라는 보고도 있다(Stein et al., 1997).

현재까지의 연구 결과들을 종합하면, 비록 정확한 기제가 무엇인지는 아직 불명료한 상태이고 세로토닌 체계와 다른 신경전달물질 체계 간의 상호작용 기전에 관해서도 더 많은 연구가 필요하지만, 적어도 강박장애 환자들의 세로토닌 체계가 역기능적이라는 것에 대해서는 합의할 수 있을 만한 결과들이 축적되었다고 볼 수 있다.

뇌 구조 모형

뇌 구조 모형은 전통적으로 신경심리학적 평가 도구를 통해 측정된 특정한 기능의 이상 혹은 결손과 특정한 뇌의 구조적 이상 간의 연관성을 탐색해 왔고, 또 다른 한편에서는 뇌의 특정한 구조가 특정한 기능을 한다는 가정 없이 인지 신경심리학적 모형에 따라 강박장애의 증상에 관련되는 것으로 보이는 특정한 인지과정이나 인지기능이 어떤 뇌의 구조나 기능과 관련되는지를 탐색해 왔다. 전자의 흐름은 앞서 언급한 인지기능의 결손에 관한 연구들과, 그리고 후자의 흐름은 인지-행동적 이론과 통합될 수 있는 여지가 많다. 뇌영상 기법들의 발전과 맞물려 있기에 1980년대 후반에 가서야 본격화될 정도로 이 분야의 연구는 그 시작이 늦었고, 또 현재까지의 누적된 결과들도 어떤 확고하고 포괄적인 뇌 구조 및 기능과 관련된 모형을 세울 수 있을 정도로 일관된 것은 아니지만, 그럼에도 불구하고 그 결과들이 시사하는 바가 어느 정도 수렴되는 지점들이 드러나고 있다.

먼저, 뇌의 피질영역 중에서 강박장애 환자들의 '**안와 전두피질**(Orbito-Frontal Cortex: OFC)'의 기능이상을 보고하는 결과들이 많다. 일찍이 이 영역은 유명한 Phineas Gage의 사례에서 기술되었듯이 정서 및 행동의 조절과 의사결정에 관여하는 부위로 알려져 왔다(Damasio et al., 1994). 이후 동물 및 인간을 대상으로 한 기능적 뇌영상 장치를 활용한 연구에서 이 영역은 보상 가치(reward value)의 변화를 모니터링하는 기능, 즉 보상이 있을 것인지를 예측하거나 그런 보상이 일어날 가능성이 얼마나 되는지, 또는 과거의 보상기억을 억제하는 등의 기능과 관련된다는 결론을 얻었다(Elliott et al., 2000; Hikosaka & Watanabe, 2004; Tremblay & Schultz, 1999). 즉, 이 영역은 과거의 보상경험과 현재의 예측된 보상을 비교하면서 의사결정을 하고 행동과 정서를 조절하는 기능에 관여하는 것으로 보인다.

이후 실험실에서 양전자방출단층촬영(Positron Emission Tomography: PET), 단일광자단층촬영(Single Photon Emission Computed Tomography: SPECT), 기능적 자기공명영상(fMRI)를 사용하여 강박장애 진단을 받은 집단과 비교 집단 간에 안와 전두피질(OFC)의 기능이상이 관찰되는지, 그리고 이 피질 영역과 연결되는 피질하 영역은 무엇인지에 대한 연구들이 있어 왔다. 이러한 연구들을 통해 OFC 영역의 이상은 가장 일관되게 나타났고, 피질하 영역 중에서 가장 빈번하게 주목받은 것은 기저핵(basal ganglia), 그중에서도 미상핵(caudate nucleus)을 포함한 선조체(striatum), 그리고 시상(thalamus) 영역이었다.

선조체 및 그와 연결된 담창구(globus palidus)의 국소적 손상을 입은 환자들이 종종 뚜렷한 강박증상을 보여 준다는 결과로부터 강박장애와 기저핵의 관련성에 대한 관심이 시작되었다(Laplane et al., 1989; Rapoport & Wise, 1988). 모두 일관된 결과를 보여 주는 것은 아니지만, 이후의 연구들도 대체로 그러한 방향을 지지하였다. 예를 들어, PET 영상을 통해 나타나는 강박장애 환자 14명과 정상 통제집단 및 우울증 환자의 평상시의 상태(resting state)에서의 뇌 대사량의 차이를 비교해 본 결과, 강박장애 환자 집단에서 좌측 안와 회(orbital gyrus) 및 양측 미상핵 부위의 대사량이 유의하게 높았고, 성별과 연령을 맞춘 우울증상이 없는 강박장애 환자와 정상 통제집단의 비교에서는 강박장애 환자 집단의 전체 뇌 대사량이 높았고, 미상핵의 머리, 안와 회

영역의 대사량이 높았다(Baxter et al., 1987; Baxter et al., 1988; McGuire et al., 1994). Swedo 등(1989)은 아동기에 발병한 성인 강박장애 환자와 정상 통제 집단을 비교해 본 결과 좌측 안와 전두엽, 우측 감각운동영역 및 양측 전전두엽 등의 부위에서 글루코스 대사량이 더 높다는 것을 발견했다. Sawle 등(1991)은 극단적 지연현상(slowness)을 보이는 강박장애 환자와 정상 집단을 비교해 본 결과, 강박장애 집단에서 OFC 영역과 전운동 영역 및 중두엽 영역에서 과도한 대사량이 관찰되었다. 한편, 치료 효과를 보인 집단과 아닌 집단을 비교해 본 간접적인 지지 증거도 있다. 예를 들어, 성공적인 약물치료 효과를 보인 강박장애 환자들에게서 미상핵 머리 영역의 글루코스 대사량이 증가했고, 전두엽 영역 및 OFC 양측 영역의 대사량은 감소했으며(Baxter, Thompson et al., 1987; Benkelfat et al., 1990; Swedo et al., 1992), 심층 뇌 자극술을 이용한 강박장애의 치료에서 복측 미상핵을 자극하는 것이 유의한 효과가 있다는 보고도 있었다(Aouizerate et al., 2004). 또한 PET를 사용한 연구에서 정상 대조군에 비해 강박장애 환자들의 시상 영역이 더 활성화되어 있다는 연구도 있었다(Friedlander & Desrocher, 2006; McGuier et al., 1994)

PET 및 fMRI를 사용하여 강박장애 집단과 통제집단의 뇌 대사량을 비교한 이전까지의 연구들을 종합해 본 메타연구들을 통해 요약해 보자면, 강박장애 환자 집단에서 OFC 및 기저핵(basal ganglia) 부위 중 미상핵의 머리 영역(head of caudate nucleus)에서 강박장애 환자들이 통제집단에 비해 비정상성이 관찰된다는 연구 결과는 유효하다고 결론지을 수 있다(Cottraux & Gérard, 1998; Friedlander & Desrocher, 2006; Menzies et al., 2008).

보상기능과 관련한 OFC 영역은 기저핵과의 연결을 통해 어떤 행동을 촉발하거나 억제하는 역할을 수행하는 역할을 하는 것으로 보인다. 기저핵은 피질에 의해 표상된 운동을 중개하는 역할을 하며, 적응적인 운동을 선택하고 그렇지 않은 운동은 억제하는 운동기능의 조절 역할을 하는 것으로 알려져 왔는데(Frank et al., 2001; Mink, 1996), 이는 강박장애 환자들의 우유부단성이나 강박행동을 조절하는 데 겪는 어려움과 관련이 있을 것으로 추정된다. 또한 시상 부위는 뇌의 다른 영역에서 활성화된 감각자극을 통합하고 중계하는 역할을 하므로, 강박장애 환자의 OFC영역과 기저핵의 자극을 연계하는 역할을 하는 것으로 추정해 볼 수 있다. 이러한 연구 결과들과 뇌의 신경학적 기능에 대해 알려진 기존 지식들을 통합하여 Baxter 등(2000)은 강박장애에 대한 가설적인 뇌 구조 모형을 제안하였고([그림 2-2] 참조), 이러한 '피질-기저핵-시상 회로를 연결하여 강박장애를 설명하는 뇌 구조 모형

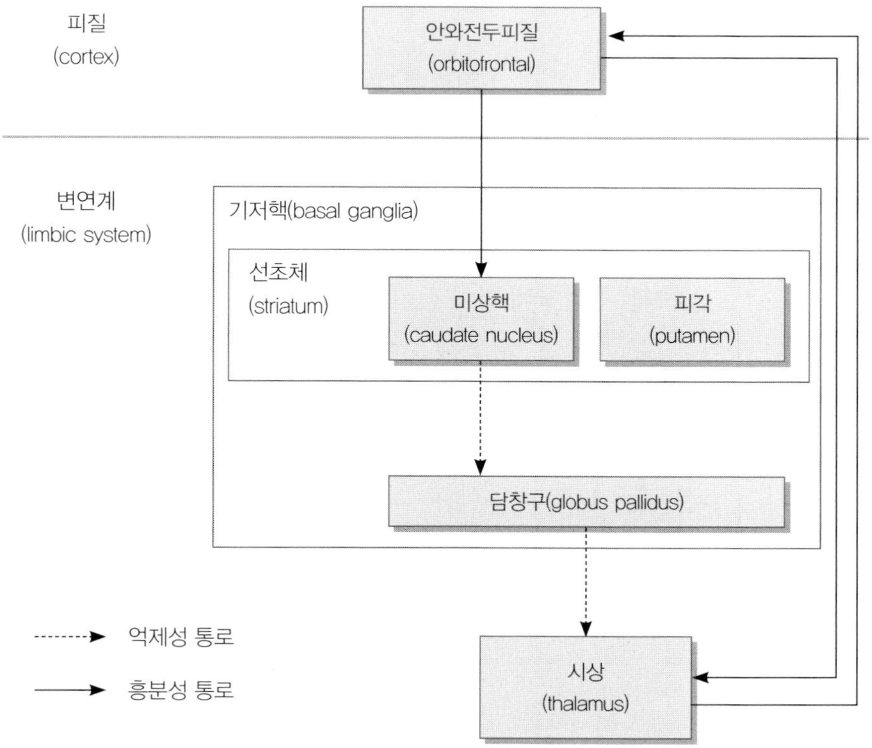

[그림 2-2] 강박장애에 대한 뇌구조 모형의 도식적 표현

출처: Frampton (2003).

(cortico-basal ganglionic-thalamic circuitry model)' 혹은 '안와 전두-선조체 모형(orbitofronto-striatal model)'은 표준 모형으로 자리 잡아 현재까지 대체로 지지받고 있다.

물론 이러한 결론에 통합될 수 없는 결과를 보여 주는 몇몇 연구 역시 존재하고 있지만, 이는 각 연구마다 대상으로 삼은 강박장애 환자들의 주된 강박증상들과 공병상태가 서로 달랐고, 그들의 성별과 연령 및 지능 수준, 우세반구 영역의 차이 등이 통제되지 못한 결과일 수 있으므로, 강박장애 환자들이 '피질-선조체-시상 회로(cortico-striato-thalamic circuits)'에 비정상성을 지닌다는 가설의 타당성을 부정하는 결과로까지 볼 수는 없다(Menzies et al., 2008).

한편, 있을 것으로 추정되는 뇌의 특정 영역의 대사이상만을 비교하는 전통적인 뇌영상 분석기법들이 지닌 제한점을 극복하고자 2000년대 이후부터 복셀 기반 형태 계측방법(Voxel-Based Morphometry: VBM)을 사용한 연구들이 축적되고 있다. VBM을 적용한 최근의 연구들을 체계적으로 개관해 본 연구(Piras et al., 2015)나, 강박장애 환자 412명의 MRI 영상을 VBM 방법으로 분석한 최근의 연구(De Wit et al., 2014)에 의하면, 강박장애에 대한 이러한 모형을 대체로 지지할 수는 있지만, 강박장애 환자들은 그러한 회로 이외에도 뇌의 다양한 영역이 보다 광범위하게 관여하고 있으며 연령이 상호작용하고 있을 가능성이 시사되고 있다.

진화론적 · 동물행동학적 접근

다양한 종의 동물들에게서 관찰되는 반복적이고 정형화된 행동 패턴과 인간 강박장애 환자에게서 보이는 강박행동 사이의 유사점에 근거하여 강박장애를 진화론적 혹은 동물행동학적 관점에서 설명하려는 이론이 개진되어 왔다. 이러한 연구들은 강박장애의 진단기준 중 관찰이 어려운 사고의 영역보다는 주로 관찰될 수 있는 행동적 측면, 즉 강박행동에 초점을 맞추게 되었다. 이 강박행동의 핵심적 특징은 그 행동을 자신도 모르게 반복한다는 것과 그 행동 양상이 틀에 박힌 정형화된 패턴을 보인다는 것이다. 이러한 행동 양상들은 인간뿐 아니라 다양한 종의 동물에서 관찰할 수 있기 때문에, 이러한 유사성에 기초하여 그 행동들이 가진 원인론적 공통점이나 기원을 추적하려고 하는 것은 자연스러운 일이었다.

먼저, 강박장애뿐 아니라 다른 장애에서도 강박행동과 유사성을 지닌 증상들을 발견할 수 있다. 우선 틱(tic)과 관련된 증상이 있다. 틱이란, 수의적으로 통제하기 힘든 독특하고 정형화된 근육운동이 반복되는 것을 말한다. 또한 파킨슨병이나 시든햄 무도병(Sydenham's chorea) 환자들이 보이는 보다 복잡한 동작들이 있다. 이러한 근육운동의 이상은 미상핵(caudate nucleus)이나 담창구(globus pallidus)를 포함한 뇌의 기저핵(basal ganglia) 영역과 관련이 있는데, 이는 강박장애 환자들에 대한 신경학적 연구 결과와도 일치하는 영역이다. 이러한 행동적 증상들은 그 복잡성에 있어서만 차이가 있을 뿐이지 생물학적으로 동일한 계통에 있는 것이라 가정할 수 있고, 아울러 인간이 아닌 다른 동물들에게서 관찰되는 유사한 행동 양상과도 연결될 수 있을 것이라 추론해 볼 수 있다.

동물행동학자들의 관찰에 의하면, 어떤 동물들에게 있어서 특정한 목적을 가지고 있던 행동이 좌절되면 애초의 행동과는 무관한 다른 행동 패턴이 표현되는데, 털을 핥거나 먹는 행동이 가장 흔한 예이다. 동물행동학자들이 지칭하는 이러한 '대체행동(displacement behavior)'이 인간 강박장애 환자들이 보이는 강박행동에 대응하는 것이라고 가정할 수 있다(Holland, 1974; Insel et al., 1983; Pitman, 1989). 이 대체행동은 특정한 행동을 유발할 만한 자극이 없는 상황에서 스트레스나 욕구 자극이 주어질 때, 이미 확립된 선천적이고 습관적인 행동반응 경향성을 활성화시킨 결과라고 볼 수 있다. 동물 모형을 적용하자면, 인간의 강박행동 역시 이와 동일한 기제에 의해 유발되는 것으로 간주할 수 있다. 가장 빈번히 관찰되는 인간의 강박행동들이 문화권에 관계없이 일정하다는 교차 문화적 임상보고들 역시 이러한 가정을 뒷받침하며, 이는 척추동물 혹은 유인원에 내재된 이러한 선천적인 생물학적 기반을 갖고 있는 것으로 볼 수 있다.

진화론적 혹은 동물행동학적 관점에서 보면, 유인원의 진화과정에서 위험에 대처하고 생존을 유지하기 위해 각인되어 온 자동적인 일련의 행동(털 고르기, 깨끗이 하기, 점검하기)이 급박한 생존 유지와는 관련 없는 불필요한 상황에서도 억제되지 않거나 자동적으로 실행됨으로써 강박증상으로 표현된다고 본다. 다양한 종의 동물들에게서 관찰되는 반복적인 행동들이 진화계통상에서 인간의 강박행동과 어떤 연결점을 가지고 있을 것이란 관점에서 강박증에 대한 동물 모델도 제시되었다. 예를 들어, 반복적으로 앞발을 핥는 개나 고양이의 행동, 부리로 자신의 깃털을 고르는 조류의 행동, 반복적으로 되새김질을 하는 소의 행동, 부지런히 자신의 은신처에 식량을 모아 두는 다람쥐의 행동이 인간의 강박 관련 증상들과 유사점이 있다. 반복적으로 머리카락을 만지고 뽑는 행동 때문에 심각한 탈모에 이를 정도가 되는 발모광(trichotillomania, hair-pulling disorder), 반복적으로 손톱을 물어뜯거나 피부를 벗기는 증상(skin picking disorder)은 이미 DSM-5에서 강박 관련 장애로 분류되었고, 틱장애나 저장장애 그리고 자폐스펙트럼장애의 중요한 진단적 특징인 정형화된 행동들이 모두 이러한 동물들의 반복적이고 습관적인 행동과 형태상에서도 유사하며 따라서 동일한 생물학적 기반을 갖고 있는 것으로 가정해 볼 수 있다.

포식자의 습격이 빈번하거나 질병의 위험이 높을 정도로 불결한 상황과 같이 생존에 위협이 될 만큼 위협 요소가 많은 상황에서는 이러한 위험회피 행동들이 생존에 도움이 되겠지만, 그러한 위협에 과도하게 신경을 쓰지 않아도 될 상황에서까지 이러한 생물학적 체계가 억제되지 않는다면, 그것은 역기능적이며 강박장애로 발전할 수 있다. 이런 관점에서 보자면, 강박장애는 위험회피 전략의 한쪽 극단에 있는 것으로 볼 수 있다.

이러한 진화론적이고 생물학적인 관점에서 강박증상을 기술하기 위해 '행동적 매크로(behavioral macro)' 또는 '유전적으로 저장되고 학습된 행동'이라는 용어가 사용되기도 하였다(Baxter et al., 2000; Graybiel, 1998). 이러한 기능의 결함은 조현병의 증상 중 하나인 보속증(perseveration)을 행동반복이라는 강박행동과 동일한 생물학적 결함의 차원에서 설명하는 것이다. 이러한 기능과 관련된 뇌 부위는 안와 전두엽(OFC)과 선조체를 포함한 기저핵, 그리고 시상이 연결된 회로체계이며, 이러한 뇌의 영역이 강박증상과 관련되어 있을 것이란 생물학적 모형이 제시되었다([그림 2-2] 참조). 기저핵은 감각 정보들을 선별하는 일종의 문지기 역할을 하는 영역으로서, 이 영역에서 분비되는 도파민은 감각 정보들이 행동반응으로 연결될 수 있도록 해 주는 역할을 한다(Schneider, 1984). 이 모형에서 미상핵(caudate nucleus)은 안와 전두엽과 시상 사이에서 매개 역할을 한다. 정상적인 뇌기능에서 선조체는 뇌 피질 구조의 의식적 개입 없이 사고, 감각, 행동을 억제한다. 강박장애 환자의 경우, 전두엽 기능의 결함 때문에 전두엽 영역에서 걱정에 의해 불필요한 생각들이 촉발되었을 때 그것이 억제되지 못하여 불필요한 생각과 행동이 반복되고 지속하게 만드는 결과가 초래되었다고 볼 수 있다. 이때 의식적으로 그러한 강박사고에 대처하기 위해 강박행동을 개시하는 기능이 안와 전두엽에 의해 수행된다.

최근 Nakao 등(2014)은 이러한 신경학적 연구 결과들을 개관하고, 어떻게 뇌의 해부학적 이상들이 기능적 문제와 연계되어 강박증상이라는 행동적 차원으로 표현되는 것인지를 설명해 줄 수 있는 다차원적 모형을 제시한 바 있다([그림 2-3] 참조). 이 모형은 강박장애를 뇌의 구조와 기능의 차원, 그 뇌기능과 연결된 것으로 보이는 신경인지기능의 차원, 그리고 그것이 그가 처한 환경 속에서 표현되는 증상의 차원에 걸쳐 종합한 가설적인 통합 모형의 한 예라고 할 수 있을 것이다. 앞서 제시했던 인지행동 모형은 이 모형의 '기능적 손상'의 차원에 통합되어 보다 정교하고 세밀한 강박장애의 통합 모형으로 발전되어 나갈 수도 있을 것이다.

단, 현재로서는 이러한 거대한 모형을 뒷받침할 만한 보다 정교한 근거들이 아직은 부족하다. 뇌영상 기법은 아직 보다 세밀한 신경학적 기제를 확인할 만큼 해상도가 충분하지 않으며, 신경심리학적 연구 결과들도 실행기능을 세분화하여 분명하게 측정하고 기능 간의 관계를 보여 주기에도 어려움이 있으며, 진화론적이고 발달적 관점에서도 정상 발달과정에서 강박증상이 발달 초기에 어떻게 표현되고 이후의 발달과정에서 정상적 발달과 강박증상의 발현

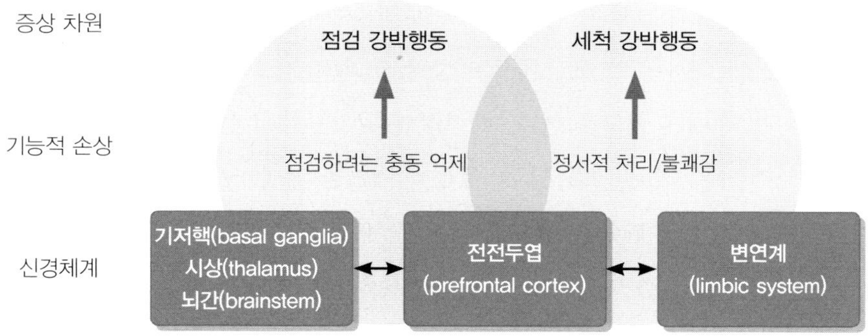

[그림 2-3] OCD의 다차원적 모형

상이한 강박증상 차원은 상대적으로 구별되는 신경회로의 요소들에 의해 매개될 수 있다. 기저핵 체계의 이상은, 점검하려는 충동과 같이 원치 않는 충동을 억제하는 데 어려움을 초래할 수 있는 반면, 변연계의 신경 요소들은 더러운 것에 대한 역겨움과 같은 정서적 차원을 처리한다. 이렇듯, OCD는 단일한 질병체라기보다는 다중의 상호 중첩되는 증상들의 스펙트럼으로 개념화하는 것이 가장 좋을 듯하다.
출처: Nakao et al. (2014).

으로 갈라지는지를 밝혀 줄 만한 자료가 부족하다. 요컨대, 향후 이러한 통합적인 모형의 근거가 확립되기 위해서는 신경학적 · 생물학적 · 진화론적 · 인지적 관점에서 보다 정교한 설계에 의한 연구들이 더 확립되어야 하고, 그 결과들을 묶어 줄 수 있는 이론적 틀이 마련되어야 할 것이다.

제3장

강박장애의 병리학

제3장

강박장애의 병리학

강박장애는 불안장애인가

장애를 어떤 식으로 분류하고 있는지 혹은 그 분류를 위한 세부적 기준이 무엇인지는 그 장애를 어떻게 개념화하고 있는지에 따라 달라진다. 따라서 강박장애(OCD)의 정체를 무엇이라고 보는지를 확인하기 위한 한 가지 방법은 특정한 분류체계가 장애를 어떤 방식으로 분류하고 있는지 그 차이를 비교해 보는 것이다. 강박장애의 핵심 진단기준이 무엇인지에 대해서는 큰 차이가 없지만, 이 장애를 어떤 틀에서 분류하는지에 있어서는 현재 사용되고 있는 두 가지 진단체계인 DSM과 ICD가 미묘한 차이를 보이고 있다.

강박장애는 DSM-II까지는 '강박신경증(obsessive compulsive neurosis)'으로 명명되었고, DSM-III부터 불안장애의 범주로 포함되기 시작하여, DSM-IV-TR까지 강박장애는 '불안장애'라는 상위 범주에 속해 있었다. 그러던 것이 DSM-5로 개정되면서 강박장애는 다시 불안장애 범주에서 벗어나 '강박 및 관련 장애(obsessive compulsive and related disorders)'라는 독자적인 범주하의 주요 장애로 재편되었다. DSM-5에서 강박장애가 '불안장애'의 범주에서 빠져나왔다고 해서 강박장애를 불안이 핵심적인 역할을 하는 장애로 볼 수 없다는 뜻은 아닐 것이다. 다만, 그간의 축적된 연구 결과들을 통해 강박장애, 그리고 강박장애와 유사한 증상학적 · 역학적 · 생물학적 공통분모를 지니고 있다고 여겨지는 다른 장애들을 함께 묶어서 새로운 범주를 만들었을 뿐이다.

반면, 현재까지 ICD-10에서 강박장애는 '신경증적, 스트레스성, 신체형 장애'라는 범주에 속한 하나의 장애로 분류되어 있다. 두 진단체계에서 보이는 이러한 차이는 ICD 분류체계가 미국보다는 유럽의 정신의학적 전통을 더 많이 유지하고 있다는 점에서 이해할 수 있다. 즉, 이러한 차이는 이론적인 측면보다는 진단의 현실적 유용성을 더 추구하는 미국적 전통과 장애들 간에 현상학적으로 나타나는 공통점보다는 그러한 현상 이면의 원인론적 동질성을 강조하는 유럽적 전통의 차이에서 비롯된 것이라 볼 수 있다. 그 결과, 진단의 신뢰도에 더 많은 비중을 두면서 겉으로 표현되고 있는 증상의 객관적이고 현상학적 측면으로부터 분류를 시도하는 동시에 그 증상이 현실에서 어떤 역기능적 특징을 나타내는지에 초점을 맞추고자 기능주의적이고 실용주의적인 미국의 전통을 따르는 DSM 체계에서는 DSM-IV까지 강박장애가 '불안'이라는 증상의 차원에서 표현되고 있는 것으로 분류되고 있었다. 요컨대, DSM은 관찰 가능한 증상으로 실제 표현되는 기능적이고 현상학적인 특징들을 근거로 진단적 일치를 이룰 수 있는 진단체계를 구성하기 위한 목적으로 변해 왔으므로 DSM에서는 강박장애가 여타 다른 불안장애와 마찬가지로 '불안'이라는 증상적 특징을 공유하고 있는 것으로 분류했던 것이다.

반면, 여전히 장애의 배후에 내재된 병인론적 관점에 따라 현상을 배열하려는 유럽적 전통이 남아 있는 ICD에서는 '신경증(neurosis)'이라는 병리학적 관점으로 묶을 수 있는 다양한 장애 중의 하나로 강박증을 분류하고 있다. 즉, ICD-10에서 코드번호 F40-48로 분류되는 장애들(공포성 불안장애, 기타 불안장애, 강박장애, 심한 스트레스에 대한 반응 및 적응장애, 해리 · 전환장애, 신체형장애, 기타 신경증적 장애)은 전통적으로 그 이전까지 '신경증'이라 불리던 장애들로서, 여전히 강박증을 그러한 범주의 장애로 묶어 두고자 하는 흔적이 아직까지 남아 있는 것이라 볼 수 있다. 이와는 대조적으로, DSM에서는 현재 신경증이란 용어가 사라졌다. '신경증'이란 개념은 증상의 현상학에 바탕을 두고 있는 것이 아니다. '신경증'이란 개념은 증상들의 관찰로부터 추론되는 인간의 어떤 보편적 정신 구조를 가정하고 그 구조 내의 역동적 관계, 그리고 현실 검증력의 유무를 통해 병리적 현상을 분류하는 정신분석적 이론의 배경 없이는 이해될 수 없다. 이러한 이론적 배경에서는 '불안'이란, 하나의 증상으로서 어떤 진단 군에서도 증상의 하나로 나타날 수 있는 것이므로, 그것이 분류의 기준이 될 수 없다. 그러나 이러한 초심리학적인(meta-psychological) 전제들을 바탕에 깔고 현상을 분류하다 보면 분류는 점점 추상적인 영역에서 이루어지며, 누구나 확인하고 동의할 수 있는 현상적 근거가 약화된다. 반면에, 어떠한 이론적 전제도 배제하고 오로지 누구나 객관적으로 관찰 가능한 증상들만으로 분류체계를 구성하려다 보면, 너무 산만해지고 비체계적인 분류 명칭들만의 나열로 끝날 수 있다. 사실상 어느 정도까지는, 어떤 관찰도 이론으로부터 자유로울 수는 없는 것이다. 따라서 현상과 그 현상을 일으키는 것으로 보이는 가설적 준거 간의 균형을 유지하는 것이 중요하다고 할 수 있다.

강박장애의 경우 강박 사고나 충동은 주관적인 현상으로서 객관적 관찰과 정의가 용이하지 않은 반면, 강박행동은 객관적으로도 관찰할 수 있는 현상으로, 가설적 구조보다는 객관적 현실에 더 가까운 곳에 있다. 그것이 주관적 체험의 영역이라 하더라도 현상학적인 '체험'의 형태로 보고되거나 타인이 관찰할 수 있는 것이기 때문이다. 이러한 두 가지 측면, 즉 강박사고와 강박행동은 강박장애를 정의하는 DSM의 주된 진단기준으로 여전히 포함되어 있다. 이처럼 객관적 관찰의 영역에서 강박장애를 정의하려는 DSM의 노력에도 불구하고, 실제 임상적 진단을 DSM 기준에 의해 내리고자 할 때에도 그것이 그리 간단한 문제는 아니다.

DSM 진단체계의 변화와 강박장애

미국 정신의학회(American Psychiatric Association: APA)에서 발간하는 정신장애의 진단 및 통계편람(Diagnostic and Statistical Manual of Mental Disorder: DSM)은, 제2차 세계대전 후 첫판이 나온 이래 현재까지 다섯 번의 개정을 거쳐 왔다. 스스로도 불합리하다고 인식하는 어떤 생각과 충동에 의해 자신의 자발적인 의지에 반하여 강제당하고 고통당하는 증상을 보인다는 강박장애의 핵심 특징을 포함한 강박장애에 대한 큰 그림에 있어서 유럽 대륙의 학자들이 생각하는 것과 크게 다르지는 않다. 다만, DSM이 점차 개정되어 오면서 강박장애의 구성 요소를 강박사고와 강박행동으로 기능적인 측면에서 보다 뚜렷하게 구분하고 그 차이를 조금씩 더 명료화해 왔다는 점에서, 그리고 불안이 핵심적인 역할을 하는 다른 장애들과 함께 묶어서 '신경증적 장애'라는 다소 모호한 범주에서 분리시켜 현재는 독립된 하나의 진단군으로 개정해 왔다는 점에서는 유럽 대륙의 영향력을 상대적으로 더 많이 보유하고 있는 ICD와 차이점이 있다고 할 수 있다.

이러한 진단기준의 변화는 강박현상의 핵심을 무엇으로 보아야 하며, 어떻게 개념화하여 다양한 정신병리 현상들 중의 어떤 영역에 어떤 관련성을 제시하며 배열할 것인가에 대한 연구자들의 고민을 반영하는 것이다. 역사적으로 강박장애를 개념화하는 데 어떤 갈등이 있었으며, 이 갈등을 어떤 구도에서 정리하려고 노력해 왔는지를 알기 위해서는, 먼저, 제2차 세계대전 이후 처음 출간된 DSM-I에서부터 현재의 DSM-5까지 강박장애의 진단 범주와 명칭 그리고 세부적인 기준들이 어떤 변화를 거쳐 왔는지 개략적으로 살펴볼 필요가 있다.

1) DSM-I(APA, 1952)

■ 정신신경증적 장애(psychoneurotic disorders): 심인성 근원을 갖거나 분명하게 정의할 수 있는 원인 혹은 (뇌의) 구조적 변화가 없는 장애들

› 정신신경증적 반응들(psychoneurotic reactions)

›› 불안반응, 해리반응, 전환반응, 공포반응, 강박적 반응(obsessive compulsive reaction), 우울반응, 기타 정신신경증적 반응들

■ 정의

이 반응에 있어서 환자 자신에 의해서 병적인 것으로 간주될 수 있는 원치 않는 생각들과 행동을 수행하려는 반복적인 충동들이 지속되는 것은 불안과 관련이 있다. 환자 자신은 자신의 생각과 행동이 불합리하다고 여길 수 있지만, 그럼에도 불구하고 그는 자신의 의례행위(rituals)를 수행하도록 강제된다. 진단은 접촉, 숫자 세기, 의례적 행동들, 손 씻기 혹은 (종종 어떤 반복적인 행위를 하려는 충동이 동반되는) 반복해서 떠오르는 생각들과 같은 반응들로 증상이 표현될 때 특정화할 수 있다. 이 범주의 진단은 이전에 '정신쇠약증(psychasthenia)'으로 분류되던 많은 사례를 포함한다.

☞ 대분류에서 유럽과 같이 신경증적(neurotic)이라는 용어가 사용되고 있으며, 강박장애는 '정신신경증적 장애'의 하위 범주로 분류되어 있다. 단, '질환(illness)'이나 '장애(disorder)' 대신 '반응(reaction)'이라는 용어가 쓰이고 있는데, 이는 Adolf Meyer의 심리생물학적 관점에 영향을 받은 것으로, 정신장

애는 심리적 · 사회적 · 생물학적 요인에 대한 인격의 반응이 표현된 것이라는 의미를 함축한다. 강박장애는 심리적 요인을 갖는 넓은 의미의 신경증적인 장애로 분류하고 있다는 것을 알 수 있으며, Janet의 전통에 따라 이전에 '정신쇠약증'으로 분류되던 다른 장애들도 이 범주에 포함될 수 있다고 언급하고 있는 점이 주목할 만하다. 이렇게 강박장애가 '심리적' 원인에 의해 초래되는 다른 신경증과 동일한 범주에 있다고 생각했다는 점에서 DSM 초판은 그 이전까지 유럽 대륙에서 개념화했던 내용과 다르지 않다.

참고로, 성격장애 항목 분류는 네 가지 유형으로 나누고 있으며, 이 중 '성격특성 장애(personality trait disturbance)'의 분류 항목 중 '강박성 성격'(compulsive personality)을 분류하고 있다.

2) DSM-II(APA, 1968)

■ 신경증(neurosis) : "불안은 신경증의 가장 일차적인 특징이다."

› 불안신경증, 히스테리적 신경증(전환유형, 해리유형), 공포증적 신경증, 강박신경증(obsessive compulsive neurosis), 우울신경증, 신경쇠약적 신경증(neurasthenic neurosis=Neurasthenia), 이인화 신경증, 건강염려적 신경증, 기타 신경증

■ 정의

이 장애는 원치 않는 생각, 충동(urges), 혹은 그 환자가 멈추기 어려운 행위(actions)가 지속적으로 침습(intrusion)하는 특징을 지닌다. 그 생각은 한 단어나 관념들, 반추사고들, 혹은 환자 자신도 종종 무의미한 것으로 지각하는 생각의 흐름들로 구성된다. 그 행위는 단순한 동작에서부터 반복적으로 손을 씻는 것과 같이 복잡한 의례행위(rituals)에 이르기까지 다양하

다. 환자가 자신의 강박적 의례행위를 수행하지 못하도록 방해받는다거나 자기 스스로를 통제할 수 없을 것 같다고 생각되면 불안과 고통이 종종 수반된다.

☞ 대분류 항목을 DSM-I의 '정신신경증적(psychoneurotics)'이라는 용어를 '신경증(neurosis)'으로 바꾸었으며, 그 하위에 분류된 장애는 '반응' 대신 모두 '신경증'으로 통일하였다. 따라서 강박신경증(obsessive compulsive neurosis)이란 명칭은 이전 판과 동일하게 유지되고 있다. 다만, 이 신경증의 범주에 강박신경증 이외에 '신경쇠약적 신경증'을 따로 명시함으로써, 이전에는 강박신경증과 중첩되어 쓰이던 신경(정신)쇠약증을 분리하려는 시도가 엿보인다. 또한 '불안'이 신경증의 가장 일차적인 특징이라고 명시하고 있고 강박신경증은 그중의 하나라고 정의하고 있다. 이는 불안과 관련하여 '신경증'에 대한 정신분석이론의 핵심 가정을 그대로 물려받고 있음을 의미하며, 이후의 진단체계에서 강박장애를 '불안장애'의 하나로 분류하려는 병리학적 관점이 마련되었음을 시사한다.

☞ 참고로, 성격장애 분류는 DSM-I과 달리, 네 가지 큰 범주 밑의 성격장애들로 세분화하지 않고 열 가지 성격장애로 일괄 분류하고 있는데, 강박성 성격장애는 DSM-I의 'compulsive'라는 명칭에 'obsessive'란 명칭이 부가되어 'obsessive compulsive personality'로 개정되었다. 또한 당시 유럽에서는 강박성 성격장애를 운명의 여신 '아난케(Ananke)'에서 빌려 온 '속박성 인격장애(anankastic personality)'로 부르고 있었는데, 괄호 안에 이를 명시함으로써 이 용어를 쓰고 있는 ICD와 보조를 맞추려 하는 점도 눈에 띈다.

3) DSM-III(APA, 1980), DSM-III-R(APA, 1987)

■ 불안장애(anxiety disorders)

› 공포적 장애(phobic disorder)

›› 공황발작을 동반한/동반하지 않은 광장공포증, 사회공포증, 단순공포증

› 불안상태 혹은 불안신경증(anxiety states or anxiety neurosis)

›› 공황장애, 범불안장애, **강박장애 혹은 강박신경증**(obsessive compulsive disorder, or obsessive compulsive neurosis), 외상후 스트레스 장애(급성, 만성 혹은 지연형)

■ 진단기준

A. 강박사고(obsessions) 혹은 강박행동(compulsions) 중 하나

-강박사고: 반복적, 지속적 생각(ideas), 사고(thoughts), 심상(images) 혹은 충동들로서 이것은 자아이질적(ego-dystonic)인 것이다. 즉, 자발적으로 생성해 낸 것으로 경험되지 않으며, 의식을 침범하는 생각으로 그리고 무의미하며 불쾌한 것으로 경험된다. 그것을 무시하거나 억제하기 위한 시도가 행해진다.

-강박행동: 반복적이고 특정한 규칙 혹은 정형화된 형태에 따라 수행되는 일견 목적을 지닌 행동처럼 보일 수 있다. 그 행동 자체가 목적이 아니라, 어떤 미래의 사건이나 상황을 초래하거나 예방하려고 고안된 것이다. 하지만 그 행위는 그것을 유발하거나 예방하려고 고안된 그런 현실적인 방식으로 행해지지는 않거나 분명히 과도하다. 그 행위는 주관적으로 강제되는 느낌으로 수행되지만 (적어도 처음에는) 그 강제에 저항하려는 동기도 공존한다. 일반적으로 점차 그 행동이 무의미하다는 것을 인식하고 있으며(아이들에게는 이것이 해당되지 않는다), 비록 긴장을 감소시켜 주기는 하지만 그것을 행하는 데 있어서 기쁨을 느낄 수 없다.

☞ 다축적(multi-axial) 진단체계로 바뀐 점이 가장 큰 특징이다. 이제 '신경증(neurosis)'이란 용어는 괄호 속으로 이동하였다. 이전까지 강박장애는 신경증적 장애라는 상위 진단군에 포함되어 있었고, '신경증'에 있어서는 불안이 주된 역할을 한다고 정의되어 있었다. 가장 눈에 띄는 변화는 강박장애가 분명한 범주로 확립된 **'불안장애'**의 하위 범주로 분류되었다는 점이다. 즉, DSM-III에서는 신경증적 장애라는 분류 대신 기능적으로 불안이 주된 역할을 한다는 것을 강조하기 위해 '불안장애'라는 범주의 장애 밑에 강박장애가 분류되고 있다. 이 불안장애의 하위 범주는 '공포적 장애'와 '불안상태'라는 크게 두 가지 유형으로 분류하고 있으며, 강박장애는 공포적 장애가 아닌 불안상태의 범주로 세분화하였다는 점도 눈에 띈다. 이는 '공포'와 '불안'에 대한 정신분석학적 구분기준이 아직까지 영향을 미치고 있음을 보여 주며, 강박장애는 공포증적 장애처럼 뚜렷한 외적인 공포의 대상이 존재하는 장애와는 구별된다는 점을 강조하려는 것으로 보인다. 또 하나의 특징적인 변화는 강박장애 진단기준이 **'강박사고'**와 **'강박행동'**이라는 두 가지 요소로 분리되어 기술되고 있으며 그중 하나만 관찰되어도 진단할 수 있도록 변하였다. 이전판까지는 강박사고와 강박행동의 명확한 구분이 없었다. 아울러 DSM-III-R부터는 강박사고와 강박행동을 정의하기 위한 보다 명시적 세부기준을 세우고 있는데, 강박사고는 네 가지, 강박행동은 세 가지 특징을 만족시키는지를 검토할 수 있도록 그 각각의 세부 특징들을 열거하고 있다.

☞ 참고로, DSM-III에서는 다축 진단체계로 바뀜에 따라 성격장애 진단을 축II에서 진단하게 된다. 이때 DSM-III에서는 성격장애 진단 범주에서 강박적(obsessive-compulsive) 성격장애는 'obsessive'가 빠지고 다시 '강박적(compulsive)' 성격장애로 명칭이 바뀌었다. DSM-III-R에서는 성격장애 진단 범주가 크게 세 개의 군(cluster)으로 나뉘어, 강박성 성격장애는 세 번째 군의 성격장애로 분류되었는데, 다시 'obsessive'가 부가되어 '강박성(obsessive-compulsive)' 성격장애로 변경되었다.

4) DSM-IV(APA, 1994), DSM-IV-TR(APA, 2000)

강박장애를 불안장애의 하위 범주로 분류하고 있는 것은 이전 판과 동일하다. 단, 이제 괄호 속에나마 남아 있던 '신경증'이란 용어는 사라졌다. 진단기준에 있어서 강박사고의 네 가지 특징들과 강박행동의 두 가지 특징을 만족시키는지 검토하는 세부기준도 동일하며, 강박사고와 강박행동 중 하나만 관찰되어도 진단할 수 있는 기준 A도 동일하다.

단, DSM-IV부터 **'통찰이 빈약한 경우**(with poor insight)' 강박장애의 **하위 유형**을 특정화(specify)하도록 명시하고 있다. 이것은 자신이 경험하는 강박사고가 비합리적인 것이라 생각하지 않고 실제로 일어날 수 있는 것으로 생각하는 환자들도 존재하며, 이 경우 치료 효과가 좋지 못하다는 그간의 임상경험들과 연구 결과들을 고려한 것으로 보인다. 이는 또한 이전 판에서 강박사고가 '자아이질적으로' 경험된다고 기술되었던 부분을 삭제한 것과도 관련된다. 이 자아이질성 여부는 정신분석학적 전통에서 신경증을 규정하는 요건 중의 하나였기 때문에, DSM-IV에서 '통찰이 빈약한 경우'까지 강박장애에 포함시킨 것과 관련이 있다. 단, 그동안 강박장애를 '신경증적 장애'의 하위 범주로 분류해 왔고, 신경증적(neurotic) 장애와 정신증적(psychotic) 장애를 구분하는 핵심적인 기준 중 하나는 자신이 경험하는 증상에 대해 통찰력을 유지하고 있는지의 여부였기 때문에, DSM-IV에 와서 통찰력이 없는 경우까지 포함시켜 진단하게 된 것은 강박장애의 근본 개념에 대해 혼란을 유발할 수 있는 여지를 주는 것이다. 즉, 강박적 사고와 망상적 사고 사이의 경계가 흐려지게 되는 것이다. 참고로, 성격장애 진단 명칭과 준거는 이전 판의 명칭(obsessive-compulsive personality disorder)과 동일하다.

5) DSM-5(APA, 2013)

■ 강박 및 관련 장애(obsessive-compulsive and related disorder)

› 강박장애(obsessive-compulsive disorder), 신체추형장애, 저장장애, 발모광(모발뽑기장애), 피부벗기기장애, 약물에 의해 유도된 강박장애, 기타 의학적 상태에 의해 유발된 강박장애, 기타 강박 및 관련 장애, 특정화할 수 없는 강박 및 관련 장애

☞ 강박장애가 불안장애의 하위 범주에서 빠져나와 독립된 '강박 및 관련 장애'라는 범주에 속한 대표적인 장애로 분류되었다. 강박장애 진단기준은 이전 판처럼 강박사고와 강박행동 둘 중 하나 혹은 둘 다 보이는 경우로 명시되었으며, 강박사고와 강박행동 모두 두 가지 세부 특징을 만족시킬 수 있는지 검토할 수 있는 기준이 제시된 점은 동일하다. 단, 기준의 세부 기술 내용에서 몇 가지 단어나 표현에서 달라진 점이 있으나(구체적인 것은 다음 절 '강박장애의 정신의학적 진단기준: 현재' 참조), 핵심 기준에 대한 정의는 대체로 이전 판과 동일하다. 다양한 유형 중 특정화(specify)해야 할 조건을 하나 더 추가하여 세분화하고 있다는 점이 DSM-IV와 달라졌다. 즉, 첫 번째 하위 유형 구분은 통찰의 수준을 '양호함-빈약한-결여된'의 세 수준으로 나누고 있으며, 두 번째 하위 유형 구분은 틱과 관련된 증상이 동반되는지를 검토해야 한다는 점이 이전 판과의 차이점이다. 이는 새롭게 마련된 '강박 및 관련 장애'의 범주에 공식적으로 포함시키지는 않았지만, 틱과 관련된 증상이 강박장애와 밀접한 관련이 있으며, 강박장애와 공병률도 높다는 연구 결과 및 임상적 관찰 결과를 반영한 것으로 보인다.

DSM-I에서 DSM-5까지의 이러한 변화를 요약하자면, 강박장애가 무엇인

지를 특징짓는 핵심 특징들은 대체로 유지되어 있지만, 강박장애를 어떤 범주에 귀속시켜야 하는지에 대한 보다 상위의 진단 범주 설정에서 주로 변화가 있어 왔다고 할 수 있다. 이는 DSM 진단체계가 가정되는 원인과 그에 따라 나타나는 것으로 보이는 증상들 간의 관계를 이론적으로 구성하는 어떤 지배적인 이론적 바탕 위에서 각 범주의 장애를 분류하고 있는 것이 아닌, 사용자의 진단적 일치와 객관화에 초점을 두고 있기 때문이다.

구체적으로 보면, 장애를 분류하는 상위 범주가 '신경증적 장애'에서 '불안장애'로 변하였으며, 강박장애를 여기에 포함시켰다가 다시 독립시켰으며, 강박장애에 대한 진단적 정의와 그 세부 진단항목들은 몇 가지 점에서 상당한 변화를 겪어 왔음을 알 수 있다.

첫째, '신경증적' 장애라는 개념화에서 점차 탈피해 왔다는 점이다. 이러한 추세는 자신의 증상에 대한 객관적 통찰능력이 없는 경우까지도 세분화하여 강박장애로 포함시키고 있는 DSM-IV에서 절정에 이르고 있다. 즉, 강박장애 환자들이 자신의 강박사고나 강박행동에 대해서, 그것이 불합리하다는 스스로의 인식이 있지만 그런 행동을 반복할 수밖에 없다는 조건이 사라진 것이다. 이 기준을 적용하면 통찰력을 유지하고 있어야 한다(즉, 신경증적 상태이어야 한다)는 기준을 적용하지 않아도 강박장애 진단을 받을 수 있게 된 것이다. 다시 말해, 강박장애는 전통적으로 생각해 왔던 신경증적 상태가 아닌 경우에도 진단을 내릴 수 있게 되었다.

둘째, 강박장애의 증상을 사고와 행동의 차원으로 나누어서 분류하는 방향으로, 즉 강박사고와 강박행동이 기능적으로 구분되는 증상으로 개념화되어 온 것이라 할 수 있다. 이러한 변화는 강박장애의 진단적 개념화에 있어서 행동주의적·인지적 관점이 많은 영향을 미쳐 왔다는 것을 시사한다.

마지막으로, 강박장애는 DSM-5에 와서는 더 이상 '불안장애'라는 범주에 속하지 않게 되었다. 물론 강박사고와 강박행동을 진단하는 세부 진단항목

내에는 '불안'의 조건이 포함되어 있기 때문에 이전과의 연속성이 끊어진 것은 아니다. 다만, DSM-5의 이러한 변화는 강박장애를 굳이 불안장애의 테두리에 가두지 않고 다양한 강박 관련 현상들과 함께 묶어서 새롭게 독립적으로 개념화하려는 시도의 첫걸음을 반영한다고 볼 수 있다.

다음은 이러한 변화를 거쳐 현재 정착된 강박장애의 개념이 강박장애의 본질에 대해 어떤 의미 혹은 강박장애를 개념화하는 데 어떤 갈등을 내포하고 있는지 그 세부적인 진단적 정의를 살펴볼 필요가 있다. 이를 위해서 현재 쓰이고 있는 DSM-5에서 구체적으로 강박장애를 어떻게 정의하고 있는지, 그 세부적 진단기준을 바로 이전 판인 DSM-IV와 ICD-10과 비교하여 살펴보는 것이 필요하다.

강박장애의 정신의학적 진단기준: 현재

현재 전문가들이 임상 현장에서 강박장애를 진단하는 데 사용하는 공식적인 진단도구는 ICD-10과 DSM-5이다. DSM-IV와 DSM-5는 강박장애를 규정하는 큰 틀에서는 큰 차이가 없지만, 세부적인 몇 가지 측면에서는 다르다. 현재 사용되고 있는 ICD와 DSM이라는 두 가지 진단체계의 세부적 진단기준은 먼저 〈표 3-1〉로 요약해 보았다. 이 요약은 강박장애에 대한 현 시대의 정의라 할 수 있을 것이다.

〈표 3-1〉 강박장애에 대한 ICD-10, DSM-IV 및 DSM-5의 진단기준

구분	ICD-10	DSM-IV	DSM-5
강박사고 (obsession)	강박적 사고(obsession thought) 또는 반추(ruminations) 1. 늘 같은 형태로 마음에 되풀이하여 떠오르는 관념, 심상(mental image), 또는 행동을 유발하는 충동의 형태를 취한다. 2. 강박사고의 내용은 다양하며, 거의 예외 없이 환자에게 고통스러운 것들이다. 3. 강박사고는 불수의적이고 때로 혐오스럽기조차 하며, 기분 나쁘게 반복된다. 4. 흔히 환자는 부질없이 강박사고에 저항한다. 5. 강박성 반추는 우울과 밀접한 관계를 가지지만, 우울 없이 생기거나 지속되는 경우에만 강박장애 진단을 고려한다.	강박사고는 1, 2, 3, 4로 정의된다. 1. 반복적이고 지속적인 사고, 충동(impulses), 혹은 심상으로서, 그 증상 출현 기간의 어떤 시기에 침습적이고 부적절한 것으로 경험되며, 뚜렷한 불안 혹은 고통을 초래한다. 2. 그러한 사고, 충동 혹은 심상들은 단순히 일상생활의 문제들에 관한 과도한 걱정은 아니다. 3. 그런 생각, 충동, 심상을 무시하거나 억제, 혹은 어떤 다른 사고나 행동을 통해 중화하려는 시도를 한다. 4. 강박적 사고, 충동 혹은 심상이 (사고의 삽입에서와 같이 외부에서 부과된 것이 아닌) 자신의 마음이 만들어 낸 것이라는 것을 인식한다.	강박사고는 1, 2에 의해 정의된다. 1. 반복적이고 지속적인 사고, 충동(urges), 혹은 심상으로서, 그 증상 출현의 어떤 시기 동안에 침습적이고 원치 않는 것으로 경험되며, 대부분 뚜렷한 불안 혹은 고통을 초래한다. 2. 그러한 사고, 충동, 심상을 무시하거나 억제, 혹은 어떤 다른 사고나 행위를 통해 중화하려고 시도한다(예: 강박행동을 수행함으로써).

강박행동 (compulsion)	강박적 행동 또는 강박적 의식(compulsive acts or obsessional rituals) 1. 계속해서 반복되는 틀에 박힌 행동 2. 그 행동은 즐거운 것도 아니고 과업을 완수하는 데 유용성이 있는 것도 아니다. 3. 환자들은 강박적 행동을 흔히 자신에게 해롭거나 스스로 만들어 낸, 객관적으로 있음직하지 않은 어떤 사건을 예방하는 것으로 본다. 4. 환자들은 이 행동이 무의미하고 헛된 것으로 인식하며, 그 행동에 저항하기 위한 반복적인 시도를 한다.	강박행동은 1, 2로 정의된다. 1. 반복적인 행동들(예: 손씻기, 정리하기, 점검하기) 또는 정신적 행위들(예: 기도하기, 숫자 세기, 단어를 조용히 반복하기)로서, 그것은 어떤 강박사고에 대한 반응으로서, 혹은 경직되게 적용되어야만 하는 규칙에 따라서 수행해야만 할 것 같은 느낌에 의한 것이다. 2. 그 행동과 정신적 행위들은 고통을 예방하거나 감소시키기 위해 혹은 어떤 두려워하는 사건이나 상황을 예방하기 위한 목적에 의한 것이다; 하지만 이런 행동들이나 정신적 행위들은 중화시키거나 예방하려는 목적으로 기획된 것과는 현실적으로 연결되어 있지 않거나 명백하게 과도한 것이다. DSM-5 첨가된 주: 어린 아동은 이런 행동이나 정신적 행위가 어떤 목적을 지닌 것인지 명확하게 말로 표현하지 못할 수 있다.)
병식의 유무	• 환자는 강박사고가 자신의 사고나 충동임을 인식하고 있다.	• 이 장애의 경과 중 어떤 시점에, 강박사고 혹은 강박충동이 과하거나 비합리적이라는 것을 인식한 적이 있다. 주: 이것은 어린이에게는 적용되지 않는다(DSM-IV)
진단기준	• 강박사고나 강박행동 중 하나 또는 두 증상 모두가 최소한 2주일간 거의 매일 나타남. • 강박사고나 강박행동 중 하나 또는 두 증상 모두가 최소한 2주일간 거의 매일 나타남.	• 강박사고 혹은 강박행동 • 강박사고, 강박행동 혹은 둘 다 나타남.

하위 유형 (specifier)	• 주로 강박적 사고 또는 사고의 반추 • 주로 강박행동(강박적 의례행동) • 혼재성 강박적 사고 및 행동: 대부분의 강박장애 환자들은 강박적 사고와 행동의 두 요소를 모두 가지고 있다. 이 하위 분류는 두 증상이 동일한 정도를 보일 때 사용한다. 하지만 만약 한 증상만이 뚜렷이 우세한 경우는, 사고와 행동이 서로 다른 치료법에 반응할 수 있기 때문에 명확히 기술하는 것이 좋다.	• 빈약한 통찰이 동반됨: 현재 겪는 삽화 중 대부분의 시간 동안, 그 강박관념과 강박충동이 과하거나 비합리적이라는 것을 인식하지 못할 때. • 양호한 통찰: 강박장애 신념들이 분명히 혹은 대체로 사실이 아니라는 것 혹은 사실이거나 또는 사실이 아닐지 모른다는 것을 인식하고 있다. • 빈약한 통찰: 강박장애 신념들이 아마도 사실일 것이라고 생각한다 • 통찰의 결여/망상적 믿음: 강박장애 신념들이 완벽하게 사실이라고 확신한다. • 틱 관련: 현재 혹은 과거의 틱장애 병력을 지니고 있다.
기타	• 강박행위를 수행하는 경우의 생각은 그 본질상 쾌감을 느끼게 하는 것이어서는 안 된다(긴장이나 불안의 단순한 해소는 쾌감으로 간주되지 않는다). • 매우 만성적인 증례에서는 강박행동에 대한 저항이 적을 수 있다. • 강박장애의 바탕이 되는 인격은 뚜렷한 강박적(anankastic) 특성을 보이는 경우가 흔하다.	• DSM-IV, DSM-5 공통 강박사고와 강박충동은 뚜렷한 고통을 야기하며, 시간 소모적이거나(하루에 1시간 이상 사용), 그의 정상적 일상활동, 직업적(혹은 학업적) 기능, 혹은 일반적인 사회적 활동이나 관계를 심각하게 방해한다.

구체적으로, 이러한 진단기준의 각 항목들이 강박장애의 특징을 어떻게 정의하고 있고, 그것은 강박장애를 이해하기 위해 어떤 의미를 지니고 있는지, 먼저 강박사고와 강박행동에 대한 세부 진단항목을 살펴보고, 현재의 이러한 진단기준 설정은 어떤 진단적 쟁점을 내포하고 있는지 검토해 보기로 한다.

1) 강박사고

'obsession'은 우리말로 '강박사고'로 번역되지만, 인지적인 측면에서의 순수한 '사고'만을 분명하게 의미하는 것은 아니며, 실제로 현재의 진단기준에서 강박사고를 정의하고 있는 내용을 살펴보아도 그 경계가 불명료한 부분이 있다. 학술적 의미가 아닌 사전적 의미상으로도 이 말은 "종종 불합리한 생각이나 느낌에 대한 지속적이고 고통스러운 집착"(Mirriam Webster 사전), "당신이 항상 생각하는 대상이나 사람"(Cambridge 사전)으로 정의되어 있다. 이러한 사전적 정의에서 핵심 단어는 '집착'인데, 이러한 사전적 정의는 일반인들의 상식적인 개념을 반영하는 것으로, 그러한 정의 자체도 '생각'에만 한정되어 있지는 않다는 것을 알 수 있다. 집착이라는 것은 생각뿐 아니라 정서적 혹은 행동적 측면도 내포하고 있기 때문이다.

ICD-10에서 강박사고는 '관념(idea)' '심상(mental image)' '충동(impulse)'으로 기술되어 있다(〈표 3-1〉의 '강박사고' 진단기준 참조). 이러한 정의는 DSM-IV와 DSM-5도 동일하다. 다만, 최신판(DSM-5)으로 개정되면서 '충동'에 해당하는 단어는 'impulse'에서 'urge'로 바뀌었다. 이 두 단어는 우리말로 '충동' 이외의 다른 적절한 단어로 그 의미 차이를 구별하기 어렵고, 실제로 영어의 의미도 그러하다. 단, 전자는 보다 순간적으로 일어났다 사라지는 욕망이나 충동을 기술할 때, 후자는 보다 지속적으로 작용하는 내적 강제력을 의미할 때 쓰이며, 특히 DSM-IV에서는 '충동조절장애(impulse control disorder)', DSM-5에서는 '파탄적, 충동조절 및 품행장애(disruptive, impulse-control, and conduct disorder)'라는 다른 진단군의 명칭에 '충동(impulse)'이라는 단어가 존재하기 때문에 강박장애와 혼동될 수 있다는 점에서 후자의 용어로 쓸 때의 장점이 있다고 생각할 수도 있다(Leckman et al., 2010).

어쨌건 '강박사고'는 생각과 심상 뿐 아니라, 행동을 촉발하는 내적이고 정서적인 측면인 '충동(urge)'까지 포함하여 정의되고 있다는 점에서, 별도의 항목으로 정의하고 있는 '강박행동(compulsion)'에 대한 정의와 겹치는 부분이 있다. 이러한 모호한 점은 강박장애의 핵심 진단기준이 강박사고(obsession)와 강박행동(compulsion) 중 하나만 있어도 진단을 내릴 수 있도록 규정하고 있다는 점에서 실제 임상에서의 진단을 혼란스럽게 할 수 있는 요소이다.

그렇기는 하지만, 사실 사고와 충동(또는 행동)을 명확하게 구분하기 어렵다는 것이 실제로 강박장애 환자들이 경험하는 현상적 체험의 영역이기도 하다. 예를 들면, 강박사고는 저항할 수 없이 지속적으로 의식으로 침투하는 생각으로서, 그 내용은 주로 '청결'이나 '확인'과 관련된 생각인데, 손이 더럽다는 생각이 불현듯 자꾸 떠오를 때, 그것이 순수하게 생각의 차원에서만 머물고 마는 것은 아니기 때문이다. 그런 생각 자체는 더러워진 손을 닦거나 씻고자 한다거나 가스 밸브가 제대로 잠겨 있는지를 다시 확인하고 싶은 욕구나 행동적 경향성을 이미 포함하고 있기 때문이다. 따라서 정확히 말한다면, 그런 충동을 포함한 사고가 자신과 타인이 관찰할 수 있는 실제 행동으로 옮겨질 경우에만 '강박행동(compulsion)'으로 정의되어야 한다. 요약하자면, 현재 전문가들이 쓰는 '강박사고'의 개념은 어떤 내적인 움직임을 자극하는 충동적 요소까지 포함하여, 다소 넓은 의미로서의 '사고(생각)'를 의미하며, '강박행동'은 그야말로 명확히 관찰 가능한 행동으로 나타나고 있을 경우이며, 기능적으로 강박사고에 의해 초래된 불안을 완화하기 위한 목적을 갖는 행동이라는 점에서 개념적으로 구분되어 있기는 하다.

한편, DSM과 비교해 볼 때, ICD에서는 '반추(rumination)' 역시 강박사고의 한 형태로 포함시키고 있다. 단, 반추가 우울증상에 자주 동반되는 증상임을 고려하여, 우울과 관련이 없는 형태의 반추만을 강박사고로 진단한다고 정의하고 있다. 그러나 우울이 없는 반추와 강박사고가 임상적으로 어떻게 구분될 수 있는지에 대한 자세한 세부기준은 기술되어 있지 않다.

2) 강박행동

사고에 가까운 영역인지 아니면 행동인지, 침습적으로 발생하는 사고인지 아니면 그 사고에 대한 반응인지에 따라 강박사고와 강박행동을 구분한다고 해서 ICD나 DSM의 진단기준에 의해 강박장애의 핵심 증상에 대한 진단적 개념이 명료해지는 것은 아니다.

우선 일상적으로 우리가 생각하는 사전적 의미부터 검토해 보자. 우리말 '강박행동'으로 번역한 ICD와 DSM의 영어 단어는 'compulsion'이다. 이 용어는 사전적으로 '강제하는 행위'뿐 아니라, '어떤 행동을 수행하도록 강제하는 충동 또는 힘' 또는 '강제당하고 있는 상태'와 같이 행동과 충동 모두를 내포하고 있다(Mirriam Webster 사전). 이러한 사전적 기술 중의 핵심 의미는 '강제하는 어떤 힘'이며, 그러한 힘에 의해 강제당하고 있는 상태와 어떻게 강제당하고 있는지 관찰할 수 있는 행동까지도 포함하고 있는 용어인 것이다. 그런 의미에서 이러한 강제당하는 힘은 역시 앞의 '강박사고'를 기술하고 있는 내용 중에 '충동'이라는 용어와 중첩되며, 충동에는 사고와 느낌, 정서가 모두 관련되어 있기 때문에 경계가 흐려진다.

그렇다면 ICD와 DSM에서 기술하고 있는 강박행동(compulsion)의 정의를 살펴보자. ICD-10에서는 강박행동을 "계속해서 반복되는 틀에 박힌 행동"으로만 간략하게 정의한다. 즉, 분명하게 '사고'와는 대비되는 '행동'의 측면을 강조하며, 반복되고 틀에 박혀 있다는 의미로서 '의례행동(rituals)'이라는 호환될 수 있는 용어도 함께 제시하고 있다. 이러한 정의에서 핵심은 '반복되는', 그리고 '틀에 박힌' 행동이다.

강박행동에 대한 이러한 ICD의 정의와 비교해 보자면, DSM-IV와 DSM-5의 정의는 더 구체적인 두 가지 부가적 특징을 기술함으로써 강박행동의 속성을 더 명료하게 표현한다. 하나는 강박행동이 일어나기 위한 '조건'을 덧붙이고 있다는 점이다. '강박행동'에 대한 DSM의 정의는 그러한 강박행동이 강박사고에 대한 '사후적 반응'으로 유발된다는 점을 명시하고 있다. 예를 들어, 반복적으로 손을 씻는 청결 강박행동은 불결함과 관련된 강박적 사고에 반응하여 조건적으로 발생하는 것으로 기술하고 있다. 다른 하나는 강박행동에 뒤따르는 그 행동의 '효과' 또는 그 효과를 통해 강박행동에 내포된 것으로 추정되는 그 행동의 목적 혹은 기능도 동시에 명시하고 있다. 즉, 강박행동은 "고통을 예방하거나 감소시키기 위해 혹은 어떤 두려워하는 사건이나 상황을 예방하기 위한 목적에 의한 것이다."라고 기술한다. 예를 들어, 손을 씻는 행동은 더러움과 관련된 강박사고에 의해 초래된 불편한 느낌을 '예방' '감소'(DSM-IV) 또는 '중화(neutralize)'(DSM-5)시켜 주는 기능을 한다는 것이다. 이러한 부가적인 기술에 의해 DSM의 정의는 ICD의 그것에 비해 강박사고와 강박행동의 차이점을 기능적 측면에서 더 분명하게 기술하려고 했다고 볼 수 있다. 요컨대, 강박행동은 강박사고에 의해 초래되는 정서적 불편감을 완화시키기 위한 기능을 갖는다고 보는 것이다. 단, 강박행동이 그러한 불편한 느낌을 완화시키려는 목적을 갖는지 아닌지는 강박행동을 하는 당사자 자신도 잘 인식하지 못할 수 있으며, 임상가 역시 그러한 목적성 여부를 판단할 수 있는 객관적인 근거를 발견하기 어려울 수는 있다.

게다가 강박행동에 대한 DSM의 또 다른 부가적 기술은 혼란을 유발하는 측면도 있다. ICD-10과는 달리, DSM-IV와 DSM-5에서는 강박행동을 모두 "반복적인 행동들(예: 손씻기, 정리하기, 정돈하기) 또는 정신적 행위들(예: 기도하기, 숫자 세기, 단어를 조용히 반복하기)"로 정의한다. ICD와는 달리, '반복적인 행동들(repetitive behavior)'에 '정신적 행위들(mental acts)'까지도 포함시키고 있는 것이다. 이처럼 DSM에서는 강박행동의 정의와 그 범주를 겉으로 관찰하기 어려운 '정신적 행위'까지 포함시키고 있으므로, 강박사고와 강박행동의 경계가 적어도 표면상에서는 이 지점에서 흐려진다. 물론 앞서 강박행동의 목적이나 기능을 언급하고 있으므로 개념적으로는 이 '정신적 행위'와 강박사고를 구분할 수는 있다. 다시 말해, 강박행동이 '강박사고에 대한 반응'으로서 원치 않는 어떤 일들을 '예방하기 위한' 목적을 지니고 있어야 한다고 기술함으로써 둘 간의 차이점을 명확히 표현하고 있기는 하다. 그것이 '정신적' 행위라서 객관적으로 관찰되지 않는다 하더라도 그것은 강박사고가 아니라는 것이다. 먼저 침습적으로(intrusive) 경험되는 강박사고가 존재하고, 그러한 정신적 행위는 그러한 강박사고에 영향을 미치기 위해 이차적으로 파생되는 것이기 때문이다. 그러나 이러한 기준에 의해 둘 간의 차이가 개념적으로는 명료할 수 있어도 실제 강박증 환자가 경험하는 주관적 체험의 장에서는 구분이 쉽지 않으며, 특히 경험 많은 임상가라 하더라도 이 두 종류의 체험을 각각 분리하여 관찰하거나 진단을 내리기는 쉽지 않은 것이 현실이다.

강박행동이 분명하게 관찰될 수 있는 외적인 행동으로 표출되는 대신, 다양한 방식의 정신적 활동으로 대체된 경우를 '순수 강박장애(Pure OCD)'라 부른다. 이 명칭은 현재의 진단체계에서 강박장애의 하위 유형을 분류하기 위해 사용하는 공식적인 진단적 용어는 아니지만, 강박행동이 뚜렷하지 않은 강박장애의 하위 유형을 지칭할 때 사용되곤 한다. 이 유형의 강박장애를 지닌 사람들은 강박행동이 정신화(mentalize)된 것, 즉 정신적 강박행동(mental compulsion)만을 보이는 경우이다. 대표적인 정신적 강박행동으로는 다음과 같은 것들이 있다.

- **정신적 확인추구**(mental reassurance): 원치 않는 생각 및 그 결과에 대해 그것이 해롭거나 비도덕적이지 않다는 것을 스스로 확신하기 위해 반복하는 생각들을 말한다. 예를 들어, 자신이나 타인에게 해를 끼칠 만한 어떤 행동을 할지 모른다는 생각이 떠올랐다면, 그 생각이 행동으로 옮겨져 어떤 두려워하는 결과가 일어나지 않을 것이라거나, 원치 않는 비도

덕적 혹은 혐오스러운 성적 행동과 관련된 생각이 떠올랐을 때 자신이 도덕적으로 나쁜 사람이 아님을 확인하기 위해 스스로의 생각에 대해 끊임없이 마음속으로 논쟁을 벌이는 것들이 그러하다.

- 정신적 검토(mental review): 확실성(certainty) 추구가 특징적인 강박장애 환자에게서 자주 보일 수 있는 정신적 강박행동이라 할 수 있다. 자신이 어떤 특정한 행위를 했거나 사건을 겪은 후, 원치 않는 행동을 하지 않았음을 확신하기 위해 자신의 기억을 꼼꼼하게 반복적으로 더듬는 것이다. 어두운 밤길을 운전해서 집으로 돌아온 후, 도로에서 동물이나 사람을 친 것이 아니라는 확신이 들 때까지 계속 기억을 더듬거나, 전열기나 가스를 켜 놓고 와서 집에 불이 날지 모른다는 불안한 생각을 억누르기 위해 출근하기 전에 집에서 했던 행동들을 반복하여 기억 속에서 세밀하게 검토하는 것들이 그 예이다.
- 강박적 기도(compulsive prayer): 원치 않는 불쾌한 생각을 중화(neutralize)시키기 위해 마음속으로 특정한 단어나 문구 혹은 숫자를 되뇌는 것을 말한다. 이것은 특히 특정한 종교적 관념이 강한 사람들에게서 나타날 수 있다. John Bunyan의 자서전적 기록에서 고백하고 있듯이, 기도 중에 매우 불경스러운 생각이 떠올랐을 때(예: "예수를 팔아라."), 그 생각을 물리치기 위해 수천 번이나 특정한 기도 문구를 반복했다는 일화가 대표적인 예라 할 수 있다.

진단적 쟁점

1) 강박사고와 강박행동, 혹은 둘 다?

강박사고와 강박행동을 개념적으로 혹은 임상적으로 명확히 구분할 수 있느냐의 문제는 강박장애로 진단되기 위해서는 어떤 증상이 출현하고 있는지를 확인해야 하는 문제와 연결된다. 현재의 ICD와 DSM은 모두 강박사고나 강박행동 중 하나만 관찰되어도 '강박장애'라는 진단을 내릴 수 있도록 명시하고 있다. ICD-10에서는 DSM처럼 명확하게 강박사고와 강박행동에 대한 진단기준을 분리하여 제시하지 않고 있지만, 하위 유형에서 강박사고와 강박행동 중 어떤 측면이 우세한지에 따라 하위 유형을 다음과 같이 구분하도록 제시하고 있다.

F42.0. 주로 강박사고 또는 사고의 반추(rumination)

주로 관념, 이미지, 또는 행동을 유발하는 충동이라는 형태를 취한다. 그 내용은 매우 다양하나 거의 언제나 환자에게 고통스러운 것들이다(예: 사랑하는 아이를 죽이려는 충동을 느끼는 어떤 여성). 강박적 반추와 우울은 특히 밀접한 관계를 가지고 있다. 강박장애의 진단은 강박적 반추가 우울장애 없이 생기거나 지속되는 경우에만 우선되어야 할 것이다.

F42.1 주로 강박행동(compulsive acts or obsessional rituals)

깨끗이 하는 행동들, 위험 상황이 생기지 않도록 반복적으로 확인하기, 질서나 청결과 관련된 행동들로 나타나며, 겉으로 나타난 행동의 밑바닥에는 대개 자신에게 가해지거나 자신이 저지를지 모를 위험에 대한 공포가 내재되어 있으며, 의례적 행동(rituals)은 그 위험을 피하기 위한 부질없는 시도 혹은 상징적인 시도이다. 강박적 의례행동은 매일 많은 시간을 차지하며 때로는 심한 우유부단, 행동의 지연이 수반되기도 한다. 강박적 의례행동은 강박적 사고보다는 우울증과의 연관이 적으며 행동요법에 잘 맞는다.

이러한 ICD-10의 진단기준에 따른다면, 적어도 개념적으로는 강박사고와 강백행동 중 하나만 명백히 관찰되어도 강박장애 진단을 내리는 것이 가능하다. 즉, 강박장애 진단을 위해 강박사고와 강박행동이 모두 있어야만 하는 것은 아니다.

그런데 DSM은 ICD에 비해 강박사고와 강박행동에 대한 별도의 정의를 분명하게 구분하여 제시하고 있지만 DSM-IV부터 직접 관찰하기 어려운 '정신적 행위'까지도 강박행동의 범주에 포함시키고 있으므로, 강박행동의 범주를 더 확장시켰고 이것이 진단적 명료성을 흐리게 할 수 있다. 이러한 기준에 따른다면, 강박사고만 존재하는 유형의 강박장애 환자들의 유병률은 더 낮아질 것이다. 이전까지는 관찰할 수 없었던 강박행동(즉, 정신적 행위들)까지도 강박행동으로 간주할 수 있게 되었기 때문이다. 이러한 개념 구분이 있기 전까지는 명백한 강박행동을 보이지 않는 강박증 환자들이 상당수 존재한다는 보고가 있어 왔고(Akhtar et al., 1975; Carr, 1974; Welner et al., 1976), 이들을 지칭하기 위해 다양한 명칭이 사용되어 왔다. 예를 들어, 이러한 특징을 보이는 사례들을 '순수 강박사고(pure obsessions)' '강박적 반추(obsessional rumination)' '내현적 강박행동(covert compulsions)' 유형에 속하는 사람들로 이름 붙여 왔다. ICD-10에서도 '강박적 반추'를 강박사고의 한 유형으로 같은 범주에 넣어서 설명하고 있다. 그러나 기능적 측면에서 엄격하게 구분하여 정의한다면, 강박행동이 타인에 의해 잘 관찰되지 않고 '숨겨진(covert)' 경우라 하더라도 그것은 강박사고에 의해 촉발된 불안을 감소시키기 위한 목적으로 행해지는 강박행동의 한 유형이다. 따라서 오직 강박사고만을 지니고 있는 정말 '순수한' 강박사고 유형으로 분류하려면 숨겨진 내현적 강박행동조차 보이지 않고 오직 침습적 강박사고만을 보이는 사례를 지칭할 경우에만 한정되어야 한다고 말할 수도 있다(De Silva, 2003). 그렇다면 이런 엄격한 기준을 적용한 순수한 강박사고 유형으로 분류될 수 있는 강박장애 환자들의 수는 극히 적어질 것이다.

실제로, 훈련된 평정자에 의해 Y-BOCS를 사용한 연구에 의하면, 성인 강박장애 환자의 거의 대부분(96%)은 강박사고와 강박행동을 모두 지니고 있는 것으로 알려져 있다. 즉, 강박사고만을 지니고 있는 강박장애 환자는 5% 미만이다(Foa et al., 1995; Rasmussen & Tsuang, 1986). 이러한 구분을 적용하지 않았던 초기의 조사연구에서는 강박사고와 강박행동을 모두 보이는 사람들이 70% 정도였고, 명백한 강박행동 없이 강박사고만 관찰되는 사례들이 25%로 이보다는 높았다(Akhtar et al., 1975; Wilner et al., 1976). 이러한 조사연구의 결과는 강박사고와 강박행동 중 하나만 있어도 강박장애로 진단한다는 DSM-5의 진단기준에 타당성을 부여한다. 즉, 강박사고 그 자체는 불편함을 유발하는 생각들이며 따라서 자동적으로 그러한 불편함을 줄이기 위해서는 정신적 행위를 포함하여 어떤 형태건 그 불편함을 줄이기 위한 행동이 뒤따르는 게 자연스럽기 때문이다. 따라서 임상가가 어떤 환자에게서 강박사고만을 관찰했다 하더라도, 그가 아직 탐지하지 못한 강박행동의 가능성은 여전히 남아 있으므로, 잠정적으로는 명백히 관찰할 수 있는 강박행동이 출현하고 있지 않다 하더라도 강박장애라는 진단명을 부여하는 것이 타당한 측면이 있기는 하다.

문제는 강박사고 없이 강박행동만을 보이는 사례들도 극히 소수이지만 (2%) 존재한다는 보고이다(Rasmussen & Tsuang, 1986; Wilner et al., 1976). 물론 강박행동이 강박사고에 대한 반응으로 일어나는 것이라면, 그리고 그것이 명백히 외적인 행동으로 표출되지 않는 정신적 행위까지도 포함하고 있는 것이라면, 강박사고 없이 강박행동만을 지니고 있는 사례는 이론적으로는 존재할 수가 없다. 기능적인 면에서 볼 때, 강박행동은 강박사고에 대한 반응이기 때문이다. 따라서 이처럼 보고되는 극소수의 강박행동만을 보이는 사례들이 정말 강박사고가 없는 것인지, 아니면 환자 스스로 인식하지 못하거나 임상가가 관찰하기 어려웠던 것인지는 분명치 않다.

따라서 강박사고와 강박행동을 명확히 구분하려면 강박사고 및 강박행동

간의 분명한 개념 구분뿐 아니라 이 용어들과 혼용되는 관련 용어들에 대한 임상가들 사이의 합의된 개념 정리가 필요하며, 강박행동 없는 강박사고만을 보이는 사례들(혹은 강박사고 없이 강박행동만을 보이는 사례들)에 대한 기존 연구들을 재검토해 볼 필요가 있다.

2) 용어의 정의

DSM-5에서 강박사고와 강박행동이 개념적으로는 비교적 분명하게 정의되어 있다 하더라도, 이 둘 간의 경계 지점에 존재하는 강박현상들을 어떻게 분류하고 정의해야 하는지는 모호한 점이 있으며, 전문가들 사이에서도 각 용어들이 혼용되곤 한다. 다음과 같은 용어들이 흔히 혼용되는 것들이다.

(1) 강박적 반추

강박사고와 강박적 반추(obsessional rumination)라는 용어는 종종 혼용되곤 한다. Rachman(1971)은 강박적 반추를 "반복적이고, 침습적이고 수용할 수 없는 생각들"이라고 정의한 반면, De Silva(2003)는 "강박적 사고(obsessional thought)에 대한 반응으로 수행되는 강박적 인지 활동(compulsive cognitive activity)이다."라고 기술하는데, 이는 또 다른 용어인 '내현적 강박행동'과 같은 의미이며, 현재의 진단체계인 DSM-5에서 정의하고 있는 강박행동의 한 유형에 속하는 것이다. 그런가 하면 Salkovskis는 초기 문헌에서는 강박적 반추를 "명백한 강박행동이 없는 강박사고"라고 정의했지만(Salkovskis et al., 1998), 이후의 문헌에서는 강박사고와 내현적 강박행동을 모두 포함하는 의미로 '반추(rumination)'라는 용어를 사용하고 있다(Salkovskis & McGuire, 2003). 이렇듯, 강박사고와 내현적 강박행동, 강박적 반추에 대한 정의는 현재 연구자들마다 분명한 기준이 없이 혼용되고 있는 상황이라고 할 수 있다.

그러나 '반추(rumination)'라는 용어가 가진 가장 일상적인 의미는 어떤 특정한 주제에 관하여 마치 명상하듯이 오랫동안 반복하여 생각한다는 능동적 의미가 강하기 때문에, 강박사고(obsession)가 갖는 침습적이고 수동적인 특징을 기술하기에는 맞지 않는 용어이다(De Silva, 2003). 강박사고는 자발적인 의지에 의해 반복하는 것이 아닌, 자신도 원치 않는 것이 침입하듯이 의식을 뚫고 들어오는 것이며, 따라서 그것을 경험하는 당사자는 그 순간 자신의 자발성이 훼손당하고 있다는 느낌을 갖게 되므로 주관적으로 고통을 유발하는 그런 심리적 자극이기 때문이다. 반추가 지니고 있는 그러한 의미로 인하여 반추는 '우울증' 환자들이 자신의 부정적인 면에만 초점을 맞추어 사고하는 경향을 기술하기 위해 더 자주 사용되어 왔다. 따라서 De Silva(2003)는 반추 혹은 강박적 반추라는 용어는 강박사고와 혼용하기보다는 강박사고에 반응하여 수행하는 내현적 강박행동이나 그런 강박행동을 유발하는 내적 충동을 기술할 때 사용하는 것이 더 적절하다고 주장한다.

(2) 내현적 강박행동

강박행동 중에서 외현적인 행동으로 드러나지 않는 유형의 강박행동을 지칭하기 위해 고안된 용어이다. 따라서 '내현적(covert)'이라는 말이 부가되었더라도 그것은 본질적으로 강박행동이라는 의미를 담고 있다. 이러한 의미를 지칭하기 위해 다른 몇 가지 용어가 사용되고 있기는 하다. 예를 들면, 인지적 강박행동(cognitive compulsions), 내적 강박행동(internal compulsions), 정신적 강박행동(mental compulsions), 내현적 중화행동(covert neutralization), 인지적 중화행동(cognitive neutralization)과 같은 용어들이 있다. 이러한 용어들로 기술될 수 있는 강박행동들로는, 강박사고에 반응하여 특정한 바람직한 생각이나 이미지를 반복적으로 떠올리는 것, 특정한 숫자를 반복하여 암송하는 것, 특정한 문구의 기도를 반복하는 것, 특정한 대화를 마음속으로 반복하는 것, 특정한 사물을 마음속으로 떠올리며 점검하는 것 등이 해당된다. 이러한 행동들은 외적으로 드러나지 않는다는 점만 차이가 있을 뿐 근본적으로는 외현적 강박행동과 동일한 심리적 효과를 얻기 위한 것이다.

(3) '중화' 반응 또는 행동

'중화'반응('neutralizing' response)은 좁은 의미로는 강박행동과 같은 기능(즉, 강박사고가 촉발시킨 불안을 감소시키려는 목적으로 수행되는 기능)을 수행하며 따라서 강박행동(혹은 내현적 강박행동)과 혼용될 수 있는 용어이다. 그러나 넓은 의미로는 내현적 · 외현적 강박행동을 모두 포함하고 강박행동이 수행하는 것과 동일한 기능을 하는 모든 유형의 반응을 지칭하는 의미로 사용된다. 즉, 강박사고에 의해 초래될 수 있는 임박한 혹은 예상되는 원치 않는 사태를 제거, 예방, 혹은 취소하기 위한 목적으로 나타나는 어떠한 형태의 자발적인 혹은 비자발적인 반응도 모두 지칭한다(Freeston & Ladouceur, 1997; Rachman & Shafran, 1998). 예를 들면, 애초에 촉발된 강박사고나 이미지를 피하기 위해 그와 다른 생각이나 이미지를 떠올리는 것, 그 강박사고로부터 주의를 돌리기 위해 애써 다른 생각에 집중하려고 노력하는 것, 합리화시키는 것, 자기 위안적인 생각을 하는 것 등이 모두 중화행동이라 할 수 있다. 요컨대, 강박사고가 지니고 있는 위험성, 불쾌감, 고통과 같은 부정적인 정서적 가치를 보다 무해하고 중립적인 것으로 희석시키기 위한 모든 반응이라고 할 수 있다. 따라서 이 용어는 모두 기능적으로 강박사고가 초래한 불편한 상태에 대한 반응이므로 모두 현재의 DSM-5에서 기술하는 '강박행동'의 범주에 속하는 현상을 지칭한다고 볼 수 있다.

(4) 순수 강박사고

관찰 가능한 강박행동 없이 강박사고만을 보이는 사례를 기술하기 위해 고안된 명칭이다. 요컨대, '오직' 강박사고만을 지니고 있다는 의미에서 '순수'라는 형용사를 부가한 것이다. 하지만 초기에는 눈으로 관찰되지 않는 정신적 강박행동까지도 포함하고 있었으므로, 엄밀하게 개념을 정의하자면, 관찰하기 어려운 강박행동을 기술하기 위해 사용되는 다양한 용어(예: 인지적 강박행동, 정신적 강박행동 등)는 순수 강박사고(pure obsessions)와는 구별되어야만 한다.

3) '순수' 강박사고형 강박장애는 타당한 하위 유형인가

모든 강박장애 환자가 강박행동을 동반하고 있지는 않고, 오히려 강박행동이 결여된 채 강박사고만을 보이는 강박장애 환자들이 존재한다는 보고가 있어 왔다. 이러한 환자들이 보이는 증상을 지칭하기 위해 Rachman(1971)은 '강박적 반추(obsessional rumination)'라는 용어를 사용하여 이 증상을 보이는 사람들이 불안보다는 우울과 더 밀접하게 연관되어 있다고 보았으며, Ingram(1960)은 강박장애와는 구분되는 진단적 범주로 '공포적 반추상태(phobic-ruminative state)'라는 용어를 제안한 바도 있다. 그 외에도 강박행동이 결여 혹은 아주 드물게 나타나며 주로 강박사고만을 보이는 강박장애 환자들이 있다는 임상가들의 사례 보고들이 있어 왔다(Akhtar et al., 1975; Welner et al., 1976). 반면에, Salkovskis(1989, 1999)는 순수 강박사고형 강박장애(pure obsessional OCD)로 분류되는 대부분의 강박장애 환자가 어떤 형태로든 내현적 강박행동이나 회피를 포함하고 있다고 언급한다. 실제로 DSM-IV의 현장실험을 위해 표집된 454명의 강박장애 환자들을 대상으로 강박증상의 하위 유형들에 대한 유병률을 조사한 결과에 의하면(Foa et al., 1995), 내현적 강박행동까지도 제외한 엄격한 의미의 '순수' 강박사고만을 지닌 강박장애 환자들은 2% 정도로 극히 드물며, 내현적 강박행동까지 포함시키면(즉,

외현적 강박행동을 보이는 사례들만 제외하면) 그 비율은 30% 정도로 높아졌고, 대부분(80%)의 환자가 넓은 의미의 내현적 강박행동(즉, 중화행동)을 보이는 것으로 나타났다.

한편, 증상들에 대한 요인분석 연구에 의하면, 다섯 가지의 요인이 확인되었는데, 강박행동이 포함되지 않은 순수 강박사고만을 지닌 강박장애 환자들의 강박사고는 주로 성적·종교적·공격적 내용을 포함하고 있었고(Denys et al., 2004), 다른 유형의 증상들을 지닌 집단은 시간에 따라 증상이 가변적이었던 반면, '성적·종교적' '저장' 요인은 2년 이상 안정적이었다(Mataix-Cols et al., 2002). 또한 Foa 등(1995)이 사용한 강박장애 환자 집단에 대해 군집분석을 적용했을 때, 이러한 성적·종교적·공격적 강박사고를 지니고 있는 군집은 다른 군집보다 정신적 강박행동이 훨씬 더 많았다. 이러한 연구 결과들은 순수 강박사고형 증상을 보이는 강박장애가 지닌 이질성을 시사하며, 따라서 이러한 유형을 따로 구분하는 하위 유형의 분류가 필요하다는 것을 지지하는 증거들이다.

이러한 이질성은 치료적 반응에서도 관찰된다는 몇몇 연구가 있다. 외현적 강박행동을 보이지 않는 순수 강박사고형 집단은 강박행동이 결합되어 있지 않기 때문에 전반적으로 증상의 심각도가 경미하고 일견 더 쉽게 치료될 것으로 생각할 수 있지만, 실제로는 다른 유형의 증상 집단에 비해 ERP를 포함한 전통적인 행동치료적 접근이나 약물치료에 잘 반응하지 않는 것으로 알려져 왔다(Griest, 1990; Jenike & Rauch, 1994; Rasmussen & Eisen, 1989; Salkovskis & Westbrook, 1989). 그 이유는 다른 유형의 강박증상에 비해 순수 강박사고형 집단은 훨씬 더 혐오스러운 내용의 강박사고를 지니고 있기 때문에 그러한 강박사고를 치료 장면에서 적극적으로 꺼내 놓고 다루기도 어렵고, 또 당사자 자신도 용납하기 어려운 생각들이기 때문에 그런 생각을 통제하기 위해 명백한 행동으로 표출되지 않는 더 강력하고 광범위한 통제 전략을 사용하기 때문일 수도 있다.

요약하자면, 명백한 강박행동이 동반되지 않고 강박사고만을 지니고 있는 강박장애 유형은 전체 강박장애 집단에서 그리 드물지는 않지만, 내현적 강박행동까지 지니고 있지 않은 엄격한 의미의 순수 강박사고형은 극히 드물게 관찰되며, 이들 집단은 다른 유형과 질적으로 다른 특성들을 보일 수 있다고 할 수 있다. 즉, 대부분의 강박장애 환자는 강박사고와 강박행동을 동시에 지니고 있다. 단, 그러한 예외적인 유형에 속하는 사람들의 강박사고 내용은 Foa 등(1995)이 지칭한 대로 당사자에게 혐오감을 줄 정도의 '받아들일 수 없는 생각들(unacceptable thoughts)'을 지니고 있는 경우가 많으며, 이들은 다른 유형의 강박사고를 지닌 사람들보다 명백하게 드러나지 않는 인지적 통제 전략(즉, 정신적 강박행동)을 사용하고 있는 것처럼 보인다. 다만, 이러한 결과를 시사하는 현재까지의 연구들은 다른 유형의 강박증상들에 비해 순수 강박사고와 관련된 증상을 묻는 문항 수가 매우 적은 예일-브라운 강박척도(Y-BOCS)를 사용한 연구들이 대부분이고, 따라서 순수 강박사고를 면밀하게 평가하지 못한 결과일 수 있다. 물론 이 증상 영역을 탐색하는 문항 수가 많은 도구를 사용한다 하더라도 순수 강박사고 자체가 객관적 행동으로 관찰되지 않는 내적인 경험이고 또 그 내용 자체도 당사자에게 혐오스럽게 지각되고 있기 때문에 표준화된 자기보고형 도구나 여타 객관적 방식으로 측정하는 것은 매우 어려운 일일 수 있다. 따라서 강박장애의 하위 유형으로서 이 순수 강박사고 유형이 정말 타당한 진단적 실체인지를 확인하기 위해서는 임상가들 간에 정확하게 합의할 수 있는 용어 및 진단적 정의가 먼저 선행되어야 하며, 그러한 합의된 정의에 바탕을 두고 이 하위 유형을 객관적으로 평가할 수 있는 도구를 사용하여, 요인분석 연구를 포함하여 인지기능이나 생물학적 측면까지 살펴볼 수 있는 광범위한 연구 결과들이 뒷받침되어야 할 것이다.

4) 강박적 사고에 대한 스스로의 인식 혹은 통찰 수준

강박사고는 그 정의된 속성상 자신도 통제할 수 없는 방식으로 갑자기 의식 위로 떠오른다는 특성을 지닌다. 예를 들어, 그것은 "침습적"(DSM-IV/5)이고 "원치 않는 것"(DSM-IV/5, ICD-10), 혹은 당사자에게 "부적절한 것"(DSM-IV)으로 인식되거나 "불수의적"(ICD-10)으로 발생한다. 이러한 기술적 용어는 무엇인가 침입하듯이 의식적 경험의 영역으로 밀려들어 오는 생각이나 충동을 나타내는 것이다. 또한 이러한 특징들은 모두 공통적으로, 의식적인 통제 바깥에서 경험되는 심리적 체험을 기술하기 위한 것으로, 보다 추상적인 정신분석적 이론의 틀에서 정의하자면 '자아이질적(ego-dystonic)'인 속성을 갖는다고 볼 수 있다. 따라서 그것은 암묵적으로 능동적(혹은 자발적, 수의적)으로 통제할 수 있는 범위 밖에 있는 심리적 체험의 영역을 가정하는 것이며, 의식적 통제력의 바깥에 있다는 측면에서는 '무의식적 영역'이라는 개념을 떠올리게 한다. 물론 DSM 진단체계는 특정한 이론적 가정(특히 정신분석적 가정)을 가급적 배제하고 조작적으로 정의된 증상 특징을 기준으로 진단을 내릴 수 있도록 개정되어 온 역사를 지니고 있기 때문에, 이 진단체계를 사용하는 한 그러한 이론적 가정을 바탕으로 진단을 내려서는 안 된다.

이처럼 추상적인 이론적 가정을 배제하기 위해 애썼음에도 불구하고, '침습적'이라는 용어는 타인은 물론이고 강박사고를 경험하는 당사자도 잘 구분하기 어려운 측면을 지니고 있다. 이러한 기술이 진단체계에 포함된 이유는 분명히 '병식(insight)'의 유무를 판단하기 위한 것이며, 이러한 병식의 유무가 강박장애와 다른 장애를 구분하는 중요한 기준이 된다고 생각하기 때문이다. 동시에 이는 전통적으로 신경증(neurosis)과 정신증(psychosis)을 구분하는 핵심 기준이며, 강박장애는 신경증적인 장애이고, 따라서 병식을 지니고 있어야 한다는 관점에 부합되는 것이기도 하다. 강박사고를 경험하는 강박장애 환자들은 그 생각이 현실적으로는 의미가 없으며, 일어날 가능성도 별로 없다는 것을 자신도 의식적으로 알고 있다는 것이 중요한 진단의 기준이 되어야 하기 때문이다. 불필요하고 쓸데없는 생각이라는 것을 알면서도 그 생각을 계속하게 되고 강박행동까지 하게 되므로 스스로 고통감을 갖게 되는 것이다. 요컨대, 강박장애는 전통적으로 병식을 유지하고 있는 신경증적 장애에 속한다는 진단적 전통을 유지하고 있는 것이다. 단, 가장 최근의 DSM-5로 오면서 강박장애의 하위 유형 중 병식의 수준에 따라서 병식이 결여된 유형도 강박장애로 분류하고 있는데, 이는 강박장애를 진단함에 있어서 그러한 암묵적인 전통에서 벗어나는 것이다.

동시에 이러한 '병식'과 관련된 진단기준을 포함하고 있다는 것은, 강박사고와 현실적인 걱정이나 근심(worry)을 구분하는 기준을 유지하고 있다는 의미이기도 하다. 다시 말해, 자신이 경험하는 강박사고의 내용이 현실에서 마주친 어떤 현실적인 일과 관련된 것이고, 객관적으로 볼 때도 그런 현실에서라면 그런 생각을 할 수 있다고 누구나 판단할 수 있는 것이라면, 그것은 합리적인 것이고 침습적인 것도 아니고 현실의 어떤 상황에 대한 반응으로 유발된 것이므로, 그것은 강박사고가 아닌 현실적인 걱정이나 근심들이며, 이러한 걱정이나 근심은 강박장애의 증상이 아닌 범불안장애나 여타 불안장애의 증상이 되는 것이다. 이것은 ICD와 DSM 모두에서 공통적으로 강박사고의 핵심 특징들 가운데 한 가지로 제시하고 있다. 하지만 DSM-5로 개정되면서 강박장애와 다른 장애(특히 정신병적 장애) 간에 중첩될 수 있는 영역이 생겼다. DSM-IV에서는 강박사고와 현실적인 걱정과 관련된 사고들을 구분하기 위한 보다 상세한 진단항목들이 있었다. 예를 들어, "그러한 사고, 충동 혹은 심상들은 단순히 일상생활의 문제들에 관한 과도한 '걱정'은 아니다."(강박사고 진단기준 2)라거나 또는 "강박적 사고, 충동 혹은 심상이 (사고의 삽입에서와 같이 외부에서 부과된 것이 아닌) 자신의 마음이 만들어 낸 것이라는 것을 인식한다."(강박사고 진단기준 4), 또는 "이 장애의 경과 중 어떤 시점에 강박사고 혹은 강박충동이 과하거나 비합리적이라는 것을 인식한 적이 있다."(진단기준 B)라는 항목이 제시되어 있었다.

반면, DSM-5에서는 이러한 세부 내용들이 모두 삭제되고 "그 증상 출현의 어떤 시기 동안에 침습적이고 원치 않는 것으로 경험되며, 대부분 뚜렷한 불안 혹은 고통을 초래한다."(강박사고 진단기준 1)는 것만 남겨 두고 있으며, 그 대신, 병식의 정도를 이전 판(DSM-IV)보다 더 세분화하는 것으로 대체하였다. 즉, DSM-IV에서는 '빈약한 통찰'을 지닌 오직 하나의 유형만을 특정화(specify)할 것으로 요구하였으나, DSM-5에서는 통찰의 수준을 세 수준(양호한-빈약한-통찰의 결여/망상적)으로 나누어 특정화할 것으로 요구하고 있다. 이는 DSM-IV에 의하면, 강박장애는 강박사고나 강박행동이 비합리적이고 비현실적이라는 것을 스스로 인식하고 있는 사람만이 일반적인 강박장애 환자들이며, 아주 특수한 경우에만 그러한 통찰이 빈약한 사례가 있을 수 있다는 것을 인정하는 정도였다면, DSM-5에서는 통찰이 결여된 사람들도 일반적인 강박장애의 범주로 진단할 수 있게 되었다는 것을 의미한다. 다시 말해, DSM-IV에서 DSM-5로 개정되는 과정에서는 하위 유형으로서 '통찰'이 결여된 유형을 명시함으로써 강박장애와 정신병적 망상과의 차이점이 흐려지는 부분이 더 커졌다.

물론, 이것이 강박장애의 체험적 현실이며, 실제 강박증상을 경험하는 당사자의 주관적 체험일 수는 있다. 하지만 강박장애에 대한 진단체계로서는 분명히 혼란을 줄 수 있는 부분이다. '원치 않는 생각' 또는 '불수의적'으로 떠오르는 생각이라는 것 자체는 이미 자아이질적이며, 비현실적인 내용을 갖고 있다는 점을 내포하고 있으므로, 강박장애와 정신병적 장애에서 보이는 망상적 사고를 구별하기 어려운 그러한 사례가 존재한다는 점을 인정하고 있는 것이라면, 이것은 혼란이라기보다는 현실을 반영한 것이라 할 수 있다. 그러나 전통적으로 신경증과 정신증을 구분하는 핵심적 기준을 흐린다는 점에서 개념적이고 이론적으로는 혼란을 줄 수 있는 것이다. '망상장애'라는 또 다른 장애가 '정신분열 스펙트럼 장애'의 한 유형으로 분류되어 있기 때문이다. 그럴 경우 자아이질적이면서도 그 사고의 내용이 매우 비현실적인 강박사고를 경험하고 있는 경우 망상장애와의 구분이 어려워진다.

강박 '관련' 장애 혹은 강박 '스펙트럼' 장애

DSM-5로 개정되면서, 강박장애는 '불안장애'의 범주에서 벗어나 '강박 및 관련 장애(Obsessive Compulsive and Related Disorder)'라는 새로운 진단 범주로 편입되었다. 이러한 변화는 강박장애가 '불안'이라는 공통 기반을 갖는다는 암묵적 전제에서 벗어나 '강박'의 특성을 공유하는 것으로 보이는 다른 몇 가지 장애와 함께 독립된 진단적 실체로 분류되었다는 것을 의미한다. 이 새로운 진단 범주에 함께 묶인 강박 '관련' 장애들은, 신체추형장애(body dysmorphic disorder), 저장장애(hoarding disorder), 발모광(trichotillomania or hair-pulling disorder), 피부벗기기장애(excoriation disorder or skin-picking disorder)이다. 이 새로운 범주의 명칭에 쓰인 '관련(related)'이란 용어는, 이 범주에 함께 묶인 다른 장애들의 진단항목들만 살펴보는 것만으로는 그 다섯 가지 장애들이 어떻게 '관련'되어 있다는 것인지 그 관련성을 파악하기 어렵다.

공식적으로 DSM-5가 출간되기 이전부터도 몇몇 연구자에 의해 '강박 관련(related) 장애'라는 명칭뿐 아니라 '강박 스펙트럼(spectrum) 장애'라는 유사한 명칭으로, 위의 네 가지 장애를 포함하여 틱장애 및 투렛장애, 건강염려증, 섭식장애 등이 강박장애와 연관성이 있다고 언급되기도 하였다. 이러한 연관성을 언급하게 된 이유는 그동안 이루어진 몇몇 생물학적이고 유전적인 측면에서의 연구들, 공병률을 포함한 역학조사 자료, 그리고 치료 효과에 대한 공통된 반응을 포함하여 기타 추정되는 공통된 병인학적 관련성을 시사하는 연구들 때문이었다. 그러나 이러한 연관성을 보다 뚜렷하게 드러내게 해줄 만한 결정적 연구들은 아직 부족하고, 무엇보다 그동안 축적된 개개의 관련 연구들을 통합하여 설명할 수 있는 광범위하게 합의된 병리학적 이론의 틀이 아직은 마련되지 못했기 때문에, 현재와 같이 막연하게 '관련된'이라는 용어를 쓸 수밖에 없었던 것으로 보인다.

이 장에서는 이처럼 강박장애와 '관련'된 혹은 강박장애와 동일한 근원에서 파생된 '스펙트럼'에 속하는 장애들이 서로 어떤 관련성이 있고, 또 어떤 점에서는 관련성이 없거나 별개의 장애처럼 보이는지를 간략하게 살펴보고자 한다. 단, 저장장애(hoarding disorder)는 다음 장에서 살펴볼 강박증상의 유형의 하나로 포함시켰으므로 여기서는 제외하였다.

틱장애와 투렛장애

틱장애(tic disorder)는 강박장애와 공병률이 높고 틱장애를 지닌 환자 집단에서 강박장애의 유병률이 높으며(Cardona et al., 2004; Eapen et al., 1996; Leckman et al., 1994), 발병 연령이 이른 강박장애 환자들일수록 틱과 관련된 증상을 더 자주 보이기도 한다(George et al., 1993; Grados et al., 2001; Rosario-Campos et al., 2001). 또한 투렛장애(Tourette syndrome) 환자의 20~60%가 강박장애를 지니고 있으며 투렛장애 환자의 1급 친척들에서 통제집단보다 훨씬 더 높은 강박장애 발병률을 보인다는 보고가 있었다(Apter et al., 1993; Pauls et al., 1991).

틱장애는 또한 강박장애의 증상들과도 유사한 임상적 특징을 공유한다.

예를 들어, 투렛장애 환자들이 보이는 정형화된 반복행동과 강박장애 환자들이 보이는 의례적 강박행동 간에는 유사점이 있다. 정형화되어 있고 반복된다는 점, 그리고 그 행동을 하려는 충동에 저항하기 어렵다는 점도 그러하다. 단, 그 형태는 유사할지 몰라도, 행동의 속성에는 차이가 있다. 틱장애에서 보이는 행동들은 비교적 단순한 행동들이기 때문에 강박행동과는 더 잘 구분되는 반면, 복합 틱 증상이나 투렛장애에서 보이는 행동들은 복합적이기 때문에 구분이 쉽지 않을 수도 있다. 그러나 근본적인 차이는 있다. 투렛장애에서 보이는 정형화된 행동들은 주로 불수의적으로 일어나는 근육운동이지만, 강박장애 환자들의 의례적 행동은 어떤 특정한 강박관념에 의해 강요되는 듯한 상대적으로 덜 불수의적인 행동이다. 아울러 그 강박적 의례행동의 효과가 불안 감소를 목적으로 하고 있는 반면, 정형화된 투렛장애 환자들의 행동은 그런 목적성이나 강요되는 사고의 내용이 뚜렷이 연결되지 않는다는 점도 다르다. 또한 강박장애 환자들이 보이는 강박행동은 선행하는 강박사고와 기능적으로 결합되어 있지만, 투렛장애 환자들이 어떤 행동을 하게 될 때는 그런 강박사고가 아닌 어떤 감각적 충동만을 보고할 뿐이다.

실제로 강박증상의 유형에 있어 틱장애를 동반한 경우와 아닌 경우 차이점이 있다는 경험적 연구들도 보고되어 왔다. 오염이나 씻기 강박행동은 틱 증상이 없는 강박장애 환자들이 더 많이 보이는 반면, 틱 증상이 동반된 강박장애 환자들은 공격적 · 성적인 침습적 사고와 숫자 세기 및 대칭 강박행동을 더 많이 보였다는 보고가 있다(George et al., 1993; Leckman et al., 1994). 예일-브라운 강박척도(Y-BOCS)를 통한 요인분석 결과, 강박장애 집단의 경우 '대칭 · 저장' '오염 · 청결' '순수 강박사고'로 분류할 수 있는 세 가지 요인의 변량이 대부분을 차지했던 반면, 투렛장애나 만성 틱장애의 과거력을 지닌 강박장애 집단은 오직 '대칭 · 저장' 요인만이 유의한 설명력을 보였다(Baer, 1994). Summerfeldt(2004)는 강박행동을 '위험 회피'와 내적인 균형감 회복을 위한 '불완전감'이라는 두 가지 차원으로 나누어서 틱을 동반한 강박장애 환자와 아닌 집단을 구분하여 비교해 본 결과, 틱을 동반한 강박장애 환자들이 '불완전감'의 느낌과 관련된 강박행동을 더 많이 보인다고 하였다.

이러한 연구 보고들을 볼 때, 틱과 강박장애가 유전적인 요인을 공유하고 있을 가능성이 있고 또 현상학적으로 증상의 유사성도 있지만, 틱과 관련된 증상을 함께 보이는 강박장애 집단은 다른 유형의 증상을 보이는 전형적인 강박장애 환자들과는 구분되어야 하며, 생물학적으로도 구분되는 특징이 있으므로 진단적으로 그 하위 유형을 구분하여야 한다는 주장도 있다(Miguel et al., 1997).

건강염려증

'건강염려증(hypochondriasis)'은 DSM-5에서 '질병불안장애(Illness Anxiety Disorder: IAD)'로 명칭이 변경되었지만 핵심이 되는 증상 기준에 있어서 이전판과 큰 차이는 없다. 건강염려증의 주된 증상은 "심각한 질병에 걸렸다는 생각이나 두려움에 집착하며, 건강상태의 이상을 암시할 만한 아주 사소한 정보에도 쉽게 놀라고, 특정한 질병에 걸릴 가능성을 사전에 차단하기 위한 과도한 예방행동이나 회피행동을 보인다."(APA, 2013)는 점이다. DSM-5에서 IAD는 강박 관련 장애가 아닌 '신체 증상 및 관련 장애(Somatic Symptom and Related Disorders)'라는 상위 범주에 속하는 장애들 중 하나로 배치되어 있으며 그 진단기준은 다음과 같다.

A. 심각한 질병을 지니고 있거나 혹은 걸렸다는 생각에 집착한다.

B. 신체증상은 나타나지 않거나 혹은 나타난다 하더라도 그 정도는 경미하다. 그 밖의 다른 의학적 상태가 존재하거나 의학적 상태로 발전될 위험성이 높다면(예: 가족력

이 강하다면), 그 집착은 분명하게 과도하거나 객관적인 심각도와 맞지 않는다.

C. 건강과 관련된 불안 수준이 높으며 자신의 건강상태에 대해 쉽게 불안해진다.

D. 과도한 건강 관련 행동을 수행하거나(예: 질병의 징후를 지속적으로 점검), 부적응적인 회피행동을 보인다(예: 의사와의 약속이나 병원 방문을 피함).

E. 질병 집착이 적어도 6개월 동안 지속되었지만, 두려워하는 그 특정한 질병은 그 기간에 변할 수 있다.

F. 그 건강 관련 집착은 신체증상장애, 공황장애, 범불안장애, 신체추형장애, 강박장애 혹은 신체유형망상장애와 같은 여타 다른 정신장애로 더 잘 설명되지 않는다.

이러한 진단 기술을 요약하자면, IAD는 '객관적인 의학적 근거가 빈약함에도 불구하고 신체적 질병에 대해 과도한 집착을 보이는' 장애이다. 우선 DSM-5에 제시된 진단항목들의 내용만 보더라도 강박장애와 연결될 수 있는 여지는 많다.

진단기준 A에서 기술하는 질병에 대한 '집착(preoccupation)'이라는 내용은 강박장애 환자들의 '강박사고(obsession)'와 유사점을 갖는다. 강박사고의 진단기준처럼 '침습적'이라는 내용은 포함되어 있지 않지만, 그것은 분명히 질병과 관련된 걱정스러운 '생각들'이며, 반복되기 쉽고, 불안이나 스트레스를 유발하는 원치 않는 생각들이란 점에서 강박사고와의 차이점보다는 유사점이 더 부각된다. 특히 강박사고의 주된 몇 가지 하위 유형 중에 가장 흔히 나타날 수 있는 '오염'이나 '질병'과 관련된 강박사고 및 강박행동을 보이는 사람들과는 더욱 구분하기 어렵다.

진단기준 B 항목의 핵심은 객관적인 질병의 징후나 심각도에 비해 그 집착이 '과도하다(excessive)'거나 현실적으로 그런 걱정을 할 만한 증거가 부족하기 때문에 그 집착이 '불합리하다(disproportionate)'는 것이다. 강박장애 환자들이 지니고 있는 강박사고나 강박행동 역시 그런 생각을 할 만큼 실제로 위험한 요소가 현실에 존재하지도 않으며, 그러한 강박행동을 그렇게 과도하게 반복해야 할 만한 합리적 근거가 부족하다.

또한 진단기준 C, D 항목에서 기술되고 있는 내용 역시 강박장애 환자들의 강박행동과도 연결될 수 있다. IAD 역시 건강에 대한 불안감 때문에 반대 증거를 찾기 위해 '병원 쇼핑'을 하면서 건강 점검 행동을 반복하거나 혹은 병이 확인될 것에 대한 불안으로 객관적 증거를 회피하기 위한 행동을 보이기 때문이다.

요약하면, IAD에서 관찰되는 신체적 기능이나 건강문제에 대한 과도한 염려와 집착은 OCD에서 전형적으로 보이는 강박사고, 특히 위험이나 청결, 오염을 내용으로 하는 강박사고와 유사하며, IAD의 그러한 염려와 불안을 잠재우기 위해 수행하는 다양한 건강 확인 행동들은 OCD의 강박행동 중에서 전형적으로 나타나는 위험한 일의 발생을 막기 위한 반복된 점검(checking) 및 확신 추구 행동(reassurance seeking)과 형태 및 기능 면에서 매우 유사하다. 모두 불안을 감소시키기 위한 기능을 갖고 있는 것처럼 보이기 때문이다.

그러나 세부적인 몇 가지 측면에서는 강박장애의 증상들과 다음과 같은 차이점이 발견된다.

첫째, IAD가 집착하는 주제는 주로 신체기능이나 건강문제와 같은 한 가지 영역에만 집중되어 있는 반면, OCD의 강박사고는 그 내용 영역이 이보다 훨씬 다양하다는 점이다. 다시 말해, OCD의 강박사고나 강박행위 역시 신체기능 및 질병, 또는 청결과 관련된 것일 수 있지만, 구체적인 신체적 질병과 관련된 것보다는 위험한 사건과 관련된 개인적 '책임감'을 주제로 하는 강박사고가 더 우세하며, 그 외에도 다양한 위험, 성적·종교적 생각들, 정리정돈 및 대칭과 관련된 생각들이 나타나는 등 그 폭이 IAD의 집착내용보다 더 넓다.

둘째, 건강과 관련된 생각에 집착하는 경우, 대체로 그들은 미세하고 주관적이나마 신체적 증상들을 경험한다. 즉, 그들의 염려와 집착은 그들이 주관적으로 경험하는 신체증상에 대한 반응인 경우가 많다. 단, DSM-5로 개편되면서, IAD 진단기준에서는 이러한 '신체증상이 존재하지 않거나 존재하더라도 경미하다.'(진단기준 B)는 식으로 변경되었기 때문에, 이 기준에 따른다면 강박증상과의 차별점이 더 약화되었다고 할 수 있다.

셋째, 자신이 경험하는 증상에 대한 태도에 있어서 IAD와 OCD는 차이가 있다. IAD는 자신들의 염려나 집착이 얼마나 정당한 것이며 자신이 심각한 질병에 걸릴 수 있다는 것(혹은 걸리지 않았다는 것)을 확인하기 위해 주변 사람들에게 적극적으로 알리며 호소하고, 그런 염려를 잠재워 줄 전문가들을 끊임없이 찾아다닌다. 그들의 그런 행동은 타인이 보기에도 그런 염려를 지닌 사람이라면 충분히 현실적으로 추구할 수 있는 합리적인 행동처럼 보일 수 있다. 즉, IAD의 질병 관련 염려는 비록 과도한 수준이기는 하지만 그들의 집착과 그 집착에 대한 반응이 현실적으로 이해할 수 있는 측면이 있으며, OCD의 강박사고보다는 '자아동조적(ego-syntonic)'인 속성이 더 강하다. 반면에, 강박장애 환자들은 자신들이 경험하는 강박사고나 강박행동이 스스로도 용납할 수 없거나 터무니없다고 스스로도 인식하고 있으며, 타인이 보기에도 그 강박사고와 강박행동 간의 관계가 현실적이거나 합리적인 것처럼 보이지 않는다. 따라서 그것을 타인에게 좀처럼 드러내려 하지 않으며 IAD처럼 전문가를 자발적으로 반복해서 찾아다니는 일도 드물다. 즉, OCD의 강박사고나 강박행동은 비현실적인 속성이 더 강하고 '자아이질적인(ego-dystonic)' 특징이 더 두드러진다. 단, DSM-5에서는 강박장애의 하위 유형을 통찰의 수준에 따라 세 수준(양호한–빈약한–결여된)으로 구분하는데, 이 하위 유형들 중 자신의 증상에 대한 통찰이 결여되어 있으면서 동시에 사고의 내용이 질병에 집중되어 있는 유형의 OCD라면 IAD와 구분할 수 있는 진단적 근거를 찾기 어려울 것이다. 또한 DSM-5에서는 IAD의 또 다른 하위 유형으로 '치료 추구(care-seeking)' 유형과 '치료 회피(care-avoidant)' 유형으로 구분하고 있는데, 치료 회피 유형의 IAD는 회피 증상이 두드러진 OCD와도 구별점을 찾기 어려울 것이다.

넷째, IAD 환자들이 지니고 있는 질병과 관련된 다양한 생각은 OCD 환자들의 강박사고처럼 '침습적'으로 경험되지는 않으며, 따라서 그러한 건강과 관련된 불안한 생각들을 억제하거나 중화시키기 위해 힘겹게 투쟁하지는 않는다. 반면, OCD 환자들은 불쑥 떠오른 강박사고를 어떻게든 없애거나 중화시키기 위해 힘겨운 투쟁을 벌이면서 전형적인 OCD의 증상들로 발전해 나간다. 단, 자신에게 질병이 없음을 확신하기 위해 IAD 환자들이 병원을 찾아다니거나 건강 정보를 반복적으로 탐색하는 행동을 강박행동 혹은 중화행동으로 볼 수도 있는데, 이때도 두 장애 간의 구분은 힘들어질 수 있다. 또한 강박사고를 정의하는 '침습적'이란 용어의 의미가 IAD의 집착과 과연 질적으로 다른 것인지에 대해서는 논란이 있을 수 있다. IAD 역시 건강과 관련된 불안한 생각들이 어떤 현실적인 자극 없이 불현듯 떠오르는 경험을 할 수도 있기 때문이며, 이 경우에는 역시 그런 생각들은 침습적인 속성을 배제할 수 없다.

마지막으로, IAD의 질병 예방 행동들과 OCD 강박행동이 지니고 있는 세부적인 형식적 특징에서의 차이점을 발견할 수 있다. 즉, IAD의 질병 예방 행동들이 OCD의 강박행동처럼 정형화되고 정교한 일련의 행동으로 조직화되어 있고 그것이 반복적으로 동일한 형태로 나타나는 양상, 즉 '의례적(ritualistic)' 특징을 지니고 있는 경우는 드물다. 그 결과, OCD의 강박행동은 대체로 더욱 반복적이고 자신만의 내적인 규칙을 따라 더욱 고정되고 정형화되어 있으며, 타인뿐 아니라 자신이 보기에도 그것이 과도하거나 불합리하게 느껴지는 것이다. 이러한 측면이 IAD의 건강 관련 행위에서는 좀처럼 두드러지지 않는다는 차이점이 있다.

신체추형장애

이 장애가 정신의학계의 공식적인 진단적 실체로 등장한 것은 1891년 이탈리아의 정신과 의사인 Morselli가 자신이 진료하던 환자의 사례를 기술하기 위해 '추형공포증(dysmorphophobia)'이란 명칭을 사용하기 시작하고부터이다(Mckay et al., 2008 재인용). DSM-III(APA, 1980)까지는 동일한 명칭으로 '비전형적인 신체형 장애' 진단 범주에 포함되어 있다가, DSM-III-R(APA, 1987)부터 신체추형장애(Body Dysmorphic Disorder: BDD)라는 명칭으로 바뀌었고, DSM-5(APA, 2013)로 개편되면서 이전 판까지는 신체형장애(Somatoform Disorder) 범주에 분류되었던 것이 '강박 관련 장애들' 중 하나로 재편되었는데, 이러한 변화 자체는 이 장애가 강박장애와 동일한 뿌리를 지니고 있다는 것을 시사할 만한 그간의 연구 결과들을 수용한 것이다.

신체의 일부분에 대한 집착 때문에 초래되는 부적응이 BDD의 특징이므로, 나타나는 표면적인 증상 특징만으로는 이전처럼 신체형 장애로 분류할 수 있으나, 신체형 장애에 속한 다른 장애들(신체화장애나 전환장애 등)과는 그 증상의 기제가 다른 점이 있으므로 이러한 재분류는 타당한 측면이 있다. 이 장애의 주된 특징은 "자신이 지니고 있다고 스스로 생각하는 신체적 결함에 대해서 과잉 집착하고, 그 결함을 보상하기 위해 강박행동과 유사한 반복적 확인행동(반복적 거울 보기)이나 정신적 활동(타인과 자신의 신체적 특징을 비교하는 반복되는 생각들)을 보인다."(APA, 2013)는 점이다. DSM-5의 BDD 진단 기준은 다음과 같다.

A. 타인에게는 관찰되지 않거나 경미한 것처럼 보이는 하나 혹은 그 이상의 외모상의 지각된 결함이나 흠에 대한 과도한 집착을 보인다.

B. 이 장애의 진행 경과 중 어떤 시점에 외모에 대한 염려에 반응하여 반복적 행동(예:

거울 보기, 과도한 몸단장, 피부 뜯기, 확신 추구 행동)이나 정신적 행위(예: 자신과 타인의 외모를 비교하기)를 수행한 적이 있다.

C. 이러한 집착은 사회적 · 직업적 혹은 여타 중요한 기능 영역에서 임상적으로 유의한 고통이나 손상을 초래한다.

D. 이러한 외모에 대한 집착은 섭식장애의 진단기준에 해당하는 증상을 지닌 사람들이 보이는 비만이나 체중에 대한 염려로 더 잘 설명되지 않는다.

이들의 이러한 과잉집착이나 반복적 확인 행동들은 다분히 강박적 특징을 지니며, 스스로도 그 때문에 고통을 경험하고 있다는 점에서 OCD와의 구분을 어렵게 한다. BDD와 OCD 간에 유사성을 보이는 몇 가지 측면이 있다. 첫째, 증상학적인 측면에서 BDD 환자들 역시 OCD의 주요 증상인 강박사고 및 강박행동과 유사한 특징을 보인다. 즉, 두 장애에서 모두 고통을 유발하는 반복적인 생각들이 증상 유발과 유지에 중요한 역할을 한다. BDD 환자들은 자신의 신체가 심각한 결함을 지니고 있다는 생각을 반복하여 경험하며, 이러한 생각에 반응하여 그 결함을 숨기거나 개선하거나 결함이 심각하지 않다는 확신과 안심을 추구하는 저항하기 어려운 충동을 갖고 있고, 그 충동에 굴복하여 강박행위와 유사한 행동을 반복하게 된다. 둘째, 두 장애의 공병률이 높으며 생물학적 기반을 공유하고 있을 가능성을 시사하는 증거들이 있다. BDD 환자들의 가계도 내에서 OCD의 가족력이 상대적으로 높게 나타났으며(Altamura et al., 2001), BDD 환자들의 37~39%가 과거에 OCD를 겪었고(Hollander & Benzaquen., 1997; Phillips et al., 2005), OCD 환자들의 12~19%가 공존질환으로 BDD를 갖고 있거나 BDD의 과거력을 보였으며, 성별, 발병 시점, 경과, 치료에 대한 반응 등과 같은 인구학적이고 현상학적 측면에서도 두 장애는 유사한 측면을 보였다(Bienvenu et al., 2000; Diniz et al., 2004; Saxena et al., 2001; Simeon et al., 1995). 셋째, BDD와 OCD 모두 '노출 및 반응

방지 기법(ERP)'을 사용한 유사한 치료기법에 반응했고, 유사한 약물(SRIs)에 효과를 보였다(Fallon, 2004; Hollander et al., 1999; McKay et al., 1997; Phillips & Najjar, 2003).

이러한 유사점들이 DSM-5에서 BDD를 강박 관련 장애의 범주에 분류하도록 만드는 근거가 되었지만, 그러한 재분류의 타당성을 의심하게 만드는 차이점이나 반대 증거도 존재한다. 첫째, 증상학적인 측면으로서, 강박사고와의 형식적인 유사성을 제외하면 증상의 세부적인 측면, 즉 사고의 내용과 주제에 있어서는 차이를 보인다. BDD 환자들이 집착하는 생각들은 대부분 용모와 관련된 영역(특히 얼굴)에 한정되어 있지만, OCD 환자들이 경험하는 강박사고의 내용은 주로 자신이 더러운 물질에 의해 오염되었다거나 어떤 불길한 일이 발생하여 자신이나 타인에게 해를 끼칠지 모른다는 생각에 집중되어 있다. 즉, OCD의 강박사고의 주제는 주로 일어날 수 있는 위험한 일에 대한 과도한 자기책임감이나 위험 회피와 관련되어 있는 반면, BDD에서 나타나는 강박적 사고의 주제는 자신의 외모와 관련한 부정적 평가에 대한 염려, 즉 자기제시적(self presentational) 관심에 집중되어 있다. 이러한 차이점 때문에 BDD는 OCD보다는 타인의 부정적 평가에 대한 염려가 핵심 요인으로 작용하는 사회불안장애와 본질적으로 더 긴밀한 관계에 있다거나, 신체상에 대한 부정적 평가라는 문제가 증상 형성의 핵심으로 작용하는 섭식장애의 변형된 유형으로 간주하는 것이 더 타당하다는 주장도 있다(Rosen & Ramirez, 1998). 둘째, 자신이 경험하는 증상에 대한 통찰력에 있어서 차이가 있다. 강박장애 환자들은 자신의 강박사고나 강박행동이 불합리하다는 것을 대체로 인식하고 있으며, 따라서 그러한 강박사고를 자아이질적인 방식으로 경험한다. 반면, BDD 환자들은 신체에 대한 자신의 그러한 집착이 과도하거나 불합리하거나 병적이라는 것을 잘 인식하지 못하는 경향이 있다(Eisen et al., 2004; Frare et al., 2004; Hollander, 2005; Mackley, 2005; Simeon et al., 1995). 다시 말해, BDD에서 주로 나타나는 신체적 결함에 대한 집착적 사고는 침습적이고 자아이질적인 속성을 갖는 경우보다는 스스로도 그러한 생각이 사실이라고 거의 확신하거나 심한 경우 망상적인 수준에 이르렀다고 볼 수 있는 자아동조적인 속성을 더 많이 지니고 있다는 점에서 차이가 있다. 특히 BDD 환자들이 보이는 신체 관련 강박사고는 부정적 자기평가에 대한 염려에 집중되어 있기 때문에 타인의 평가에 민감하게 반응하며 심한 경우 관계사고(idea of reference)나 피해망상적 수준의 확신을 갖게 되는 경우도 있는데, 이것은 OCD 집단에서는 찾아보기 어려운 특성이다. 물론, DSM-5의 진단기준에서는 OCD나 BDD나 모두 그 증상에 대한 통찰의 수준을 세 단계로 세분화하여 특정화하고 있기 때문에, OCD 환자들 중 자신의 강박사고에 대한 통찰이 빈약한 사례와 BDD 환자들 중 자신의 신체 관련 염려에 대해 그것이 과도하다는 객관적 인식이나 통찰을 갖추고 있는 사례가 존재할 경우 변별기준을 찾기 어려울 수 있다. 셋째, 공병률의 세부적인 측면에서 보이는 차이나 증상의 기저에 내재하는 것으로 추정되는 기제가 다른 것일 수 있다. BDD와 OCD 간의 공병률과 BDD와 다른 장애 간의 공병률에 차이가 있다. 예를 들어, OCD 환자에게서 가장 공병률이 높은 것은 주요우울증이며 그다음이 틱장애나 사회불안장애이지만, BDD에서 가장 공병률이 높은 것은 투렛장애이다(Coffey et al., 1998; Diniz et al., 2004; Phillips et al., 2005).

모발뽑기장애, 피부벗기기장애

이전까지는 '발모광(trichotillomania)'으로 불리며 '충동조절장애'의 하위 범주에 배치되어 있던 이 장애는 DSM-5에서 모발뽑기장애(hair pulling disorder)라는 용어가 괄호 속에 추가되면서 새롭게 추가된 '강박 관련 장애'라는 큰 범주로 재편되었다. 이 장애의 DSM-5 진단기준은 다음과 같다.

A. 반복적으로 자신의 모발을 뽑으며, 모발 상실이 초래된다.

B. 지속적으로 모발 뽑는 행동을 줄이거나 중단하려 한다.

모발을 뽑기 직전에 혹은 그런 행동에 저항하려고 할 때 긴장감이 고조된다.*

모발을 뽑을 때 쾌감이나 만족감 혹은 안도감을 느낀다.*

C. 모발 뽑기 행동은 임상적으로 유의한 고통이나 사회적 · 직업적 혹은 여타 중요한 기능 영역에서의 손상을 초래한다.

D. 모발 뽑기 혹은 모발 상실은 다른 의학적 상태(예: 피부과적인 문제)에 기인한 것은 아니다.

E. 모발 뽑기 행동은 다른 정신장애의 증상들(예: 신체추형장애에서 스스로 지각한 외모의 결함이나 흠을 개선하기 위한 시도)로 더 잘 설명되지 않는다.

(* 표시된 항목은 DSM-IV에는 있었으나 DSM-5에서 삭제된 항목임.)

발모광 환자들의 유병률에 대한 대규모의 체계적인 조사연구는 찾아보기 어렵지만, 대학생을 포함한 일반인들 중 10~13%가 머리카락을 뽑는 행동을 보인 적이 있다고 보고할 정도로 드문 현상은 아닐 수 있으며, 임상적 수준의 심한 뽑는 행동을 보이는 사람들은 대략 1~3% 정도로 보고되고 있다(Christenson et al., 1991b; King et al., 1995). 유병률에서의 성 차이는 여성이 훨씬 더 많은 것으로 알려져 왔다. 일찍이 '발모광'이란 명칭은 프랑스의 피부과 의사인 Hallopeau가 치료하던 두 남성의 사례를 기술하기 위해 고안된 것이지만, 이후의 몇몇 유병률 조사에서는 남성보다 여성에게서 압도적으로 더 많이 관찰된다는 보고가 있었다. 예를 들어, 60명의 만성적인 발모광 환자 중의 93.3%가 여성이었으며(Christenson et al., 1991a), 피부과 치료를 받고 있는 319명의 발모광 환자 중 73.4%가 여성이었다는 보고가 있었다. 반면에, 대학생을 대상으로 조사한 역학자료에서는 발모광의 평생 유병률에 있어 성 차이는 나타나지 않았고, 14명의 남성 발모광 환자들과 128명의 여성 발모광 환자들을 비교해 본 결과 연령, 발병 시기, 모발 뽑기의 대상이 되는 신체 부위, 공존장애 등에 있어서 유의한 성 차이는 발견하지 못하였다. 단, 발모광으로 진단받은 남성이 강박장애 진단을 받게 될 가능성이 더 높아 보였다(Christenson et al., 1991a).

발모광 환자들은 단지 이러한 증상 하나만을 가진 것이 아닌 다른 다양한 정신과적 문제가 함께 개입되어 있을 가능성이 높다. Christenson 등(1991a)은 성인 발모광 환자들 중 82%가 다른 정신장애를 과거에 혹은 현재 함께 지니고 있다고 보고했으며, 보다 광범위한 집단을 대상으로 한 연구에서 추정되는 공병률은 주요우울증(57%), 범불안장애(27%), 섭식장애(20%), 알코올남용(19%) 순으로 높았고, 이러한 순서는 다른 연구에서도 유사하게 나타났다(Christenson, 1995; Swedo & Loenard, 1992). 이렇게 보고된 공존장애의 비율만으로는 강박장애의 공존장애와 뚜렷한 차이점을 발견하기는 어렵다.

발모광 환자들의 대부분은 그러한 자신의 뽑는 행동을 거의 습관적으로 의식하지 못한 채 행하는 것으로 보인다. 예컨대, 발모광 환자들의 대략 75%는 그러한 행동을 자동적으로(혹은 자각하지 못한 채) 수행하는 반면, 나머지 25%만이 모발을 잡아당기는 자신의 행동에 집중한다는 보고가 있다(Franklin et al., 2008 재인용). 이 두 가지 유형 중 모발 뽑는 행동을 의식하며 수행하는 환자들이 더 강박적 특성을 많이 보이며, 강박장애 치료에 효과적인 약물에도 더 잘 반응했다는 보고가 있다(du Toit et al., 2001).

또한 뽑는 행동의 대상이 되는 신체의 부위는 주로 특정한 신체 영역에 집중되어 있으며, 다양한 영역으로 확산되어 있는 경우는 상대적으로 드물다. 모발 뽑기의 대상이 되는 부위는 대체로 머리이며, 눈썹을 포함한 얼굴 부위가 그다음으로 많고 기타 사지, 사타구니 부위 등은 상대적으로 드문 편이다(Christenson et al., 1991a; Tolin et al., 2007).

한편, 모발 뽑는 행동 자체는 특수하게 국한된 행동 양상이기 때문에 전반적인 적응기능에 크게 부정적인 영향을 미치지 않는다고 생각할 수 있지만, 이들의 기능 손상의 정도와 손상 영역 등을 조사한 연구에 의하면 그러한 예상을 벗어난다. 우선 발병 시기만을 보자면, 성인기가 아닌 외모에 민감한 청소년 시기에 발병한 경우 기능 손상이 더욱 심해지는 경향이 있다(Christenson et al., 1991b). 이들은 공공 활동과 연애를 포함한 성적인 친교 활동, 체육 활동 등을 피하는 경향이 있으며, 가족관계가 부정적으로 변하며 친구들과의 접촉이 줄어들고, 지각을 하거나 동료들과의 접촉을 피함으로써 직업기능이 떨어지고, 직업적 성취에 대한 열망도 줄어드는 등 전반적인 삶의 만족도와 적응기능이 저하됨으로써 우울증상이 합병될 가능성이 높다(Diefenbach et al., 2005; Keuthen et al., 2001; Mansueto, 1990; Stemberger et al., 2000).

현재 DSM-5에서 모발뽑기장애는 강박장애와 관련된 장애의 하나로 분류되어 있듯이, 그 증상이 표현되는 외형적인 측면에서 강박장애의 증상들과 유사한 부분들이 있고, 또 강박장애와 마찬가지로 세로토닌 억제제들(SRIs)에 잘 반응한다는 점에서도 생물학적인 측면을 공유하고 있을 가능성이 있다. 우선 표현되는 증상의 측면에서 보자면, 모발을 뽑거나 피부를 벗겨내려는 충동, 그리고 그 충동에 저항하기 어려운 반복적인 행동이 지속된다는 점에서 이 장애들은 강박적 충동이나 강박행동과 현상학적으로 유사하다. 비록 이러한 충동의 대상이 모발이나 피부에만 주로 한정되어 있다는 점에서 일반적인 강박적 충동과는 차이가 있지만, 그 충동을 자아이질적이고 침습적으로 경험한다는 점에서, 즉 자신들이 느끼는 그러한 충동이 비합리적이라는 것을 자각하고 있고 그 충동에 굴복하지 않는 것이 참기 어렵다고 느낀다는 점에서 강박사고 및 강박행동의 속성을 공유한다. 더구나 이런 행동이 반복됨으로써 신체적 손상에까지 이르게 되고, 본인도 그런 손상을 원치 않기 때문에 그런 행동을 중단하려고 부단히 노력하지만 중단하기 어렵다는 점에서(진단기준 B) 심한 강박행동 중의 하나로 분류할 수도 있다. 동시에 비록 DSM-5의 기준에서는 삭제되었지만 그런 행동을 한 후에는 일시적이나마 쾌감이나 안도감을 경험한다는 점에서도 강박행동이 주는 효과와 유사하다. 이러한 유사점으로 인해 일찍이 발모광 환자들은 충동조절장애보다는 강박장애의 변형된 한 유형으로 간주해야 한다는 주장도 제기된 바 있다(Jenike, 1989; Swedo & Loenard, 1992).

그러나 차이점은 있다. 강박장애와 구별되는 가장 큰 차이점은 그 충동의 대상에 있다. 모발뽑기장애나 피부벗기기장애를 지닌 사람들에게는 그 충동이 모발이나 피부와 같은 신체의 특정한 부분에만 한정되어 있지만, 강박장애에서 보이는 강박충동이나 강박행동은 주로 청결이나 확인 혹은 사고나 죽음 등과 관련된다. 또 다른 차이점은 강박장애를 지닌 사람들이 보이는 강박행동은 강박사고에 대한 반응으로 유발되는 반면, 모발뽑기장애나 피부벗기기장애에서는 그러한 행동을 유발하는 것으로 보이는 강박적 사고를 찾기 어렵다는 점이다. 더구나 강박장애 환자들은 그 강박행동을 수행하지 않을 경우 일어날 수 있는 다양한 위험한 상황을 예상하는 데 반해, 모발 뽑기 환자들에게서는 그런 측면이 미약하다. 요컨대, 그 증상의 발생과 유지에 있어서 인지적 요인들이 미치는 영향은 모발뽑기장애보다는 강박장애 환자들에게서 더 뚜렷한 것으로 보인다. 물론 대칭성에 집착하는 강박장애 환자들이 그 대칭성을 유지하기 위해 모발을 뽑거나 피부를 벗기는 행동에 집착할 수는 있지만, 모발뽑기장애나 피부벗기기장애를 지닌 사람들에게서 그러한 대칭과 관련된 강박사고를 찾아보기는 어려우며, 그들은 막연한 긴장감의 해소를 위해 충동적으로 그런 행동을 하는 것처럼 보인다. 또한 모발뽑기장애를 지닌 사람들은 자신의 그러한 행동을 자각하지 못한 채 행하는 경우가 대부분인 반면, 강박장애 환자들이 행하는 강박행동은 그렇지 않다는 점도 다르다. 그 밖에도 몇 가지 역학적 측면에서의 차이도 보고되고 있다. 예를 들어,

강박장애 환자들은 모발뽑기장애 환자들보다 대체로 발병 시기가 더 늦고, 전반적인 불안 수준이 더 높은 경향이 있었다(Himle et al., 1995; Swedo, 1993; Tükel et al., 2001).

또한 증상 발생 기제의 측면에서도 차이점을 찾아볼 수는 있다. 인지-행동적 관점에서 볼 때, 강박사고는 침습적으로 경험되고 강박행동은 그 강박사고가 초래하는 불안을 줄이기 위한 반응으로서의 의미를 갖는다. 또한 그러한 강박사고의 내용은 주로 위험이나 오염과 관련된 주제에 집중되어 있다. 반면, 모발뽑기장애를 지닌 사람들은 그러한 유형의 강박사고를 찾기 어려우며, 그들이 모발 뽑는 충동을 느끼게 만드는 단서는 이와는 다른 요인들이 주로 영향을 주는 것 같다는 점이다. 예를 들어, 부정적 정서(주로 분노와 자존감의 상처)가 고조되어 스트레스를 받는 경우, 피곤하거나 지친 상태 혹은 움직임이 최소화된 상태에서 특정한 자극에 집중하거나 하나의 주제에 대해 깊이 몰두하고 있는 상황, 또는 가려움과 유사한 피부감각이 자극되는 상황에서 모발을 뽑으려는 충동이 자극되는 것처럼 보인다(Christenson et al., 1993; Mansueto, 1990).

섭식장애

일찍이 섭식장애(Eating Disorder: ED)가 OCD의 또 다른 변형이라는 주장이 있어 왔다. Palmer와 Jones(1939)는 신경성 식욕부진증(Anorexia Nervosa: AN)이 강박장애의 또 다른 표현이라고 기술하였으며, DuBois(1949)는 AN을 '악액질 강박신경증(compulsion neurosis with cachexia)'으로, Rotenberg(1986)는 ED를 '현대적 강박증후군'으로 불렀다. 반면, 현재 DSM-5에서 섭식장애는 '강박 관련 장애'의 범주에 포함되어 있지는 않으며, 적어도 밖으로 나타나는 주요 증상의 측면에서는 강박장애와의 연결점보다는 차이점이 더 두드러진다. 또한 연구자들 간에 섭식장애를 강박 스펙트럼 장애의 범주로 간주할 수 있는지에 대해서도 논란은 있어 왔다(Goldsmith et al., 1998; Hollander, 1993; Hollander & Benzaquen, 1997).

그러나 증상의 현상학적 측면들을 세부적으로 살펴보면 두 장애의 증상 간에 몇 가지 공통점들이 드러난다. 섭식장애(ED) 환자들의 증상 중에서 강박장애(OCD) 환자들의 증상과 유사한 속성을 지니고 있는 측면은, 체중 증가나 음식을 먹는 것과 관련된 지속적이고도 불편한 생각들, 그리고 체중 감소를 위한 집요한 예방 및 통제행동들이다. 특히 ED 환자들이 지니고 있는 음식이나 체중과 관련된 집착, 반복되는 생각, 왜곡된 신념 등은 OCD의 강박사고와 유사점을 지닌다. 또한 ED 환자들이 보이는 반복적인 음식통제나 체중감소 행위들은 OCD의 강박행동과 유사하다. 예를 들어, 과도한 운동, 세밀한 칼로리 계산, 음식을 조리하고 먹는 데 있어서의 정형화된 행동들, 그리고 반복적인 체중 측정과 기록 및 검토 행위들이 그러하다. 또한 AN은 '현저한 저체중임에도 불구하고 체중 증가나 비만에 대한 극심한 두려움, 체중 증가를 방해하는 지속적인 행동'(DSM-5 진단기준 B)을 보이며, 그러한 두려움 및 그와 관련된 사고나 체중 증가를 막기 위한 지나친 섭식 통제 행동들이 강박적 속성을 지니고 있다. 몸매나 체중에 대한 왜곡된 생각들을 지니고 있다는 점에서 OCD 환자들이 특정한 주제에 대해 갖고 있는 왜곡된 생각들과 닮아 있다. 예를 들어, OCD를 지니고 있는 사람들은 병균에 전염된다거나 끔찍한 사고가 일어날 현실적 가능성에 대해 객관적인 시각을 갖지 못하는 경우가 많다.

이러한 유사점이 있는 가운데 차이점도 있다. ED 환자들이 갖는 체중 관련 생각들과 체중 증가를 막기 위한 예방적 행동들은 모두 몸매나 체중과 관련되어 있으며, 이것은 진단기준에서도 반영되어 있다. 반면에, OCD 환자들이 갖는 강박 관련 사고들이 체중과 관련되어 있을 수는 있어도 체중 이외의 주제들을 보이는 경우가 더 많으며, OCD 진단기준에 체중과 관련된 항목은 포함되어 있지 않다. 또한 ED 환자들이 갖는 체중과 관련된 생각들은 OCD의 강박사고처럼 '침습적'이거나 '자아이질적'으로 경험되는 경우는 드물다. OCD 환자들은 자신도 왜 그런 생각이 떠오르게 되었는지 전혀 알지 못하는 그런 터무니없는 생각들 때문에 괴로워하기 때문이다. 반면에, ED 환자들의 섭식 관련 생각들은 그들이 목표로 하는 이상적인 몸매를 유지하기 위한 것임을 분명히 자각하고 있으며 자신의 그러한 생각이나 행동들이 불합리하다고 생각하지 않는다.

한편, 두 장애 간의 공병률, 증상들 간의 관련성, 그리고 가계도를 살펴본 연구들은 두 장애의 관련성을 시사한다. 신경성 식욕부진증(AN)의 10~60%, 신경성 폭식증(BN)의 최고 40%가 OCD 진단을 동시에 받았으며, OCD 집단에서 ED의 평생 유병률이 현저하게 높았다(8.3~12%)는 보고가 있다(Bellodi et al., 2001; Godart et al., 2002).

또한 두 장애에서 나타나는 증상의 측면에서도 겹치는 부분이 있다. ED의 증상들 중 섭식과 관련된 증상들(예: 신체상의 왜곡, 병적인 섭식행동이나 체중 감소 행동 등)을 제외하더라도 ED에서 강박증상들이 더 자주 관찰되었는데, AN과 BN 모두에서 OCD의 전형적인 증상들이 더 자주 관찰되었다(Albert et al., 2001; Kaye et al., 1992; Rubenstein et al., 1993). 단, ED와 OCD에서 가장 우세한 증상의 유형은 서로 다를 수 있다. 특히 ED에서 가장 자주 관찰되는 강박증상은 대칭이나 정확성과 관련되어 있는 반면, 오염이나 점검 및 저장과 관련된 증상들은 ED 증상이 없는 OCD에게서 가장 빈번하게 관찰되었다(Bastiani et al., 1996; Halmi et al., 2003; Matsunaga et al., 1999). 또한 두 장애의 선후관계에서 OCD가 발달적으로 선행한다는 것을 시사하는 몇몇 연구 결과가 있다. 아동기에 강박 성향을 보였던 사례들은 이후의 발달 시기에 ED가 발생할 가능성을 높여 주며(Anderluh et al., 2003; Kaye et al., 2004; Thornton & Russell, 1997), OCD 증상을 함께 지니고 있던 ED는 이후에 ED 증상이 완화된 후에도 여전히 OCD 증상이 높은 수준으로 남아 있었다(Pollice et al., 1997; Srinivasagam et al., 1995).

혈연적으로 가까운 가계도 내에서 두 장애의 동시 발생률이 높다는 것을 시사하는 연구들도 있다. AN과 BN의 가까운 친족들 사이에서 OCD가 더 자주 관찰되며, AN과 BN 모두 그들의 일급 친족들 내에서 OCD가 발생할 위험성이 3.0~4.1이었고, 거꾸로 OCD의 친족들 내에서 AN과 BN의 발생 빈도가 높았으며, OCD를 동시에 지니고 있건 없건 상관없이 ED의 친족들 내에서 강박 스펙트럼 증상들을 지닌 사람들의 비율이 증가했다(Bellodi et al., 2001; Bienvenu et al., 2000; Halmi et al., 1991; Lilenfeld et al., 1998).

요약하면, ED는 그 증상적 사고나 행동이 지니고 있는 강박적 속성으로 인해 OCD와 연결점을 지니며, 동일한 원인론적 계통에 속해 있음을 시사할 만한 유병률 연구 및 가계도 연구들도 상당수 존재한다. 그러나 OCD와 달리, 그 사고나 행동이 음식이나 체중과 관련된 측면에만 한정되어 있다는 점에서 뚜렷한 차이를 보이고 있다. 또한 현재의 DSM-5 진단체계에서 ED가 강박 관련 장애의 범주에 포함되지 않은 것은, 이러한 동질성을 지지하지 않는 연구들 역시 존재하며, 아직까지는 두 장애를 서로 이어 줄 수 있는 포괄적인 병리학적 이론을 형성할 만큼의 연결 짓는 근거들이 충분치 않기 때문이다.

범불안장애

DSM-III에서 DSM-IV까지만 해도 강박장애는 불안장애의 하위 범주로 분류되어 있었다. 그 불안장애의 하위 유형들 중에서 범불안장애(Generalized Anxiety Disorder: GAD)는 강박장애의 몇 가지 임상적 특징들과 형태 및 내용에서 유사점을 보인다. 특히 GAD의 진단규정으로 명시된 '걱정(worry)'과 OCD의 핵심 진단기준인 '강박사고(obsession)'의 구분이 쉽지 않다. 두 가지 형태의 사고 모두 불안감과 관련되어 있는 것처럼 보이기 때문이다. 또한 걱정과 강박사고는 모두 원치 않는 생각이 반복된다는 점에서, 그리고 그것을 통제하기 어렵다는 점에서 매우 유사하다. 원치 않는 위험한 일이나 현실적으로 일어나기 힘든 일들에 대해 생각한다는 점에서 사고의 내용 자체도 중복되는 점이 많다.

그러나 세부적 특징에 있어서는 몇 가지 차이점이 있다.

첫째, 그 사고의 세부적 '내용'에 있어서 차이가 있다. GAD 환자들이 보이는 '걱정'은 비록 너무 사소하고 그 정도가 지나친 것일 수는 있어도 주로 일상적 생활에서 정상적인 기능을 하는 사람들도 경험할 수 있는 비교적 현실적인 일들에 관한 것이다. 따라서 그들이 걱정하는 내용 자체는 충분히 현실에서 발생 가능한 것들에 대한 합리적인 것일 수 있다. 반면에, '강박사고'는 상대적으로 현실과는 다소 거리가 있는 문제들(종교적 죄책감, 성적인 충동 등)이 많고, 당사자도 그러한 생각이 현실에서 행동으로 옮겨지거나 우려하는 일이 일어날 가능성은 낮다는 것을 인식하고 있다는 점에서 차이가 있다.

둘째, 그 걱정과 강박사고가 '체험되는 방식'에서의 차이를 들 수 있다. GAD를 지닌 사람들이 보이는 걱정은 그런 걱정스러운 생각들이 일어날 만한 현실의 객관적인 사건들과 긴밀하게 연결되어 있기 때문에, 외적 사건들과 무관하게 갑자기 머릿속에 떠오르는 것처럼(즉, 침습적으로) 경험되는 강박사고와 대비된다. 예를 들어, 학생인 경우 시험에서 실수를 하거나, 중요한 일에 준비물을 빼먹고 간다거나 할까 봐 걱정할 때, 그는 실제 시험을 앞두고 있는 상황이며 실제로 그런 실수를 범할 때는 걱정할 만한 현실적인 일들이 초래될 가능성이 있다. 반면에, 강박사고는 그런 구체적인 현실적인 사건들과는 관련성이 적거나 혹은 전혀 없는 것처럼 보이는 상황에서도 갑자기 침입하듯이 불쑥 경험되는 것이므로 그것을 체험하는 당사자는 당혹감이나 이질감이 더욱 크게 느껴질 수밖에 없다. 그리고 그 내용 역시 다른 사람들이 보았을 때도 터무니없는 것처럼 보일 수도 있다. 예를 들어, 현실적으로 일어날 가능성이 적은 끔찍한 사고를 당하는 장면이나, 감염될 확률이 낮은 질병에 감염된다거나, 일반적으로는 그 사람이 그런 상황에서 그런 행동을 하리라고는 예상하기 어려운 어떤 성적인 행동을 할지 모른다는 생각들 그 자체는 강박사고를 겪지 않는 사람들에게도 매우 이질적이거나 엉뚱하게 느껴질 것이다.

셋째, 이와 관련된 것으로, 그 걱정이나 강박사고에 대해 당사자가 반응하는 방식에 있어서도 차이가 있다. GAD의 걱정은 비록 그런 걱정 없이 살고 싶어 하기는 하지만 그 걱정 내용이 절대 스스로 받아들여질 수 없고 저항해야 할 성질의 것으로 경험하지는 않는다. 반면에, OCD의 강박사고는 스스로에게 용납하기 어려운 것으로 느껴지고, 그런 생각이 떠올랐다는 사실 자체가 견디기 어렵고, 어떻게든 그러한 생각을 사라지게 만들거나 그 생각이 줄지 모를 부정적 효과를 무효화시켜야 한다는 충동 및 그 충동을 실현하는 행동이 뒤따른다. 즉, GAD 환자들은 주로 어떤 걱정이 많을 뿐이지만, OCD 환자들이 경험하는 강박사고는 그 사고와 직접적으로 연결된 강박행동이 뒤따르게 된다는 점에서 차이가 있다.

마지막으로, GAD 환자들이 어떤 걱정을 하고, 그 걱정을 덜어내기 위해 어떤 행동을 할 수는 있지만, 강박행동에서 보이는 반복적이고 정형화되고 의례적인(ritualistic) 특징을 보이지는 않으며, 그 강박행동과 강박사고 사이에 현실적인 관련성이 별로 없기 때문에 불합리하다거나 비현실적인 느낌을 주는 경우도 드물다.

공포증

공포증(phobia) 환자들이 특정한 대상에 대해 보이는 불안반응과 회피는 강박장애 환자들이 보이는 강박사고에 대한 반응과 유사한 점이 있다. 또한 공포증과 강박장애에 대한 행동치료법도 '노출(exposure)'이라는 핵심 요소가 동일하게 적용된다. DSM-IV까지 그러했던 것처럼 강박장애를 불안장애의 하위 장애들 중 하나로 개념화한다면, 개념적으로도 공포증이나 다른 불안장애와 같은 범주에 있는 것으로 볼 수 있다. 강박장애의 효과적인 치료법으로 알려진 노출 및 반응방지 기법(Exposure and Response Prevention: ERP)은 기본적으로 공포증에 대한 학습 이론적 개념화에 바탕을 두고 있는 것이다. 공포증 환자들로 하여금 공포 유발 대상이나 상황을 회피하지 못하게 하고 지속적으로 공포 유발 자극에 노출되도록 함으로써 불안을 견디게 하는 것이 공포증에 대한 행동치료라면, 강박장애 환자들에게는 그 노출의 대상이 강박사고나 강박충동으로 대체되었을 뿐이다. 이처럼 치료 효과를 얻는 동일한 치료적 기제를 가정하고 있고 또 실제 치료 효과도 나타나고 있다면 공포증과 강박장애는 같은 병리학적 원인에 의해 발생하거나 유지되고 있다고 볼 수 있다.

다만, 세부적인 관찰을 해 본다면, 그 증상의 과정이나 속성에 있어서 차이점은 있다. 공포증 환자들이 두려워하는 대상은 분명히 확인 가능하고 구체적이며 현실에 존재하는 것들이다. 공포증에 대한 DSM-5의 정확한 진단명은 '특정(specific)'공포증이다. 이 진단 명칭 자체가 '특정한 공포의 대상'을 이미 전제하고 있다. 즉, 공포의 대상이 너무 광범위하거나 모호한 것은 공포증의 범주에 넣지 않는다는 암묵적인 전제를 내포한다.

반면에, 강박장애 환자들이 불안을 경험하는 대상이나 방식은 공포증 환자들의 그것과는 분명히 다르다. 그들은 특별한 외적인 대상이나 상황과는 직접적으로 관련이 없이 불현듯 머릿속에 떠오르는 어떤 생각들 때문에 고통을 겪는다. 현실에 존재하는 특정한 대상과 관련이 있는 강박사고라 하더라도, 그 대상이 실제 위협이 되고 있지 않는 상황에서도 불현듯 머리 속에 떠오르는 생각들이 반복된다는 점에서도 차이가 있다. 더구나 그러한 생각이 떠오른다고 해서 공포증 환자들은 강박증 환자들처럼 어떤 정교한 방어적 의례행동을 해야겠다는 충동에 사로잡히거나 실제 그런 의례행동(ritual)을 하지는 않는다는 점에서도 증상적 차이가 있다. 공포증 환자들은 대개 그러한 공포 대상을 그저 회피해 버리면 된다. 물론 이러한 차이는 공포증 환자들이 두려워하는 것이 대개 피하면 되는 현실의 대상인 반면, 강박장애 환자들이 두려워하는 것은 현실의 대상이 아닌 심리적 속성이 다분하고 때로는 모호하기 때문에 파생되는 것일 수 있다.

제4장

강박장애의 현상학

제4장

강박장애의 현상학

강박장애 환자들의 증상 유형

현재의 DSM-5 진단체계에서는 강박장애의 하위 유형을 그 증상의 내용이나 특징에 따라서 분류하지는 않고 있다. 강박장애의 주요 증상인 강박사고와 강박행동 중 어떤 증상이 더 우세한지에 따라 구분하거나(ICD-10), 자신이 겪는 증상을 얼마나 객관적으로 판단할 수 있는지 혹은 증상에 대한 스스로의 '통찰력(insight)'의 정도를 세 수준으로 구분하거나 틱과 관련된 증상이 동반되고 있는지 정도에 의해서만 하위 유형을 특정하고 있을 뿐이다(DSM-5; APA, 2013).

하지만 증상의 내용, 즉 강박사고의 내용이나 강박행동의 종류에 따라서도 주로 관찰될 수 있는 강박장애의 증상 유형들은 다양하며 이질적이다. 이러한 주제와 관련하여, 실제 강박장애 환자들에게서 관찰되는 주요 강박증상들의 종류와 발생 빈도를 조사한 몇몇 국외의 주요 연구와 국내 연구 한 편의 자료를 〈표 4-1〉로 요약하여 제시하였다. 강박사고 중에서는 대체로 더러운 물질이나 병균에 의해 오염되었다거나, 자신이 통제하지 못할 공격적이

〈표 4-1〉 강박사고 및 강박행동의 세부적인 내용

증상	a %(N=200)	b %(N=182)	c %(N=100)	d %(N=2073)	e %(N=26)
강박사고					
오염	45	57.7	80	25.7	23
병적 의심	42	–	–	–	27
신체적 질병	36	34.1	55	14.3	12
대칭	31	53.2	51	–	15
위해 · 공격	28	68.7	80	24.2	4
성적	26	19.8	42	30.2	8
종교적 · 도덕적	–	24.2	46	43.0	4
저장	13	30.2	31	–	–
기타(미신)	13	55.2	39	19.0	27
다중 강박사고	60	–	–	–	23
강박행동					
점검	63	80.7	85	79.3	39
씻기, 닦기	50	63.7	71	–	35
세기	36	35.2	52	–	4
정돈 · 대칭	28	40.1	36	57.0	12
저장	18	28.0	26	62.3	0
질문 혹은 고백	31	–	–	–	23
반복	–	55.5	77	–	–
기타	–	59.3	48*	–	–
다중 강박행동	48	48	–	–	39

a. Rasmussen & Eisen (1992): 성인 강박장애 환자에서의 증상별 비율(%)
b. Summerfeldt et al. (1997): 성인 강박장애 환자에서의 증상별 비율(%)
c. Sobin et al.(1998): 성인 강박장애 환자에서의 증상별 비율(%)
d. Ruscio et al. (2010): 평생 강박증을 경험했던 성인 강박증 환자의 증상별 유병률(%)
e. 권준수 외(1998): 성인 강박증 환자에서의 증상별 비율(%)
* 두드리기, 문지르기

고 위해적인 행동을 할지 모른다는 것과 관련된 내용이 가장 많다는 것을 알 수 있다. 강박행동 중에서는 문이나 가스 밸브를 잠궜는지 반복적으로 확인하는 것과 같은 점검행위와 씻는 행위가 많다는 것을 알 수 있다. 대규모 연구는 찾기 어렵지만 국내의 강박장애 환자들을 대상으로 증상 유형을 분류해 본 결과도 이와 대체로 비슷하게 보고되었다(권준수 외, 1998).

강박장애 환자들이 주로 호소하는 강박사고와 강박행동들이 어떤 주요 증상 차원으로 요약될 수 있는지에 관한 연구를 바탕으로 여섯 가지 증상 차원이 확인되었고, 이를 토대로 만든 '차원적 예일-브라운 강박척도(Dimensional Yale-Brown Obsessive Compulsive Scale: DY-BOCS)'는 현재 강박증상을 평가하는 대표적인 평가 도구로 쓰이고 있다. 이 척도에서 분류하고 있는 여섯 가지 주요 강박증상의 차원은 다음과 같다(Rosario-Campos et al., 2006).

① 공격 · 상해 · 폭력 · 자연재해로 인한 위해(危害)와 관련된 강박사고 및 관련된 강박행동
② 성적 · 도덕적 · 종교적 강박사고 및 관련된 강박행동
③ 대칭 · '정확한(just-right)' 지각과 관련된 강박사고 및 갯수를 세거나 순서, 정리와 관련된 강박행동
④ 오염 강박사고 및 청결 강박행동
⑤ 저장 관련 강박사고 및 강박행동
⑥ 기타 강박사고(신체적 염려, 미신 등)

특정한 문화나 종교 혹은 특정한 시대적 요인들이 강박증상에 영향을 미칠 수는 있지만 대체로 강박사고와 강박행동의 세부 유형별 발생 빈도는 범문화적인 공통성을 지니고 있는 것으로 보인다. 미국이나 영국 등 서구 문화권의 나라와 마찬가지로, 동양 문화권의 나라들 역시 오염(일본: 39%, 인디아: 32%),

위해 · 공격성(일본: 12%, 인디아: 20%), 신체적 질병(일본:13%, 인디아: 14%)과 관련된 강박증상의 발생 빈도가 가장 높았다(Sasson et al., 1997). 다만, 시대와 문화에 따라 특정한 강박 사고나 행위가 새롭게 출현할 수는 있다. 예를 들어, AIDS와 같은 특정한 질병이 유행하면서, 이 질병에 감염될지 모른다는 생각과 관련된 강박사고가 새롭게 강박사고의 유형으로 편입될 수 있으며, 비행기나 열차가 발명되고 대중화되면서 그러한 이동수단에 의한 끔찍한 사고와 관련된 강박사고가 유행할 수는 있다. 이처럼 그 증상별 발생 빈도에 있어서는 약간의 차이가 있을 수 있으나, 각 문화권에서 보고하는 이러한 강박증상의 유형들은 DY-BOCS에서 제시하고 있는 여섯 가지 범주를 크게 벗어나지는 않는다.

이 장에서는 강박증상의 현상학적인 측면에서 이들 대표적인 각각의 증상 유형들이 어떻게 '장애'라는 현상으로 나타나고 있는지 살펴보고자 한다.

청결 강박증상

청결(cleaning/washing) 강박증상은 강박장애 환자들에게서 가장 흔히 볼 수 있는 증상들 중 하나이다. 청결과 관련된 과도하고 비현실적인 생각들에 집착하는 것으로서, 어떤 대상과 접촉함으로써 더러움, 세균에 의해 오염될 것 같은 강박사고나 이와 연관된 강박행동이 나타난다. '더러움'과의 '접촉'을 통제하려는 것이 이러한 증상의 핵심이다.

손 씻기, 샤워하기, 세탁하기, 집 안 청소하기 등과 같은 다양한 청결 유지 행동들, 또는 전철이나 버스의 손잡이를 잡기 꺼리거나 공용 컴퓨터의 키보드를 사용하지 않거나 타인과의 악수나 신체적 접촉을 피하는 것과 같은 오염 방지 행동들이 그 예이다. 청결이나 오염과 관련된 이러한 강박증상들은 청결을 유지하는 것 자체가 그들에게 정신적 안정감이나 만족감을 주기 때문이다. 정확히 말한다면, 그들은 만족감을 추구하는 것이 아니라 불편감을 피하려고 하는 것이다. 즉, 그러한 더러움에 의해 오염되어 있을 것이라고 생각하는 그 상태가 너무나 불편하고 괴롭기 때문에 그것을 피하려는 목적으로 강박행동들이 생겨난다. 그러나 이러한 '청결 유지' 혹은 '오염 방지'라는 목적 자체를 넘어서서 오염이나 전염에 의해 질병에 걸리게 되면 죽음에 이를지 모른다는 두려움으로 연결되고, 그 결과 신체적 질병에 대한 염려나 질병을 사전에 예방하기 위한 건강염려증적 생각이나 행동으로 연합되거나 확산되어 갈 수 있다.

이러한 증상들은 일상생활의 다양한 측면을 방해하고 따라서 심각한 부적응을 유발할 수도 있다. 예를 들어, 하루에도 수십 번씩 손을 씻고 샤워를 하는 것은 물론이고, 공중화장실을 사용하지 못하며, 타인과 악수를 하지 않고, 문의 손잡이를 잡지 못하거나 접촉하려면 장갑이 필요하고, 전염에 대한 염려 때문에 병원을 방문하기 꺼리고, 음식의 위생상태에 대한 염려 때문에 집 밖의 대중음식점을 가지 않으려 하기 때문이다.

예일-브라운 강박척도(Y-BOCS)를 사용한 군집분석 연구 결과, 오염과 관련된 두려움이 주된 증상인 강박장애 집단이 확인된 바 있으며, 치료를 받기 위해 내원한 강박장애 환자들의 증상을 다섯 군집으로 나누어 분류해 보았을 때는 전체의 25%, 일곱 가지 군집으로 분류해 보았을 때는 18%의 환자들이 오염이나 청결을 주된 증상으로 보이는 강박장애 환자들이었다(Abramowitz et al., 2003; Calamari et al., 2004). 또한 Y-BOCS를 여섯 가지 차원으로 재구성하여 개발한 척도(DY-BOCS)를 사용하여 아동 강박장애 집단 59명과 성인 강박장애 집단 78명의 증상 분포를 조사해 본 결과, 아동 강박장애 환자의 61%, 성인 강박장애 환자의 69%가 평생 한 번 정도 청결과 관련된 강박증상을 경험한 것으로 보고되기도 하였다(Rosario-Campos et al., 2006). 증상과 성차이에 대한 연구 결과들은 충분치 않지만, 청결과 관련된 강박증상은 남녀 모두 발생 빈도가 높은 편인데, 상대적으로 남성보다는 여성에게서 더 많이 관찰된다는 몇몇 연구 보고가 있어 왔다. 307명의 강박장애 환자의 증상을 분석한 결과(Marks, 1987), 남자보다는 여자가 더 많은 세척 강박행동(66% vs. 54%)과 오염 회피 행동(47% vs. 40%)을 보였고, 다른 몇몇 연구자도 이 청결과 관련된 강박증상은 대체로 여성이 더 우세하다고 보고하였다(Castle et al., 1995; Khanna & Mukherjee, 1992; Rapoport, 1989; Stern & Cobb, 1978)

청결 관련 강박 행동이 오염이나 질병과 관련된 인지적 요소와 관련되어 있을 것이라 생각하는 것은 자연스럽다. 예를 들어, 그들은 더러움이나 병균에 오염될 가능성 자체를 높게 추정할 뿐 아니라 오염되었을 때 일어날 수 있는 위험한 상황도 과대평가하는 경향이 있다(Jones & Menzies, 1998). 그러나 오염이나 질병과 직접 관련이 없는 다른 유형의 강박사고를 보이는 환자들에게서도 청결 강박행동이 나타날 수 있으며, 이 청결 강박행동은 단지 질병과 관련된 것뿐만이 아닌 다양한 내재된 동기에 의해서도 유발될 수 있다. 맥베스 부인이 죄책감에 의해 손을 씻을 수밖에 없었듯이, 실제로 발생할 수 있는 물리적인 오염이나 실제의 질병과 그로 인한 죽음뿐 아니라 '정신적인 오염(mental pollution)' 혹은 '내적인 불결함(internal uncleanliness)'에 대한 과도한 감각이나 그와 관련된 왜곡된 신념들 역시 청결 강박행동을 유발할 수 있다(Rachman, 1994). 그처럼 물리적인 오염이 아닌 정신적으로 더러운 느낌을 주는 생각들에 의한 증상을 보이는 사람들은 그런 생각이 불안뿐만 아니라 죄책감, 수치심, 책임감이나 도덕적 분노감을 나타낼 수 있다. 예를 들어, 대학생들과 성폭력 피해자들을 대상으로 원치 않는 성적 접촉이 일어난 상황을 상상해 보라고 했을 때 손 씻는 청결행동이 이어졌다는 연구가 있다(Fairbrother et al., 2005). 또한 청결 강박장애는 완벽주의적 성격 특성과 관련되어 출현할 수도 있다. Tallis(1996)는 청결 강박행동을 보이는 어떤 강박장애 환자에게서 오염이 질병을 유발할 것이라는 것과 관련된 생각이나 신념을 발견할 수 없었으며, 그들은 단지 자신이 씻는 행동을 반복하는 것은 자신의 모든 소유물을 완벽한 상태로 유지하고 싶었기 때문이라고 주장하였다는 것이다.

청결 강박증상과 밀접하게 관련되어 있는 심리적 기제 중의 하나는 현재도 원시사회에서 통용되는 금지된 것들이 미치는 강력한 효과에 대한 두려움, 혹은 불결한 것들이 지니고 있는 전염력에 관한 마술적(혹은 비합리적) 신념들이다. 이는 현재도 몇몇 문화권 내에서 '공감주술(sympathetic magic)'의 형태로 행해진다. 이 공감주술적 기제는 강박장애 환자에게서 두 가지 유형의 신념으로 나타난다(Tolin & Meunier, 2008). 첫 번째는 '전염(contagion)'으로, '한번 접촉했으면 항상 접촉하고 있는 것이다.'라는 식의 믿음이다. 다시 말해, 오랜 시간이 지나서 전염력이 사라졌거나 조치를 취해서 청결상태가 회복되었음에도 불구하고 일단 전염된 것은 영원히 전염되었다는 식으로 생각하는 것이다. 이와 관련되는 것으로서, 한번 전염된 대상은 원래의 대상과 똑같은 전염력을 지니게 되었기 때문에, 이제는 다른 물체도 똑같은 방식으로 전염시킬 수 있고 그렇게 전염된 대상은 또다시 동일한 전염력을 갖게 되었다는 '전염의 연쇄(chain of contagion)'와 관련된 생각들이 있다. 두 번째는 '유사성(similarity)'에 관한 믿음이다. 이는 비록 본질적으로는 아무런 관련이 없는 대상이라 하더라도 특정한 속성(예: 형태)에 있어서 유사성을 지닌 대상을 동일한 것으로 취급하는 사고방식이다. 예를 들어, 오염된 물체와 비슷한 모양을 지닌 물건은 똑같이 오염된 것이기 때문에 피해야 된다고 생각함으로써 개똥과 비슷한 모양의 초콜릿 덩어리를 꺼리거나, '침'이라는 딱지가 붙은 컵으로는 물을 마시지 않으려 한다.

'점검 강박행동을 보이는 환자들(checkers)'에 비해서 '청결 강박행동을 보이는 환자들(washers)'이 그런 행동을 촉발할 만한 어떤 사건들을 겪었고, 더 급성적인 발병 양상을 보였다는 보고가 있다(Rachman & Hodgson, 1980). 412명의 강박장애 환자들을 대상으로 그들이 보이는 증상 유형을 세 집단(청결 강박행동자, 점검 강박행동자, 혼합된 유형)으로 나누어 강박장애의 발병 시기를 비교해 본 결과, 청결 강박행동 집단의 사람들이 나머지 두 집단에 비해 그들이 보고한 발병 시기가 더 늦었다(Khanna, & Mukherjee, 1992). 이러한 결과들은 학습이론의 관점에서 강박행동을 이해할 수 있는 단서일 수 있다. 즉, 강박행동이 과거의 특정한 유발 사건이나 경험(예: 오염된 물질과 접촉함으로써 고통스러운 질병을 겪었던 일, 또는 오염과 관련된 끔찍한 강박사고의 경험 등)에 의해 학습된 것일 수 있다는 가설을 세워 볼 수 있다. 하지만 후속 연구들에서 실제 청결 강박행동을 보이는 환자들이 그러한 경험을 했다는 확실한 근거는 발견할 수 없었다. 이는 공포증을 학습이론의 관점으로 설명해 보려는 이론

〈표 4-2〉 예일-브라운 강박척도(Y-BOCS) 증상 질문지의 '청결' 관련 항목

청결/세척 강박행동 (Cleaning/Washing Compulsions)	예
과도한 혹은 의례화된 손 씻기	어떤 물건을 만진 후 혹은 오염된 물건을 만졌다고 생각한 후에 하루에 여러 번 혹은 오랜 시간 동안 손을 씻는다. 팔 전체를 씻을 수도 있다.
과도한 혹은 의례화된 샤워, 목욕, 칫솔질, 몸단장, 혹은 화장실 사용 행동	샤워, 목욕, 혹은 여타의 정례화된 욕실 행동이 수 시간 동안 지속된다. 만일 그 정례화된 행동의 순서가 방해될 경우 다시 처음부터 시작해야 한다.
가정용품이나 다른 무생물들을 과도하게 혹은 정례화된 방식으로 세척	수도꼭지, 변기, 바닥, 주방 조리대, 주방기구 등을 과도하게 세척한다.
기타 오염 방지 혹은 오염 제거 수단	가족들에게 살충제, 쓰레기통, 석유통, 생고기, 페인트, 광택제, 약상자의 약, 혹은 고양이 변기 등을 철저히 다루어 달라고 요구한다. 이런 물건들을 직접 처리해야 할 때면 장갑을 끼고 다룬다.

이 그 확실한 근거를 발견할 만한 과거의 학습경험을 찾기 어려웠던 것과도 유사한 결과이다. 물론 청결 강박행동이 반드시 이러한 직접적인 연합에 의해서만 학습된 것은 아닐 가능성은 있다. 환자 스스로 과거의 기억을 더듬는 회고적 방법에 의한 보고 결과의 신뢰성 문제는 별개로 하더라도, 다양한 간접적인 경로를 통한 사회학습, 또는 세대를 뛰어넘는 학습의 결과 확립된 선천적인 준비성(preparedness)의 측면에서 청결 강박증 환자들이 더 취약한 것일 수도 있다. 이러한 가설은 다른 유형의 강박행동보다 청결 강박행동을 동물행동학적 관점에서 설명하려는 시도와 연결될 수 있다(제2장의 진화론적 · 동물행동학적 접근 참조). 강박장애 환자들이 보이는 다양한 강박행동들 중에서 특히 청결 강박행동과 유사한 행동들(예: 털 고르기, 앞발 핥기 등)은 다른 동물들에서도 자주 관찰되기 때문이다. 뇌하수체나 부신피질에서 만들어지는 물질을 쥐의 혈관에 주사했을 때, 그 쥐가 과도한 털 손질 행동을 보였다거나(Bertolini et al., 1988: Jones, & Krochmalik, 2003 재인용), 암페타민을 쥐의 복외측 선조체(ventrolateral striatum)에 주사했을 때 앞발을 핥는 것과 같은 구강적 행동을 과도하게 보였다는 연구들(Kelley et al., 1988), 그리고 인간 강박장애 환자에 대한 약물의 효과를 다룬 많은 연구는 강박장애의 생물학적 혹은 동물행동학적 기원을 지지해 줄 수 있을 만한 결과들이다. 향후 이러한 가설을 확립하기 위해서는 청결 강박행동이 다른 강박행동들과 구별될 수 있는 특징이 있는지를 학습 이론적 측면에서, 그리고 유전적 측면에서 지지해 줄 수 있는 다양한 접근을 통한 연구 결과들이 뒷받침되어야 할 것이다.

점검 강박증상

점검(checking) 강박증상은 청결 강박증상과 함께 가장 높은 빈도를 보이는 강박증상이다. 강박장애로 진단받은 환자들의 상당수는 청결 강박행동과 점검 강박행동의 요소를 동시에 지니고 있다. 청결 강박행동을 보이는 사람들은 종종 몇 가지 점검행동을 보이지만, 점검 강박행동은 청결 강박행동 없이도 일어날 수 있다. 점검과 청결은 가장 빈번하게 관찰되는 대표적인 두 가지 강박증상이긴 하지만, 발생 빈도를 조사한 연구들(〈표 4-1〉 참조)에서는 점검 강박행동과 청결 강박행동의 비율은 대략 4:3~6:3 정도로 점검 강박행동의 발생 비율이 더 높다.

이 증상을 보이는 강박장애 환자들은 다양하고도 광범위한 점검행동 및 이와 관련된 강박사고를 보인다. 청결 강박증상들과 유사하게도, 이들 환자의 점검행동들은 대개 점검행위 자체가 만족감을 주기 때문이 아니라 그러한 점검을 완벽하게 수행하지 못할 경우 일어날 수 있는 어떤 해롭고 끔찍한 사고나 재앙을 피하기 위한 목적을 갖고 있는 것이 대부분이다. 대부분의 강박증상의 배후에 의심과 우유부단함이 작용하고 있기는 하지만, 특히 이러한 점검 강박증상의 유형은 그러한 '의심(doubting)'이 작용하며 그 결과 우유부단하면서도 완벽주의적 태도가 다른 어떤 유형의 강박증상보다 더욱 두드러진다. 이러한 점검행동이 일시적으로는 불안이나 의심을 가라앉힐 수는 있지만, 그들의 '의심'에는 끝이 없고 '완벽'은 현실에서 불가능하기 때문에, 점검행동 역시 완전한 안심상태에 이를 수 있는 종착역이 없기 마련이다. 요컨대, 아무리 점검을 반복해도 뭔가 확실하지 않다는 의심을 끝내 지울 수 없다는 점이 이 강박증상의 중요한 특징이기도 하다.

가스 밸브나 전열기의 스위치, 수도꼭지, 대문이나 창문 혹은 자동차의 잠금장치, 전기 기구의 스위치를 반복적으로 확인하는 행동들이 가장 흔하다.

이러한 행동들은 대개 그러한 점검을 하지 못할 경우 일어날 수도 있는 화재나 폭발, 외부인의 침입 등에 대한 불안과 관련이 있다. 즉, 그 불안이란 그러한 점검행동을 완벽하게 하지 못함으로써 자기 자신이나 타인에게 심각한 손상을 일으킬지 모른다는 불안인 것이다. 점검 강박행동이 증상으로서 발현되는 초기에는 스스로도 그렇게 반복해서 점검하지 않아도 된다는 내부의 또 다른 충동과 갈등을 겪는다. '한 번 더 확인해 보아야 할 것 같다.'라는 하나의 충동과 '아니야, 그럴 필요 없어, 아까 한 번 확인했잖아!'라는 또 다른 충동이 맞서기 때문에 망설이고 우유부단한 모습이 특징적으로 나타난다. 하지만 이런 갈등이 반복되고 점검 강박행동이 반복될수록, 갈등은 줄어들고 점검행동은 자동적으로 이어지는 일련의 일상화된 행동양식으로 자리 잡게 된다. 그렇게 되면 당사자는 점점 더 자신의 자발적인 의지가 고갈되어 가는 듯한 무력감과 고통에 시달리게 된다.

이처럼 '의심'과 관련되어 연결될 수 있는 또 다른 부적응의 측면으로는 자신이 수행하는 과업이나 일상적인 일들에서 발생하는 비효율성에 관한 것이다. 직장인의 경우 완벽한 업무 준비가 되었는지, 학생인 경우 제출할 보고서나 시험 답안지의 내용에 혹시 누락되거나 미비한 점 혹은 오류가 없는지를 반복적으로 검토한다. 이처럼 평가를 받아야 하는 공식적 업무뿐 아니라, 자신이 수행하는 다른 일상적인 다양한 일도 사전에 완벽한 준비를 하기 위해 세부적인 사항들을 반복하여 점검할 수 있다. 따라서 이러한 '점검' 유형의 강박증상을 보이는 사람들은 대개 강박적 '지연행동(procrastination)'이 동반되곤 한다.

점검 강박행동이 이처럼 행동으로 드러나는 경우 이외에도 숨겨진 경우도 있다. 점검 강박행동을 유발할 수 있는 불안이나 불편한 충동이 자극될 만한 상황 자체를 미리 회피하려는 성향을 보이는 경우가 그 예이다. 혐오스러운 사건이 일어날 가능성을 줄이기 위해 혹은 그런 사건에 직면하여 경험하게 될 주관적인 불편한 감정을 줄이기 위해 타인들이 잘 관찰하기 어려운 어떤 '중화행동(neutralizing behavior)'을 수행할 수도 있다. 이러한 중화행동은 그가 두려워하는 어떤 사건을 미리 예방하고자 한다는 점에서도 점검 강박행동의 또 다른 변형으로 간주될 수 있으며, 자신이 완벽히 점검했고 어떤 실수를 범할 가능성이 없는지를 주변 사람들에게 끊임없이 확인하는 '확신 추구 행동(reassurance seeking)' 역시 같은 범주에 포함시킬 수 있다(Rachman, 2003).

명백히 점검하는 외적인 행동으로 드러나지 않을 수 있는 또 다른 유형의 점검 강박행동은 이러한 강박행동이 '기억'을 대상으로 하는 경우이다. 즉, 그처럼 점검해야 할 장치나 대상들을 제대로 점검하였는지 확신이 들 때까지 자신의 기억을 반복하여 더듬고 확인하려는 것이다. 물론 아무리 기억을 더듬어도 확신이 들고 안심이 되는 상태에 이르기는 어렵고, 오히려 더 불확실감만 더해 가기 십상이다. 이러한 점검은 매일 수시로 수십 번 수 시간 동안 반복될 수도 있기 때문에 중요한 약속 시간에 늦는다거나, 업무 완료나 보고서 제출 기한을 넘기게 되는 등 일의 효율성을 떨어뜨리고, 심하면 성적 저하나 실직에 이르는 등 일상생활에서 상당한 부적응을 유발할 수 있다.

이 점검 강박행동을 설명하기 위해서 일찍이 행동주의적 이론이 적용되어 왔다. 공포증을 설명하는 Mowrer의 2요인이론에 의하면, 공포란 고전적 조건형성 과정에 의해 학습된 것이며, 이후 이 공포를 피하기 위한 다양한 행동을 하게 되면서 이러한 회피행동들이 공포를 줄여 주는 강화 역할을 한다. 이 이론에 의하면 강박행동은 그 행동을 함으로써 불안이 감소되는 효과를 경험하기 때문에, 즉 강박행동이 일종의 부적 강화 역할을 하기 때문에 지속되는 것이다. 이러한 관점에 의하면, 점검 강박행동은 그런 점검을 행하지 않을 경우 자신이 받을지 모르는 위해나 타인의 비난 등을 사전에 예방하기 위한 일종의 적극적인 회피행동이며, 청결 강박행동은 오염된 대상을 회피하고자 한다는 의미에서 다양한 공포증의 회피행동과 마찬가지로 일종의 수동적인 강박행동이라고 볼 수 있다(Rachman & Hodgson, 1980). 그러나 점검행동이건 청결행동이건 그 행동이 불안을 감소시켜 주는 기능, 즉 학습이론의 관점에서 모두 회피행동으로 간주할 수 있다고 본다는 점에서는 같다.

점검 강박행동을 설명하는 이러한 학습이론을 뒷받침할 만한 경험적 근거들도 제시되었다. 청결 강박증상을 지닌 환자에게 더러운 것을 일부러 만지게 한다거나, 점검 강박증상을 지닌 환자에게 점검행동을 미루도록 강제하는 것과 같이 실험적 상황에서 강박장애 환자들에게 스트레스가 될 만한 유발자극들을 주면, 그들의 불안 수준과 강박행동을 하려는 충동이 급격히 높아진다. 이후 이들에게 그러한 강박행동을 계속 하지 못하도록 하면 불안 수준이 서서히 감소하며, 그들에게 관련된 강박행동을 하도록 허용하면 불안 수준은 그것보다 더 급격히 낮아진다. 단, 이러한 실험 패러다임을 사용한 연구에서, 점검 강박증상을 지닌 환자들은 청결 강박증상을 지닌 환자들에 비해 몇 가지 다른 점이 관찰되었다. 촉발자극이 주어졌을 때 점검 강박증상을 지닌 환자들의 불안이나 불편감은 청결 강박증상 환자들의 것보다 높지 않았고, 점검 강박행동을 하도록 허용해 주었을 때도 불안이나 불편감이 줄어들지 않거나 심지어는 높아지는 사례도 일부 관찰되었다. 이러한 결과들은 강박장애를 설명하는 데 있어서 행동주의 이론을 적용할 때 설명할 수 없는 영역들이다. 공포증과 마찬가지로, 강박장애 환자들이 주로 보이는 강박사고나 강박행동의 유형은 다양하다. 강박행동이 불안을 감소시켜 주는 기능을 한다면, 왜 특정한 강박장애 환자는 특정한 증상을 발전시켜서 불안을 감소시키려 하는지를, 즉 강박증상의 특정한 측면과 강박장애의 원인을 설명하기에는 행동주의 이론은 너무 포괄적이다.

인지적 관점은 이러한 행동주의 이론의 한계를 보완해 줄 수 있다. 행동의 배후에 있는 신념이나 사고와 같은 특정한 사고 내용을 가정할 수 있기 때문이다. Salkovskis(1985)에 의하면, 강박장애의 핵심에는 '과도한 책임감

(inflated responsibility)'과 관련된 신념이 자리 잡고 있어서, 만일 어떤 위협자극을 사전에 제거하거나 통제하지 못한다면 그것을 자신의 책임으로 받아들이는 경향이 있다. 청결과 점검 강박증상을 지닌 환자들이 차이를 보였던 실험과정을 분석한 결과, 청결 강박장애 환자들에 비해 점검 강박장애 환자들의 그러한 특징은 그들이 실험자와 함께 있지 않고 혼자 있는 경우에 더욱 뚜렷하게 나타났고, 대부분의 점검행위가 집에서 행해진다는 것을 발견하였다(Rachman, 1976; Röper & Rachman, 1976). 이러한 결과는 '책임감' 요인으로 해석할 수 있다. 점검 강박행동을 주로 보이는 사람들은 자신이 혼자 있을 경우에는 점검하지 않았을 때 벌어질 수 있는 잠재적 위험과 손상이 모두 자신의 책임이라고 해석하기 때문에 혼자 있을 때 더 심한 점검행위를 보이는 것일 수 있으며, 만일 실험자나 타인들이 함께 있다면 책임감을 분산시킬 수 있기 때문에 점검을 하지 않아도 혼자 있을 때만큼 크게 불안하지 않은 것으로 볼 수 있다. 이는 점검 강박행동을 보이는 사람들이 확신 추구 행동 역시 보이는 경우가 많다는 현상과도 관련된다. 그들이 반복해서 자신의 점검행위가 완료되었는지를 주변 사람들에게 확인하는 것은, 자신이 짊어져야 할 책임감을 타인과 나누어 갖기 위한 것일 수 있다.

인지적 관점에서 볼 때, 점검 강박행위와 관련된 또 다른 중요한 측면들이 있다. 점검 강박증상이 있는 이들이 지니고 있는 과도한 책임감은 위협자극을 받아들이고 해석하는 과정에도 영향을 끼친다. 그 결과 나타나는 현상이 **사고-행위 융합**(thought-action fusion)이다. 점검 강박행위에 있어서 이 사고-행위 융합은 확률추론의 편향(probability bias)과 도덕성 편향(morality bias)이라는 두 가지 형태로 나타난다. 전자는 그들이 원치 않는 어떤 생각을 하는 것 자체가 그 생각과 관련된 어떤 불행하거나 위험한 일이 발생할 가능성을 높여 준다고 생각하는 것이며, 후자는 원치 않는 어떤 생각을 했다는 것 자체가 그 생각을 실행에 옮긴 것과 똑같은 도덕적 책임감을 갖게 한다는 것이다

(Rachman & Shafran, 1999). 실제로 사고-행위 융합의 정도와 강박적 점검행동의 강도 사이에는 상당한 상관(r=0.41)을 보였다(Shafran et al., 1996).

점검행동 자체가 지니고 있는 병리적 요인도 있다. 첫째, 점검행동을 반복해서 수행할수록 책임감도 증가하며, 그러한 책임감이 증가하면 할수록 위험한 사건이 초래될 것이라고 생각하는 확률추론의 편향도 증가한다. 둘째, 과도한 점검행동을 하게 되면 그 행동을 한 것이 확실한 것인지에 대한 자신의 기억을 더 믿지 못하게 되며, 그 결과 계속 점검행동을 수행해야만 한다(Tolin et al., 2001). 요컨대, 점검행동 자체가 행동에 대한 기억의 확신을 저하시키는 요인이 되는 것이다. 이러한 요인들은 점검 강박행동을 하면 할수록 그 개인이 그 행동의 굴레에서 벗어나지 못하게 만들고 결과적으로 강박행동을 영속화시키는 데 기여하는 기제들이라 할 수 있다. Rachman(2002)은 이처럼 점검 강박행동을 악순환시키고 영속화시키는 데 기여하는 요인들을 다음 네 가지로 요약했다.

① 그 점검행동을 아무리 수행해도 확실성에 도달할 수 없고, 자신이 바라는 만큼의 안전상태를 확보할 수 없다는 점, 따라서 점검행동은 반복되어야 하며 끝이 없다는 점
② 점검을 반복하면 할수록 자신이 정말 확실히 점검했는지를 확신할 수 없다는 점, 즉 자신의 기억에 대한 확신감이 결핍되어 간다는 점
③ 자신이 점검해야만 자신과 타인에게 닥칠 수 있는 불행한 일을 막을 수 있다고 믿게 될수록 위험한 일이 발생할 가능성을 높게 추정한다는 점
④ 안전을 위해 점검을 끝낸 후에 자신의 책임감을 더 크게 느낀다는 점

요컨대, 점검 강박행동은 스스로 악순환의 굴레에 갇히게 만드는 과정을 개시한다. 더 많이 점검할수록 더 많은 책임감을 느끼게 되고, 지각된 위험은

더 커지며, 기억에 대한 확신은 더 줄어든다.

참고 점검 강박행동에 있어서 '기억 확신'의 문제

점검 강박증상의 핵심 특징은 어떤 행동을 완료한 후에도 정말 그 행동이 완료된 것인지 반복해서 점검한다는 것이다. 정상적인 경우 미심쩍다 하더라도 한두 번 확인한 후에는 확신을 갖게 되고 더 이상 점검을 반복하지는 않는 것이 보통이다. 따라서 다른 강박행동 유형에 비해 점검 강박행동을 보이는 사람들은 혹시 정서적 측면의 문제라기보다는 인지기능의 문제, 즉 기억기능 그 자체에 문제가 있는 것은 아닌지, 혹은 그러한 기억기능의 문제가 정말 있다면 관련된 신경학적 문제도 결부된 것인지 등을 의심해 볼 수 있다. 이러한 의문들을 검증해 보기 위한 연구들이 있어 왔다.

표준화된 기억검사를 사용하여 전반적인 기억능력을 측정하고 다른 집단과 비교해 보는 연구의 결과들은 점검 강박증상을 보이는 집단의 수행이 낮았다는 결과도 있지만 반대의 결과도 혼재하는 등 비일관적이었다(McNally & Kohlbeck, 1993; Radomsky et al., 2001; Sher et al., 1983; Sher et al., 1984; Sher et al., 1989). 또한 각 강박증상의 유형에 따라 기억해야 할 대상이 무엇인가에 따라서도 달라지는 등 대상에 따라 기억능력에 있어서 비일관된 결과를 보이기도 하였다. 예를 들어, 다른 불안장애 환자들 및 정상인들에 비해 오염에 대한 두려움을 지닌 강박장애 환자들은 깨끗한 물건보다 오염된 물건이 포함된 대상을 더 잘 기억했다(Radomsky & Rachman, 1999).

이러한 비일관성을 설명할 수 있는 결정적인 연구 결과들이 아직은 부족하지만, 한 가지 가능성으로 제시되는 것이 '기억에 대한 확신의 결핍' 가설이다. 즉, 강박장애 환자들이 실제로 기억력에 결함이 있다기보다는, 특정한 조건에서 그들이 자신의 기억에 대한 확신이 결핍되어 있기 때문에 실험 조

〈표 4-3〉 예일-브라운 강박척도(Y-BOCS) 증상 질문지의 '점검' 관련 항목

점검 강박행동 (Checking Compulsions)	예
자물쇠, 난로, 가전제품 등에 대한 점검	• 집을 나서기 전에 현관문의 자물쇠, 전열제품의 스위치, 전기 콘센트를 반복해서 확인한다.
타인에게 해를 끼쳤는지 혹은 끼칠 수 있는지에 대한 점검	• 자신도 알지 못한 채 누군가에게 해를 끼치지 않았는지 반복 점검한다. • 모든 일이 제대로 된 것인지 타인에게 반복해서 물어보거나 전화하여 확신을 얻으려 한다.
자신에게 해를 끼쳤는지 혹은 끼칠 수 있는지에 대한 점검	• 날카롭거나 깨지기 쉬운 물건을 다룬 후에 상처나 출혈이 있는지를 살펴본다. • 자신에게 어떤 문제가 생기지 않았는지 확신을 얻기 위해 빈번히 의사를 찾아간다.
아무런 끔찍한 일도 일어나지 않았다는 것을 점검	• 자신이 원인 제공을 했을지 모르는 어떤 사고나 재난이 발생했는지 확인하기 위해 신문기사를 검색하거나 라디오 혹은 TV 뉴스를 찾는다.
실수하지 않았는지에 대한 점검	• 집을 나서기 전에 현관문, 전열기구, 전기 콘센트를 반복해서 점검한다. • 실수하지 않았는지 확인하기 위해 독서, 필기, 혹은 간단한 계산을 하는 동안 반복해서 점검한다.
신체적 강박사고와 연결된 점검	• 심장마비가 왔는지 혹은 암이 발병한 것은 아닌지 친구나 의사에게 반복해서 확인하려 한다. • 맥박, 혈압 혹은 체온을 반복해서 잰다. • 몸의 체취를 반복해서 점검한다. • 추한 부분이 없는지 알아보기 위해 거울 앞에서 외모를 점검한다.

건마다 결과가 일치하지 않았던 것일 수 있다. 이러한 가설을 지지해 줄 만한 몇몇 연구 결과가 있다. 그들에게 위협이 될 만한 자극에 대해서는 오히려 우수한 기억 수행을 보이는 반면, 무엇을 점검했는지의 여부와 같은 다른 정보에 대해서는 낮은 기억 수행을 보이는 등 일관되지 않은 결과를 보였다

(Rachman & Shafran, 1999). 위협과 관련된 자극들을 더 잘 기억하는 이러한 기억 편향은, 그들이 더 많은 책임감을 느끼는 상황에서 더욱 고조되며, 이러한 책임감의 영향은 기억의 실제 정확성보다도 기억에 대한 주관적 확신에 더 큰 영향을 주었다. 또한 기억 과제를 반복해서 수행해 감에 따라 강박장애 환자들은 기억에 대한 확신감이 점점 줄어들기도 하였다(Tolin et al., 2001).

이처럼 책임감이라는 정서적 혹은 인지적 요인들이 순수 기억기능에 영향을 미칠 수 있음을 보여 주는 연구 결과들은, 강박장애에 대한 인지적 모형과 결합하여 보다 큰 틀에서 점검 강박증상 또는 다른 유형의 강박증상도 설명해 줄 수 있는 경험적 증거가 될 수 있을 것이다.

위해 · 공격 강박증상

위해(harm) · 공격(aggression) 강박증상은 자신이나 타인에게 공격적인 혹은 달리 해를 끼칠 만한 행동을 한 것인지와 관련된 원치 않는 강박적 사고나 강박행동이 반복되는 것이 주된 증상이다. 대개 매우 끔찍하고 잔혹한 이미지들이 불현듯 떠오르며, 그러한 장면들이 자신이나 자신과 매우 친밀한 가족이나 친구에게 발생할 것만 같은 내용이 포함된 강박사고, 그리고 그러한 강박사고를 방지하기 위한 강박행동들이 나타난다. 그러한 이미지나 장면 자체가 매우 끔찍하고 심각한 것이기 때문에, 이들은 그런 생각이 떠오르는 순간부터 심한 불안에 휩싸이며, 어떻게든 그것을 없애려는 시도를 하게 된다.

이 외에도 그래서는 안 될 장소나 상황에서 외설스럽거나 공격적인 욕을 자신도 모르게 불쑥 내뱉을지 모른다는 생각, 자신이 쇼핑을 하는 중 진열대 위의 물건을 훔치거나 불을 지르거나, 친밀한 누군가를 칼로 찌르거나, 자신이 갓 출산한 아이의 목을 조를지 모른다는 충동, 염려, 불안, 이미지들이 반복해서 떠오르는 경우도 있다. 밤길을 운전하던 중에 뭔가 쿵 하는 소리를 느낀 것 같았을 때, 집에 되돌아와서도 자신이 누군가를 자동차로 치었을지 모른다는 불안감 때문에 몇 번이나 왔던 길을 되돌아가 확인해 본다거나, 중요한 보고서를 제출하거나 편지를 보낸 후에 혹시 써서는 안 될 말을 적지 않았는지 염려하며 반복하여 기억을 더듬는 증상을 보일 수도 있다. 몇몇 연구에 의하면, 이러한 공격적 충동이나 이미지와 관련된 강박증상들은 점검이나 청결과 관련된 강박증상들보다는 적은 빈도로 관찰되며, 오직 강박사고만 지닌 사람들보다는 충동성이 더 높다거나, 아이를 출산한 직후의 여성들, 혹은 틱이나 투렛장애 등 다른 장애와 함께 진단될 수 있는 환자들에서 더 많이 관찰된다(George et al., 1993; Stein et al., 1994). 특히 산후에 강박증상을 경험하고 있는 산모는 자신이 얻은 아이에 대해 어떤 해로운 행위를 할지 모른다는 유형의 침습적 사고를 경험했다는 또 다른 보고도 있다(Maina et al., 1999). 물론 다른 유형의 강박증상 없이 위해나 공격을 주제로 하는 증상만을 가진 강박장애 환자는 흔치 않으며, 이러한 강박증상을 가진 환자의 대부분(82%)이 점검 강박행동도 동시에 지니고 있다는 보고도 있다(Rasmussen & Tsuang, 1986).

〈표 4-4〉 예일-브라운 강박척도(Y-BOCS) 증상 질문지의 '공격' 관련 항목

공격 강박사고 (Aggressive Obsessions)	예
자신을 해할지 모른다는 두려움	• 나이프나 포크로 음식을 먹는 것에 대한 두려움 • 날카로운 물건을 다루는 데 대한 두려움 • 유리 창문 근처를 지나는 데 대한 두려움
타인을 해할지 모른다는 두려움	• 타인들의 음식에 독 성분을 첨가할지 모른다는 두려움 • 아기에게 해를 끼칠지 모른다는 두려움 • 기차 앞으로 누군가를 밀칠지 모른다는 두려움 • 재해가 일어날 경우 남을 돕지 않은 것에 대해 책임을 져야 할지 모른다는 두려움 • 나쁜 충고에 의해 해를 끼칠지 모른다는 두려움

폭력적이고 두려운 장면	• 살인 장면, 사지가 잘려 나간 시체, 혹은 다른 역겨운 장면들
외설적이고 모욕적인 말을 불쑥 내뱉을지 모른다는 두려움	• 교회와 같은 공공장소에서 외설스러운 말을 소리칠지 모른다는 두려움 • 외설스러운 글을 쓸지 모른다는 두려움
뭔가 당혹스러운 일을 할지 모른다는 두려움	• 사회적 상황에서 바보같이 보일지 모른다는 두려움
원치 않는 충동에 따라 행동할지 모른다는 두려움	• 차를 몰아 나무와 충돌할지 모른다는 두려움 • 누군가를 차로 깔고 지나갈지 모른다는 두려움 • 친구를 칼로 찌를지 모른다는 두려움
물건을 훔칠지 모른다는 두려움	• 점원을 속인다거나, 비싸지 않은 물건을 훔칠지 모른다는 두려움
충분히 주의하지 않아 타인에게 해를 끼칠지 모른다는 두려움	• 뺑소니 교통사고와 같이 자각하지 못한 채 어떤 사고를 일으킬지 모른다는 두려움
뭔가 끔찍한 일이 일어난 데 대해 책임을 져야 할지 모른다는 두려움	• 집을 떠나기 전에 충분히 주의해서 점검하지 않아 화재가 일어나거나 도둑이 들지 모른다는 두려움

성적인 강박증상

성적인(sexual) 강박증상은 자신의 의지에 반하여 어떤 부적절한 성적인 충동이 떠오르거나 그런 충동에 지배되어 관련되는 행동을 자신이 하게 될지 모른다는 생각에 시달리는 것이다. 이때의 성적인 행동의 대상이 되는 사람은 대개 사회적으로 금지되어 있는 가족이나 친족 혹은 어린아이인 경우가 많다. 예를 들어, 자신이 근친상간적인 충동을 지니고 있다거나, 어린아이들에게 성적인 충동을 느끼는 소아기호증이나 동성애적 성향을 지니고 있는 것이 아닌지 지속적으로 걱정하고 검토한다. 물론 이들은 실제 이런 행동

〈표 4-5〉 예일-브라운 강박척도(Y-BOCS) 증상 질문지의 '성' 관련 항목

성적 강박행동 (Sexual Obsessions)	예
금지된 혹은 도착된 성적 사고, 이미지, 혹은 충동	• 낯선 이, 가족, 혹은 친구에 관한 원치 않는 성적인 생각
아동 혹은 근친상관과 관련된 내용	• 자신의 아이 혹은 다른 아이를 성적으로 괴롭히는 것과 관련된 원치 않는 생각
동성애와 관련된 내용	• 그런 생각들이 전혀 근거가 없음에도 불구하고, 자신이 혹시 동성애자가 아닌지 또는 갑자기 자신이 동성애자가 되면 어떻게 할 것인지와 같은 걱정
타인에 대한 폭력적인 성적인 행동	• 낯선 성인, 친구, 혹은 가족들에 대한 폭력적인 성적인 행동들과 관련된 원치 않는 이미지

을 하지는 않으며, 과거에 그런 적도 없다. 어떤 아이를 보게 된 그 순간 우연히 성기가 발기되었음을 알게 된 후, 자신이 아이들을 대상으로 성적 공격을 가할지 모른다는 강박사고를 발전시킨 사례도 있다. 이는 의도적이지 않게 우연히 자각한 어떤 신체적 감각을 성적인 충동의 증거로 잘못 해석하게 되어 강박증상이 발현되는 경우라 할 수 있다. 반면에, 성적인 공격행동을 당한 경험 자체가 강박행동에 영향을 줄 가능성도 있다. 예를 들어, 성적인 학대나 공격을 당한 이후에 강박증상이 발전된 사례도 보고된 바 있다(Freeman & Leonard, 2000).

한편, 이런 강박사고들이 종교적인 교리나 윤리적 규범과 결합되면, 더욱 터무니없는 대상들과 관련된 생각으로 확산될 수 있다. 예를 들어, 예수나 마리아처럼 그 성적 대상이 자신이 믿는 신이나 혹은 위대한 성인들 혹은 자신이 존경하는 성직자들과 연결되면서 그들과 성적인 접촉을 하게 된다는 생각 등으로 발전될 수 있다. 이들은 이런 생각들이 떠오를 때마다 자신이 그런 성향을 지니고 있지 않다는 확실한 증거를 찾기 위해 노력한다. 예를 들어, 자

신이 소아기호증이나 동성애적 성향을 지니고 있지 않다는 것을 확신하기 위해 소아가 아닌 성인 혹은 동성이 아닌 이성을 대상으로 성적 충동을 느끼는지 반복해서 확인하려고 한다. 이처럼 성적인 생각이 종교나 윤리적 규범들과 결합되면, 성적 생각이나 충동 자체보다도 도덕적 책임감에 의해 지배되는 또 다른 유형의 강박증상들로 변할 수도 있다.

이러한 강박증상을 보이는 사람들은 대개 공공장소에 나가는 것을 피하게 된다. 그런 장소에서 자신이 부적절한 성적 충동에 지배되어 염려하는 그런 부적절하거나 공격적인 성행위를 시도하게 될지 모른다는 두려움 때문이다. 때로는 소아기호증과 관련된 강박사고를 지닌 경우 자신의 아이를 씻기거나 안게 되는 상황도 고통으로 다가오기 때문에 의외로 심각한 문제일 수 있다.

종교적 · 도덕적 강박증상

어떤 강박장애 환자들에게 있어서 종교적인 생각들은 침습적이고 괴로운 것이며, 끊임없이 자신을 시험하는 것일 수 있다. 이러한 유형의 강박증상은 현대의 정신의학적 진단체계가 있기 훨씬 전부터 기독교 관련 문헌들에서 '양심증(scrupulosity)'으로 불리던 행동 양상들과 매우 유사하다. 이러한 양심증은 자신이 믿는 신앙이나 교리 혹은 도덕적 규범에 대한 완벽주의적 태도 때문에 발생하는 강박사고와 강박행동을 말한다. 만일 이런 강박적 사고나 충동을 보이는 사람이 특정한 종교적 테두리 내에서 생활하고 있는 사람이라면, 그 자신이나 그를 둘러싼 종교적 지도자들은 이것을 장애나 병으로 간주하기보다는 신앙심의 문제로 여길 수 있다. 따라서 그들이 의료기관을 방문하여 치료를 받으려 하지는 않을 가능성이 높다.

물론 특정한 종교적 신념을 지니고 있지 않거나 심지어 무신론자인 경우에도 '옳고 그름'에 대한 과도한 윤리적 염려 때문에 이와 유사한 강박적 특징이

나타날 수는 있다. 종교와 관련이 있건 없건, 종교적 신념을 가진 경우이건 일반적인 윤리적 규범이나 도덕규칙에 집착하는 경우이건, 공통점은 지나치게 경직되고 가혹한 수준의 도덕적 잣대를 자신에게 강요한다는 점, 그리고 그러한 기준에 의해 자신의 생각과 행동을 옳고 그름의 경직된 이분법적 기준에 따라 판단한다는 점이다.

이러한 종교적 강박사고는 신성모독적 생각, 충동, 이미지(예: 사탄의 모습, 666이라는 숫자, 예수와의 성행위 등)가 반복적으로 떠오르며, 그런 행위를 자신이 이미 했거나 할지 모른다는 생각도 관련되어 있다. 때로는 특정한 종교적 교리에 관한 의심, 자신의 행위가 특정한 교리나 성경구절에 기록된 내용에 합당한 것인지 아닌지에 대한 끊임없는 검토와 같이 '의심'의 형태로 나타날 수도 있다. 마치 끊임없이 폭격을 퍼붓듯이 자신을 괴롭히는 어떤 의심 때문에 고통받고 있는 어떤 독실한 신앙을 지닌 젊은 여성의 사례가 그 예이다(Osborn, 1998). 그녀는 대중음악을 듣는 것이 옳은 일인지, 가장 큰 죄악은 무엇인지, 자살을 할 경우에는 영원한 지옥에 가게 되는지, 안식일에 전화를 사용해도 되는지, 화려한 색깔이 들어간 치마를 입어도 되는지 등과 같은 무수한 질문들이 수시로 자신의 머리에 떠올랐고, 이것은 잠자는 시간을 제외하면 하루 종일 계속되었다. 이러한 의문이 떠오를 때마다 그 의문에 대한 만족스러운 답을 찾기 위해 노력하지만, 어떤 답변들도 만족을 주지 못하였다. 그럴듯한 해결책이 떠올랐다 해도 곧이어 그 해결책이 정말 합당한 것인지에 대한 또 다른 의심이 그 해결책을 압도해 버리곤 하였다. 그녀 자신에게도 이러한 의문들의 폭격은 너무나 고통스러운 것이어서, 이런 생각들을 중지하려고 끊임없이 노력하는 자신의 모습이 마치 사탄과의 전쟁에 빠진 것 같다고 묘사하였다. 이 외에도 엄숙한 종교적 장소에서 자신이 신성모독적인 말을 내뱉게 될지 모른다는 생각, 특정한 성경구절이나 기도 문구를 잘못 암송했다거나 정해진 종교적 예식의 순서나 절차가 틀렸을지 모른다는 생각, 또는 신을 포함한 신성한 대상과 관련된 성적인 충동이나 이미지가 반복해서 떠오른다거나, 자신의 신앙심이 충분치 못하거나 그 결과 신으로부터 버림받은 것은 아닌지 혹은 영원한 저주를 받게 될 것인지에 대한 생각 등에 과도하게 집착하는 등의 증상들이 대표적인 예이다.

이들은 이러한 강박사고를 통제하기 위하여 어떤 반복적 행동 양상을 보이게 된다. 앞의 사례에 등장한 여성처럼 자신의 생각, 행동, 충동이 종교적 혹은 도덕적으로 옳은 것인지의 여부에 대한 끊임없는 의심과 세부적 검토 및 원치 않는 행위를 하지 않기 위한 예방적 조치, 그리고 종교적 교리나 규범에 위배되지 않음을 확인하기 위한 지속적인 확신 추구 행동, 또는 죄책감을 씻기 위한 정화행동이나 자기학대적 행동들에 집착하는 것이 특징적이다. 음란하거나 신성모독적인 생각이 떠오를 때마다 특정한 기도 문구를 반복하여 암송하거나, 특정한 종교적 의례행위를 반복하거나, 자기처벌적이거나 자해적 행동을 통해 그러한 불결한 생각들을 씻어 내고자 하는 등의 다양한 개인적 의례행위를 보일 수 있다. 이러한 종교적 혹은 도덕적 주제의 강박사고들은 청결이나 오염, 공격성, 성행위를 내용으로 하는 강박증상들과 결합되기 쉽다.

〈표 4-6〉 예일-브라운 강박척도(Y-BOCS) 증상 질문지의 '종교' 관련 항목

종교적 강박사고 (Religious Obsessions)	예
양심과민(scrupulosity), 신성모독적인 것과 관련된 생각들	• 신성모독적인 생각을 자신이 품고 있는지, 신성모독적인 말을 하지는 않을지, 혹은 그 결과 자신이 처벌을 받게 되지는 않을지와 관련된 걱정
올바른 행위나 도덕성과 관련된 과도한 염려	• 자신이 항상 '올바른 행위'를 하고 있는지, 거짓말을 하고 있지는 않은지, 누군가를 속이고 있는 것은 아닌지와 관련된 걱정

정돈 · 대칭 강박증상

정돈 · 대칭과 관련된 강박사고나 강박행동을 보이는 사람들은 전체 강박장애 집단 중 31~57% 정도의 비율로 보고되고 있을 정도로 청결이나 점검 강박증상 못지않게 높은 빈도를 보이고 있으며(〈표 4-1〉 참조), 특히 임상 진단을 받을 정도까지는 아니더라도 아동기나 청소년기에 흔히 관찰될 수 있는 행동 양상으로 보고되어 왔다. 예를 들어, 3,000명의 지역사회 청소년을 대상으로 한 역학 연구에서는 26명의 청소년이 강박장애 진단을 받을 정도의 증상을 보이고 있는 것으로 확인되었는데, 그중 56%가 가장 빈번하게 경험하는 강박증상이 정돈과 관련된 것이라고 보고하였다(Valleni-Basile et al., 1994).

이 유형에 속하는 강박증상들은 자신이 설정한 특정한 배열 형태 혹은 완벽한 대칭 형태를 유지하는 것에 과도하게 집착한다. 물건들이 특정한 배열로 정돈되어 있어야만 한다거나 특정한 위치에 놓여 있어야만 하는 등, 어떤 행위가 자신이 바라는 '정확한' 방식으로 수행되어야 한다는 경직된 신념에 지배되어 있다. 이들에게는 책들의 제목이 가나다 순서로, 주제별로, 혹은 책 표지의 색깔이나 책의 두께나 크기별로 정돈되어 있어야 한다. 책상 위의 물건들이나 옷장 안의 옷들, 혹은 기타 집 안의 물건들이 완벽하게 대칭된 상태나 일직선에 맞추어서 혹은 자신이 정해 놓은 일정한 규칙대로 정돈되어 있어야 한다. 따라서 정돈, 배열, 교정과 관련된 강박행동들이 결합되기 쉽다.

이러한 '정돈'이나 '배열'에 집착하는 강박증상은 DSM-5의 **강박성 성격장애**(Obsessive-Compulsive Personality Disorder: OCPD)를 진단하기 위한 여덟 가지 항목 중 첫 번째 특징과도 중첩된다("사소한 세부사항들, 규칙, 일람표, 순서, 체계적 조직화 혹은 일정표에 너무 집착하는 나머지 일의 요점을 잃어버리는 지경에 이른다."). 따라서 이러한 유형의 강박증상을 주로 보여 강박장애 진단을 받은 사람과 강박성 성격장애로 진단받을 수 있는 사람을 구분하는 것이 쉽지 않을 수 있다. 실제로 정돈이나 배열과 관련된 강박사고나 강박행동을 보이는 사람들은 어릴 때부터 성격이 깔끔하거나 정리정돈을 하는 습관이 몸에 배어 있어서 마치 강박성 성격장애처럼 그러한 강박적 증상이 자아이질적인 주관적 고통을 거의 초래하지 않는 것처럼 보이는 경우가 많다. 즉, 이들은 다른 강박증상을 지니고 있는 사람들이 함께 지니고 있는 불안이나 공포와 같은 정서적 요인들이 두드러지지 않으며, 이들에게는 그러한 정리정돈과 완벽한 대칭을 유지하는 것 자체가 만족감을 주는 것처럼 보인다. 다시 말해, 이들에게는 그러한 강박사고가 자아이질적인 불편감이나 고통을 거의 초래하지 않으며, 자신이 그런 행동을 스스로 원해서 한다는 생각을 지니고 있다. 예를 들어, 병에 걸리거나 사고를 당하는 것과 같이 위험이나 해를 피하기 위한 목적으로 행해지는 다른 강박행동과는 달리, 정돈행동을 하지 않는다고 해서 불안하다고 보고하지 않는다는 것이다. 이러한 유형의 증상을 보이는 강박장애를 다룬 적이 있는 임상가들은 이 증상 유형을 보이는 환자들은 물건들이 원하는 대로 배열되거나 정리되어 있지 않을 때 불안감보다는 그저 불만족감이나 불충분한 느낌 정도만 경험한다고 보고한다(Rasmussen & Eisen, 1992; Summerfeldt, 2004; Tallis, 1996). 또한 정돈이나 배열과 관련된 강박행동을 수행하지 않을 경우에 수반되는 내적 긴장감은 위해와 관련된 강박증상을 보이는 환자들이 경험하는 불안증상과는 달리 정서적인 측면보다는 틱장애 환자들이 경험하는 감각적인 충동과 더 유사하다(Leckman et al., 1994).

강박성 성격 특성과의 구분이 모호한 이러한 특징들은 앞서 언급했듯이 이러한 유형의 강박증상들이 다른 유형의 증상들보다도 아동기나 청소년기에 보다 흔하게 관찰된다는 역학적 연구나 임상적 관찰 보고와도 관련되어 있다. 일정한 순서와 좌우 대칭을 맞추고, 깔끔하게 물건을 배열하는 등의 행동들은 사실 병리적인 것이 아닌 정상적인 것일 수 있다. 실제로 이러한 행동들은 부적응을 겪지 않는 건강한 아동들이나 다른 문화권에서 행해지는 사회적 관습행위에서 흔하게 관찰되며, 비록 광범위한 발달적 연구 결과들이 드물긴 하지만 정상적인 발달과정의 일부로 간주해야 한다는 주장도 있었다. Gesel 등(1974)은 아동기의 그러한 행동들이 정상적인 것임을 다음과 같이 기술하였다.

> 생활환경이 동일하게 유지되기를 선호하는 것, 반복적이고 정형화된 행동들, 선호하는 것들에 대해 보이는 경직성, 장난감이나 옷 등의 세부적 요소들이나 불완전한 부분들을 예민하게 지각하는 것 등은 모두 어린 아동들에게서 보편적으로 관찰되는 정상적인 행동들의 예이다(Evans et al., 1997 재인용).

실제로, 몇몇 경험적 연구는 강박증상이 없는 일반인들도 이러한 정돈과 대칭 경향을 보인다는 것을 시사한다. 예컨대, 비임상 대학생들 대상으로 한 실험 연구에서 잘 정돈된 방이 찍힌 사진들을 그렇지 않은 사진들보다 유의미하게 더 선호하였으며(Radomsky & Rachman, 2004), 많은 문화권에서 정돈과 대칭을 추구하는 행동은 하나의 사회적 의례행동으로 자리 잡고 있는 것처럼 보인다. 한편, 발달적 관점에서 8~72개월 아동의 부모 1,488명을 대상으로 아동기의 강박적 행동을 조사한 Evans 등(1997)의 연구에 의하면, 12개월 이전의 아주 어린 아동의 10% 정도, 12~23개월 아동의 약 45%가 '딱 맞음(just right)' 강박행동을 보였으며, 이러한 행동은 24~59개월 아동들의 약 60%에서 관찰될 만큼 절정에 이르다가 이후의 연령에서는 감소하는 추세를 보였다. 이처럼 정돈 및 대칭과 관련된 강박행동들은 5세 이후 정도 되면 점차 약해지지만, 이후의 연령대에 있는 아동과 청소년 혹은 성인을 대상으로 한 연구들에 의하면 이러한 행동 양상은 11~27%에 이를 정도로, 드물거나 병적이라기보다는 청소년기나 성인기에도 여전히 보편적인 것으로 보인다(Leonard et al., 1990; Rassin et al., 1999). 이른 아동기에 흔히 관찰되는 이러한 정상적인 강박적 행동들은 이후에 점차 사라지는데, 청소년기에 발병한 강박장애 환자들은 아동기에 보였던 이러한 정상적인 강박행동들을 극복하지 못한 것이란 견해도 있다(Rachman & De Silva, 1978).

다른 유형의 강박증상과는 구분되는 이러한 현상학적 이질성을 보이고 있기 때문에, 이러한 정돈과 대칭을 추구하는 강박적 증상의 배후에서 작용하는 동기적 요인 역시 다른 강박증상을 지닌 사람들과는 다를 것이라는 주장이 제기되어 왔고, 이를 지지하는 몇몇 연구도 보고되고 있다. 현재는 강박증상의 유형을 동기적 요인에 의해 분류하고 있지는 않지만, 이러한 정돈이나 배열에 집착하는 사람들은 위험을 회피하려는 동기보다는, 일찍이 Janet가 언급했듯이(Pitman, 1984 재인용), 내적으로 경험하는 모호한 **'불완전한 느낌**(feelling of incompleteness)' 혹은 뭔가 **'똑바르지 않다는 느낌들**(Not Just Right Experiences: NJREs)'에 의해 지배되고 있다는 것이다(Coles et al., 2003; Summerfeldt, 2004). 요컨대, 이들의 증상은 원치 않는 어떤 일이 발생할 것에 대한 불안이 아니라, 뭔가가 부족하거나 완벽하지 않다는 느낌 때문에 정돈과 배열 강박행동을 보이며, 그들이 추구하는 것은 위험 회피가 아닌 완벽함이나 정확함에 대한 만족감을 얻기 위한 것일 수 있다.

요약하면, 정돈 및 대칭과 관련된 강박증상을 보이는 사람들은 다른 유형의 증상을 보이는 사람들에 비해 불안 수준이 낮고 그러한 증상에 대해 자아동조적인 태도가 더 우세하며, 이러한 행동은 훨씬 어린 시기의 정상 발달을 보이는 아동들에게서 흔히 관찰되며, 이러한 증상의 배후에 작용하는 동기적 요인은 위험 회피가 아닌 '불완전감'이 우세하다고 볼 수 있다. 물론, 불안이 우세한 정서로 동반되는 정돈이나 배열 강박증상을 보이는 사례, 즉 강박성 성격장애가 아닌 '강박장애'라는 진단기준에 개념적으로 더 합당한 다른 사례도 있다. 그들은 그러한 정돈상태가 깨어져 있을 경우에는 어떤 불행한 사건이 자신이나 가족들에게 일어날지 모른다는 마술적 사고에 의해 스스로도 고통감을 느끼고 있고, 그런 마술적 사고 자체가 우스꽝스럽고 비합리적이라는 것을 스스로도 알고 있지만 그런 생각 자체를 통제하기 어려워하는 경우이다.

한편, 이러한 정돈이나 대칭, 배열에 집착하는 강박증상의 유형을 분류하고 지칭하기 위해 "'딱 맞음' 강박장애('just right' OCD)"라는 용어를 사용하여 이 유형의 강박증상을 지닌 사람들이 다른 유형과 어떻게 다른지에 대한 탐구가 있어 왔다.

'딱 맞음(정확)' 강박장애

'똑바름' '정확함' 혹은 '딱 맞음'에 집착하는 증상 유형은 현재 공식적으로는 강박장애의 하위 유형으로 분류되어 있지는 않고, 또 강박장애의 진단기준으로 제시되어 있지도 않다. 또한 이 유형은 다른 유형의 강박증상들(특히 대칭이나 정렬 강박증상)과 중복되는 측면이 많고, 별도의 독립된 유형으로 분류해야 하는 독립된 유형의 강박증상으로 간주해야 하는지, 아니면 대부분의 강박증의 기저에 놓인 공통된 심리적 요인에서 파생되는 것으로 봐야 하는지에 대해서는 논쟁의 여지가 있다. 대부분의 다양한 강박증상의 이면에는 의심이나 불확실감, 그리고 완벽주의적 특성이 관련되어 있기 때문이다.

핵심 증상은 무엇인가가 정확하지 않다거나 불완전하다는 느낌이나 생각에 지속적으로 집착하는 것이다. 따라서 특정한 대상이나 상황에 국한된 것이라기보다는 일상에서 경험하는 모든 일에 광범위하게 확산되어 있다. 또한 다른 강박증상의 유형들보다도 틱장애나 피부벗기기장애와 같은 다른 정신장애와 함께 동반되기 쉽다. 이러한 장애들의 주된 증상들 역시 감각적으로 느껴지는 어떤 불완전한 느낌과 긴밀하게 연결되어 있기 때문이다. 이러한 감각적 불완전감은 각각의 상이한 감각적 측면들과 연합될 수 있다. 또한 위해(harm) 강박증상에서 가장 분명히 동반될 수 있는 불안감보다는 완벽하지 못하다는 생각과 관련된 불편감이나 긴장감이 더 지배적이다.

이러한 불완전함에 대한 과도한 염려가 어떤 감각기관과 결합하느냐에 따라 주로 다음과 같은 두 가지 유형의 강박증상 유형으로 분류해 볼 수 있다.

① 시각적 감각과의 결합

시각적 요소들이 정확하지 않고 불완전하게 느껴지는 경우에 견디기 어려운 불편한 느낌을 받을 수 있다. 종이에 선을 긋거나 도형을 그릴 때 정확한 직선이 아니거나 정확한 기하학적 모양에서 일탈되었다거나, 또는 글을 쓸 때 가로줄이나 좌우 여백의 줄이 맞지 않는다거나, 아니면 사물들이 특정한 배열로 놓여 있지 않고 흐트러져 있다거나, 현관에 벗어 놓은 신발의 위치가 현관 모서리나 가장자리의 직선과 평행이 되지 않는 상태를 시각적으로 지각한 경우에 불완전감이 고조된다.

② 촉각적 감각과의 결합

매끄러운 피부 감각을 방해하는 촉각적 자극, 예를 들어 입술이나 손톱 주변의 아주 미세한 각질이나 벗겨진 부분 등도 참기 어려워 지속적으로 피부를 뜯게 되는 피부벗기기장애의 증상에서 가장 극단적으로 표현된다. 이처럼 특정 신체 부위에 대한 촉각적 감각 외에도, 다양한 사물의 표면에서 느껴지는 거친 느낌이나 완벽하게 매끈하지 않은 부분에 대해 과도하게 집착한다.

이러한 불완전한 느낌은 생활의 모든 요소와 결합될 수 있기 때문에, 다양한 다른 유형의 강박증상들과 함께 결합될 수 있다. 완벽한 감각적 느낌을 얻기 위한 완벽주의적 행동, 반복적인 교정과 정렬에 의해 일을 빨리 끝내지 못하는 지연행동이나 우유부단함, 대칭 및 정렬 강박행동, 완벽한 감각을 위한 지속적인 확인과 검토 및 주변 사람들로부터 확인을 받기 위한 행동, 숫자가 맞는지 반복해서 세는 행동 등이 뒤따르기 쉽다.

〈표 4-7〉 예일-브라운 강박척도(Y-BOCS) 증상 질문지의 '정돈, 대칭, 정확성' 관련 항목

정돈, 대칭, 정확성 관련 강박사고와 행동	예
대칭이나 정확성과 관련된 강박사고 (마술적 사고가 동반/동반하지 않는 경우)	• 종이나 책들이 적절하게 배열되어 있는지에 대한 걱정 • 계산이나 필기가 정확하게 수행되었는지에 대한 걱정
물건들을 올바른 순서로 배치하거나, 정리하고자 하는 욕구	• 책상 위의 종이나 필기구를 혹은 책꽂이의 책을 똑바르게 일자로 배열하거나, 집에서 물건들을 순서대로 정리하기 위해 수 시간을 소비하며, 만일 그 순서가 뒤바뀌면 매우 동요하며 불편해진다.

저장 강박증상

낡고 무가치한 물건이지만 버리지 않고 쌓아 두는 행동 양상은 DSM-III-R에서부터 현재(DSM-5)까지 '강박성 성격장애(OCPD)'의 한 특성으로만 기술되어 왔을 뿐, DSM-IV-TR까지는 '저장장애(hoarding disorder)'라는 독립된 진단 명칭을 지니고 있지 않았고, 또한 DSM 이전 판까지도 '강박장애(OCD)'의 진단기준에는 포함되어 있지 않았다. 즉, 강박장애와 저장장애는 그 진단기준에서 겹치는 것이 전혀 없는데, 이는 DSM-5의 강박장애 진단기준이나 저장장애 진단기준을 비교해서 살펴보면 분명하다. 그러나 이전 판과 달리, DSM-5에서는 강박장애와 저장장애가 모두 '강박 및 관련 장애'라는 큰 범주

아래 포함되어 있다. 또한 강박장애 진단에 가장 많이 사용되는 Y-BOCS에서도 저장과 관련된 강박사고와 강박행동을 기술하는 두 문항이 포함되어 있다는 점에서 저장행위는 비공식적으로는 강박증상들 중의 하나로 간주되어 왔음을 알 수 있다. 그러나 이러한 관련성이 언제부터 어떤 이유에 의해 생겨난 것인지에 대해서는 분명한 설명을 찾기는 힘들다. 아마도 강박장애를 강박성 성격장애의 한 표현 양상으로 생각했던 전통이 현재까지 이어지고 있는 흔적일 수도 있다. 어쨌건, 현재 DSM-5에 기술된 저장장애의 진단기준은 다음과 같다.

A. 실제로 어느 정도의 가치가 있는지에 관계없이, 물건을 버리거나 소유물과 자신을 분리하는 데 있어서 지속적인 어려움이 있다.
B. 이 어려움은 그 물건을 보관해 둘 필요가 있다는 생각 및 그 물건을 버리는 데 따르는 고통감 때문에 초래된다.
C. 소유물을 버리지 못함으로써 생활공간을 혼잡하게 하고 꽉 채워 넣은 소유물들이 축적되며 그 사용 공간의 본래 목적을 심각하게 방해한다. 만일 생활공간이 꽉 차 있지 않다면 그것은 오직 제삼자의 개입에 의해 그렇게 된 것일 뿐이다.
D. 그 저장행위는 사회적·직업적 혹은 다른 중요한 기능 영역에서 임상적으로 유의한 고통이나 손상을 초래한다.
E. 그 저장행위는 다른 의학적 상태(예: 뇌손상, 뇌혈관장애, 프래더-윌리 증후군)에 의한 것은 아니다.
F. 그 저장행위는 다른 정신장애의 증상(예: 강박장애의 강박사고, 주요우울장애에서의 활력 저하, 조현병이나 다른 정신증적 장애의 망상, 주요 신경인지장애의 인지적 결손, 자폐스펙트럼장애의 제한된 관심)으로 더 잘 설명되지 않는다.

이러한 현재의 분류 방식과 진단기준에 따르자면, 저장행위는 강박장애 환자들이 보이는 여러 증상 중의 하나로 정의되어 있지는 않지만, 넓은 의미에서 강박 관련 장애의 범주에 포함시킬 수 있는 또 다른 하나의 독립된 장애가 된 것이라 할 수 있다.

이 유형의 행동을 보이는 사람들의 핵심 특징은 물건을 '수집' 혹은 구매하는 행위, 그리고 수집된 물건이 낡거나 가치가 다 했음에도 불구하고 쉽게 버리지 못한다는 점이다. 저장장애의 진단기준까지 충족시키려면 그러한 물건들로 인해 집 안이 꽉 차게 되고, 효율적으로 생활할 수 없을 정도로 생활 공간을 방해하여 역기능적 수준에 이르러야 한다.

물론 물건을 수집하고 쌓아 둔다고 해서 모두 문제가 되는 것은 아니다. 어떤 수집가들은 엄청난 양의 다양한 물건을 사들이거나 모으지만, 그것을 매우 체계적으로 보관한다. 따로 보관실을 마련하거나, 정리하고 보관하는 방식과 규칙이 체계적이고 정교하여 공간을 효율적으로 활용하거나 그 공간에서의 생활기능을 방해하지 않기 때문이다. 하지만 아무리 정리를 잘한다 해도 한정된 공간에 너무 많은 물건을 들여온다면 어느 순간에는 문제가 될 수 있다.

이러한 저장증상은 단순히 물건을 모아 둠으로써 발생하는 생활공간의 어려움에서 그치지 않고 개인적 건강, 가족관계 및 사회적 기능에 심각한 영향을 미칠 수 있다. 저장증상이 동반되고 있는 강박장애 환자들은 그렇지 않은 강박장애 환자들에 비해 우울이나 불안과 같은 더 많은 다른 정신장애가 합병될 수 있다. 또한 저장증상을 보이는 사람들은 개인의 일상적 기능 수준과 사회적 및 직업적 기능 수준 그리고 건강을 해치고 사고에 대한 위험을 높이기도 한다. 정리되지 않은 채 모아 둔 물건들의 불량한 위생상태나 오랜 기간의 방치로 인한 부패의 결과 이차적으로 질병이 감염될 위험성도 있으며, 화재가 발생했을 때 쌓인 물건들로 인해 더 큰 대형 화재가 되거나, 물건들이 도피할 수 있는 통로를 막게 됨으로써 화재 사망률이 높아질 수도 있다. 그들은 또한 정상 집단이나 다른 유형의 강박장애 환자들보다 독신으로 지내는 경우가 더 많다. 저장증상을 보이는 사람들의 반 이상이 전혀 결혼 경험이 없었는데(Kim et al., 2001), 이것은 일반인구 집단의 기저율에 비해 현격하게 높은 것이다.

이러한 저장행동은 의외로 어린 시절부터 시작되었을 가능성이 높다. 저장장애 환자들의 66%에서 저장행동이 아동기부터 시작되었고 10대나 20대 초반에 시작되었다고 보고한 비율은 25%였으며, 9%만이 24세 이후에 시작되었다(Frost & Gross, 1993). 시작 연령은 이처럼 이른 시기일 수 있지만, 저장장애 환자들의 평균 연령은 50세 정도였다(Frost et al., 2000; Hartl et al., 2004). 이러한 결과들을 종합해 볼 때, 당사자가 스스로 지각하는 저장 경향은 아동기 때부터 일찍 자각할 수 있을 정도로 일관된 특성으로 자리 잡고 있을 수 있으나, 이러한 경향성이 실제적인 심각한 부적응으로 이어져 지역사회 복지 담당자들에게 탐지되고 본격적으로 임상에서 확인되기 시작하는 시점은 생의 후반기일 가능성이 높다.

이러한 저장장애의 발생에는 유전적 요인도 어느 정도 작용하고 있는 것으로 보인다. 저장증상을 보이는 사람들의 85%에서 그들의 일급 친척 가운데 수집하는 습관을 가지고 있었지만, 저장증상을 보이지 않는 사람들 가운데서는 그 비율이 54%로 낮았다거나, 저장자(hoarders)들의 84%에서 저장증상의 가족력으로 보였고, 80%는 저장행동을 보이는 누군가가 있는 가정에서 성장하였다(Frost & Gross, 1993). 이러한 결과는 저장행동의 세대 간 혹은 세대 내 학습에 의한 것일 수도 있지만, 저장증상이 유전적 소인에 의한 것일 수 있다는 가능성을 제기한다.

그들의 저장품은 그것을 왜 저장하는지 다른 사람이 이해하기 어려운 물건들(무가치한 폐품, 손톱깍이, 통조림통 등)일 수도 있지만, 다른 사람들도 모아두기 좋아하는 일반적인 물건들(옷, 종이, 책 등)일 수도 있다. 어떤 물건에 어떠한 개인적 가치를 두느냐에 따라 저장물품의 유형이 달라질 수 있는데, 크게 세 가지 유형으로 나뉠 수 있다(Purby, 1978; Frost & Hartl, 2003 재인용).

① 도구적 가치: 잠재적으로 사용 가능한 유용성이 있는 물건
② 정서적 가치: 특정한 사건이나 사람을 기억하거나 기념할 수 있는 물건
③ 내재적 가치: 도구적 가치도 없고 정서적 가치도 없지만 어떤 형태의 주관적 애착관계가 형성된 물건

비저장자들도 이러한 가치를 지닌 물건들을 모아 둘 수 있지만, 차이는 그 가치의 정도가 낮다는 점이며, 저장자들은 그들이 소유한 거의 모든 물건에 대해 이 세 가지 가치를 모두 부여한다. 더구나 이미 상해 버린 음식이나 쓰레기까지 그러한 가치를 부여하며 버리지 못하는 유형의 저장행동이나 그와 관련된 신념은 거의 '망상적'인 수준에 이르렀다는 점에서 일반인의 저장습관이나 저장 관련 강박사고와는 질적으로 다른 측면이 있어 보인다. 실제로 8명의 저장장애 환자 중 6명이 망상장애나 조현병 그리고 기질적 정신장애도 함께 지니고 있었고, 저장행동은 실제로 조현병 환자들에게서 반복되는 역기능적 행동 중의 하나라는 보고도 있다(Greenberg et al., 1990; Luchins et al., 1992).

상관관계나 요인분석을 통한 연구들에 의하면 저장장애와 강박장애 사이의 관계는 예상과는 달리 그리 일관되거나 강력한 연관성을 지니고 있지 않은 것으로 보고되어 왔다. 예를 들어, 저장 경향을 보이는 비임상 집단과 임상 집단 모두에서 그런 경향을 보이지 않는 집단보다 강박증상을 더 많이 보고하기는 했지만, 강박장애 환자들이 저장증상을 지니고 있는 것으로 추정되는 비율은 낮게는 7%에서 높게는 54%로 변산이 크고, 전형적인 강박장애 집단을 대상으로 Y-BOCS를 사용한 연구에 의하면 씻기나 점검 증상에 비해 저장증상은 드문 것으로 보고되고 있다(Frost et al., 1996; Frost & Gross, 1993;

Rasmussen & Eisen, 1992; Saxena et al., 2002). 또한 Y-BOCS에 대한 요인분석이나 다양한 유형의 강박증상에 대한 치료효과 분석을 통해서 볼 때, 저장증상은 다른 유형의 강박증상과는 분리된 독립된 요인을 갖는 것으로 보인다(Black et al., 1998; Leckman et al., 1997; Mckay et al, 2004). 상관연구의 결과에서도, 강박증상은 저장증상보다는 점검이나 의심과 높은 상관을 보였고, 파두어 강박질문지(Padua Inventory: PI)의 정신적 통제 실패 요인과 높은 상관을 보였다(Frost & Gross, 1993; Frost et al., 1998).

저장장애라는 동일한 진단을 받았다 하더라도 그 증상을 초래된 경로나 그 증상의 유형들은 상당히 이질적이다. 예를 들어, 치매나 디오게네스 증후군(Diogenes syndrome)에서 보이는 저장증상은 수집하는 물건들도 다를 뿐 아니라 질병 경로 역시 다르며 하위 유형을 구분해야 한다는 의견도 제기되었다. 치매나 자기방치(self-neglect)를 보이지 않는 대부분의 저장장애자들은 비교적 쓸 만한 일상적 물건들(종이, 옷 잡지, 신문 등)을 수집하는 반면, 치매나 자기방치가 동반된 저장행동을 보이는 사람들은 대부분 전혀 쓸모없는 쓰레기들을 모으는 경향이 있기 때문이다(Clark et al., 1975; Vostanis & Dean, 1992).

요약하면, '저장행위' 혹은 소유물을 잘 버리지 못하는 경향성은 일찍부터 강박성 성격 경향의 핵심 특징으로 간주되어 왔고, 강박장애로 진단될 수 있는 사람들은 어린 시절부터 강박성 성격 경향을 지니고 있다고 여겨져 왔기 때문에, 강박장애와 저장장애는 동일한 병리적 계열에 속하는 장애들일 가능성이 높다. '강박 관련 장애'로 함께 묶이게 된 것도 그러한 연관관계를 시사하는 몇몇 연구 결과에 바탕을 둔 것이긴 하지만, DSM-5에 와서야 '저장장애'라는 독립된 진단범주로 포함되었듯이, 이 장애의 발병률이나 공존질환 등을 확인하기에 충분한 역학 연구는 거의 되어 있지 않으며, 원인이나 강박장애와 어떻게 관련될 수 있는지에 대해서는 아직 합의에 이를 수 있을 정도의 충분한 연구 결과들이 축적되지는 못하였다. 예를 들어, 생의 초기에 겪은 결핍경험, 기아가 미치는 효과에 대한 연구에 참여했던 사람들이 음식 결핍이 이어지자 그에 따라 저장행동이 증가했다는 보고가 있었고(Shafran & Tallis, 1996), 초기 애착 상실의 경험에 대한 보상행동일 가능성 등이 제기되어 왔지만(Frankenburg, 1984), 그러한 각각의 가설들을 뒷받침할 만한 경험적 연구 결과들이 아직은 충분치 못하다.

〈표 4-8〉 예일-브라운 강박척도(Y-BOCS) 증상 질문지의 '저장 · 보관' 관련 항목

저장 · 보관 강박사고, 강박행동	예
저장 혹은 보관과 관련된 강박사고	• 앞으로 필요할지도 모르는 일견 중요하지도 않은 물건들을 버릴 것에 대한 걱정 • 불필요한 것들을 선별하고 수집하려는 충동
저장하고 모아 두려는 강박행동	• 옛날 신문, 공책, 깡통, 종이 타월, 포장지, 빈병 등 언젠가는 필요할지도 모르는 것들을 버릴 것에 대한 두려움 때문에 그것들을 모아 둔다. • 길거리나 쓰레기통에서 불필요한 물건들을 골라 온다.

기타 유형

지금까지 언급한 강박증상 유형으로 분류하기 어려운 다양한 강박증상이 있다. 의례적으로 특정한 숫자를 반복해서 센 후에야 어떤 특정한 행동을 행하는 경우가 대표적인 예이다. 그 숫자 세는 행동 없이는 어떤 행동을 개시하지 않으려 하며, 만일 그 숫자 세기 행동이 방해를 받을 경우 다시 처음부터 시작해야 한다. 특정한 행동을 개시할 때만 그런 의례적 숫자 세기를 행해야 하는 경우가 더 많지만, 일상의 다양한 행동들로 확산되어 있는 경우도 있다. 이러한 강박행동은 대개 씻기나 점검하기와 같은 다른 유형의 강박증상과 함

께 묶여 있다. 이러한 숫자 세기 강박증상은 다른 유형의 강박증상보다 정신병적 특징을 지닌 강박장애인 경우에 더 많이 발견된다는 보고가 있다(Eisen & Rasmussen, 1993). 특이한 것은 그들이 다루는 그 숫자에 행운이나 불행의 의미를 부여하면서 다른 마술적 강박행동들이 뒤따를 수 있다는 점이다. 이처럼 숫자와 관련된 것들 이외에도 색깔이나 특정한 단어들이 관련될 수 있으며, 하나의 유형으로 분류하기 어려운 다양한 강박적 사고, 그리고 그와 관련된 강박행동들이 있을 수 있다.

〈표 4-9〉 예일-브라운 강박척도(Y-BOCS) 증상 질문지의 '기타' 항목

기타 강박사고	예
무엇을 알거나 기억해야 한다는 생각	• 운전면허증의 발급번호, TV 쇼에 나오는 배우의 이름, 옛날 전화번호, 자동차 범퍼 스티커나 티셔츠에 적힌 글자 등과 같이 중요하지 않은 것들을 기억해야 한다는 믿음
무엇을 말할 것에 대한 두려움	• 미신 때문에 13과 같은 특정한 단어를 말하는 것에 대한 두려움 • 고인의 명예를 더럽힐지 모르는 어떤 말을 할지 모른다는 두려움 • 단어를 사용할 때 생략부호를 쓰는 것에 대한 두려움
올바르게 말하지 못할 것에 대한 두려움	• 잘못된 말을 하지 않았는지에 대한 두려움 • 완벽한 단어를 사용하지 못할 것에 대한 두려움
물건을 잃어버리는 것에 대한 두려움	• 지갑 혹은 종이 조각과 같이 중요하지 않은 다른 물건들을 잃어버릴 것에 대한 두려움
침습적 이미지(폭력적이지 않은)	• 원치 않는 어떤 이미지들
침습적인 무의미한 소리, 단어 혹은 음악	• 단어, 노래, 음악소리가 마음속에 떠오르지만 멈출 수가 없다.
어떤 소리·소음에 의해 고통받음	• 시계의 초침이 똑딱거리는 소리 혹은 다른 방에서 들리는 목소리 때문에 잠을 자지 못한다.

행운 · 불운의 숫자	• 13 같은 숫자에 대한 걱정 때문에 특정한 횟수만큼 행동을 반복하거나, 행운을 불러오는 어떤 특정한 날의 특정한 시간이 되기 전까지 그 행동을 미룬다.
특별한 의미를 지니고 있는 색깔	• 검은색은 죽음과 관련이 있으며 붉은색은 피나 상처와 관련이 있을 수 있다는 등의 생각 때문에 특정한 색을 지닌 물건을 사용하는 데 대한 두려움
미신적 두려움	• 묘지, 영구차, 검은 고양이를 지나칠 것에 대한 두려움 • 죽음을 암시하는 징조들에 대한 두려움
질병 및 신체와 관련된 강박사고	• 의사나 주위 사람들이 그렇지 않다고 확신시켜 주었음에도 불구하고 암이나 심장질환 혹은 AIDS에 걸릴 것에 대한 두려움 • 얼굴이나 신체의 한 부분이 추하게 생겼다는 걱정
기타 강박행동	**예**
점검이나 숫자 세기를 제외한 기타 정신적 의례행동	• 마음속으로 기도를 하거나 나쁜 생각을 취소하기 위해 좋은 생각을 하는 일련의 의례적 행동(불안을 없애거나 더 기분이 좋아지기 위해 의도적으로 행한다는 점에서 강박사고와는 다르다.)
말하거나 묻거나 고백해야 한다는 충동	• 확신을 얻기 위해 사람들에게 되묻고, 한 적이 없음에도 잘못된 행동을 고백하고, 다른 사람에게 특정한 말을 해야 기분이 좋아질 것이라고 믿는다.
만지고 두드리고 문지르려는 충동	• 나무와 같은 거친 표면 혹은 난로 위의 철판과 같이 뜨거운 표면을 만지려는 충동 • 타인과 가볍게 접촉하려는 충동, 가족의 질병을 예방하기 위해 전화기와 같은 물건을 만져야 한다는 믿음
자신과 타인에게 해를 끼치거나 끔찍한 결과가 초래되는 것을 예방하기 위한 점검행동 이외의 다른 수단	• 칼, 가위, 혹은 깨지기 쉬운 유리와 같이 날카롭거나 깨질 수 있는 물건들로부터 멀리 떨어져 있으려 한다.
의례화된 식사행동	• 식사 전에 음식, 나이프와 포크를 특정한 순서로 배열하며, 엄격한 규칙에 따라 식사를 하며, 시계바늘이 정확하게 특정한 시각을 가리키기 전까지는 먹을 수가 없다.

미신적 행동	• 버스나 기차의 번호가 '불행한' 숫자를 포함하고 있으면 탈 수 없거나, 13일에는 집에만 있으려 하고, 장례식이나 공동묘지를 지나칠 때면 입고 있던 옷을 벗어 던지는 행동
숫자 세기를 반복	• 천장이나 바닥의 타일, 책꽂이의 책, 벽에 박힌 못, 혹은 심지어 해변가의 모래알의 개수를 세는 행동 • 씻기와 같은 특정한 행동을 반복할 때 그 횟수를 세는 행동
반복하는 행동(되풀이해서 읽거나 쓰는 행동, 정해진 순서로 반복하는 행동)	• 읽은 것을 다시 읽거나 쓴 것을 다시 쓰는 행동으로 인해 몇 페이도 안 되는 책을 읽거나 글을 쓰는 데 수 시간이 걸린다. • 방금 읽은 것을 이해하지 못했을까 봐 걱정하거나 완벽한 단어와 문장을 찾으려 애쓰거나, 책에 인쇄된 특정한 모양의 문자에 관한 강박적 사고를 지니고 있다. • 정확한 횟수를 반복하지 않으면 불편하기 때문에 전열기의 스위치를 반복해서 껐다가 켜거나, 빗질을 특정한 횟수만큼 반복하거나 현관문을 들락날락하거나 특정한 방향을 쳐다보는 등의 행동을 반복한다.

강박장애(OCD)와 강박성 성격장애(OCPD)

'강박(obsessive-compulsive)'이란 명칭을 공유하고 있기 때문에, 강박장애와 강박성 성격장애(Obsessive-Compulsive Personality Disorder: OCPD)라는 두 진단 명칭이 지칭하는 병적인 실체에 공통점이 있다거나 동일한 병인론적 차원에 속하는 것으로 생각하기 쉽다. 하지만 현재의 진단체계인 DSM-5나 ICD-10은 모두 가급적 병인론적 관점을 배제하고 객관적 진단기준을 설정하여 진단자 간의 일치율을 높이려는 방향으로 발전하여 온 분류체계이며, 현재 각각을 다른 진단 범주에 독립적으로 배치하고 있고, 세부 진단기준상에서도 직접적으로는 중복되는 부분이 없으므로, 현재의 진단체계에 기술된 두 장애의 진단기준만 보아서는 두 장애가 어떤 관련성이 있다고 추론할 만한 근거를 찾기는 어렵다. 즉, 현재의 진단체계하에서는 두 장애를 각각 독립적으로, 그리고 어떤 경우에는 중복 진단할 수도 있다. 그렇기는 하지만 강박장애에 대한 초기 연구자들은 물론이고, 이후의 연구에서도 강박성 성격 특성이 강박장애와 관련이 있음을 시사하는 경험적 연구들이 상당수 보고되어 왔다. 다만 일관된 방향을 시사하지 않는 연구 결과 역시 존재하고 있기 때문에 현재로서는 어떤 확고한 결론을 내리기는 어려운 상태이다.

이러한 모호성이 생기게 된 가장 근본적인 문제는 이 두 장애의 명칭과 진단적 개념화가 동시기에 대부분의 연구자가 합의할 수 있는 분명한 기준에 의해 개념화된 것이 아니라는 점에 있다. 정신의학의 역사에 있어서 '강박 신경증' 혹은 강박장애라는 병리적 실체에 대한 개념화가 먼저 이루어졌고, '성격장애'라는 진단적 개념은 보다 후기에 정립된 것이며, 그 성격장애 중의 하나인 강박성 성격장애는 이미 있던 강박장애와는 직접적 관련 없이, 즉 두 장애의 관계에 대한 철저한 병인론적 · 증상학적 관련성에 대한 검토를 거친 끝에 성립된 진단적 실체가 아니다. 따라서 두 장애가 각각 독립적인 것처럼 가정한 채 그 관련성을 탐색하는 연구나, 독립적인 것이 아닌 어떤 관계를 가정하며 이루어지는 연구나 그 결과들 간의 관계를 일관된 병리학적 체계하에서 배열하기 어렵다는 데 근본적인 문제가 있다.

이 장에서는 강박장애와 강박성 성격장애라는 진단적 개념이 역사적으로 각각 어떤 정립과정을 거쳤는지 초기의 연구자들의 관점을 살펴보고, 이후 이어진 경험적 연구 결과들은 어떤 결과들을 산출해 왔는지 개관해 본 후에, 이 두 장애를 어떤 관련성하에서 바라보아야 할지 혹은 두 장애의 관계를 보다 명확히 설정하기 위해서 향후 어떤 측면들에 대한 연구가 진행되어야 하는지를 탐색해 보고자 한다.

역사적 맥락: OCD와 OCPD의 개념화

'강박'이라는 명칭을 공유하고 있다는 점은 뭔가 이 두 장애 간에 관련성이 있음을 암시하지만, 어떤 관련성이 있는지 그리고 언제부터 왜 이런 명칭을 공유하게 되었는지는 불분명하다. 현재의 진단체계하에서는 두 장애가 동일한 명칭만을 공유하고 있을 뿐이지 그 관련성을 언급하고 있는 부분은 찾아볼 수 없으며, 또 각기 다른 진단 범주에 배치되어 있기 때문에, 독립적으로 동시에 진단이 내려질 수도 있고 아닐 수도 있다.

역사적으로 볼 때, DSM-III 이전까지, 그리고 미국에서 진단체계가 만들어지기 이전의 유럽 대륙에서는 지금과 같은 별도의 분리된 진단 명칭이 존재하지 않았다. Janet는 '강박신경증'이란 하나의 명칭만 사용하였고, 강박신경증을 포함하여 뚜렷하게 형태를 갖춘 다양한 유형의 신경증으로 발전하기 전 단계의 모호하게 취약한 상태를 기술하기 위해 '정신쇠약적 상태(psychasthenic state)'란 명칭을 사용하였다. 강박장애의 전조라고 할 수 있는 이러한 정신쇠약 상태의 핵심을 그는 '불완전함에 대한 감각'이라 불렀는데, 이는 자신이 이미 행한 행동이나 의도가 스스로에게 완벽하지 못하게 지각되는 상태를 의미하며 이러한 상태가 하나의 특성으로 굳어지면 매사에 확신을 가질 수 없고, 우유부단하고, 불완전감(incompleteness)에 빠지는 것을 특징으로 하는 정신쇠약증(psychasthenia)에 이르게 되고, 보다 뚜렷한 형태의 강박신경증으로 발전할 수 있다고 보았다(Pitman, 1984 재인용). 물론 그가 기술하고 있는 '정신쇠약증'이 오늘날의 강박장애의 증상들과 유사한 측면이 많았지만, 오늘날처럼 강박장애와 강박성 성격장애를 구분했던 것은 아니며, 그는 진단 명칭을 너무 세분화하는 것보다는 공통된 기저의 메커니즘에 의해 통합적으로 사용하길 더 선호했던 것으로 보인다.

Freud 역시 이론적으로나 현상적으로나 강박장애와 강박성(항문적) 성격이 밀접한 관계가 있는 것으로 보았다. 물론 그가 살았던 시기에는 '성격장애'란 개념이 통용되지는 않았고, 그 자신도 성격에 있어서 '장애'란 개념을 도입할 생각이 별로 없었던 것 같다. 다만, 그는 성 본능의 발달과정에서 성기기 이전의 전(前) 성기기적 발달 단계를 제시하면서 강박신경증에 잘 걸리게 만드는 성격적 소인을 언급하고 있고, 강박신경증(강박장애)은 이미 극복해 온 성기기 바로 이전의 항문 성애적 단계로 다시 퇴행한 결과라고 설명한다(Freud, 1913b). 그는 이러한 항문 성애적 단계로의 퇴행상태가 우세한 성격 특성을 **'항문적 성격**(anal character)'이라 언급했고 이 성격의 핵심 특징으로 '질서' '절약' '고집'이라는 세 가지 특징을 열거하고 있을 뿐이지, 그것을 성격에 있어서의 장애(예: '항문적 성격장애')라는 개념으로 확장하지는 않았다. 다만, 이 항문적 성격이 이후 강박신경증을 유발하기 쉽게 만드는, 즉 다양한 신경증의 유형 중에서 강박신경증의 형태를 선택하게 만드는 기질 혹은 발달적 취약성이라고 보았다(Freud, 1908).

Freud가 기술한 이러한 항문적 성격의 핵심 특징들은 이후 DSM 진단체계에서 '성격장애'란 진단 범주와 기준이 설정되면서, 그 성격장애들 중의 하나인 강박성 성격장애를 정의하는 핵심 기준으로 여전히 이어져 오고 있다. 요컨대, 오늘날 정의되는 '강박성 성격장애'는 Freud가 기술한 항문적 성격 특징의 핵심 특징을 계승한 것으로 볼 수 있고, 단지 그 항문적 성격이 현실생활에 있어서 부적응적인 수준까지 이르렀을 때 '장애' 범주로 분류한 결과로 볼 수 있다. 단, DSM 진단체계가 강박성 성격을 기술하는 핵심 내용은 Freud의 그것을 이어받고 있다고 할 수 있지만, Freud가 생각했듯이 강박성 성격이 강박장애의 소인이나 바탕이 된다는 원인론적 혹은 발달적 연계성을 언급하는 내용은 배제하고 있다. 결과적으로, 현재 DSM의 진단분류에서는 이러한 원인론적 연결고리를 배제함으로써, 강박성 성격장애와 강박장애라는 두 장애는 서로 독립적으로 기술되고 있으며, 두 장애는 동시에 진단이 내려질 수도 있고 아닐 수도 있는 상태가 되었다. 다른 식으로 말한다면, 현재의 진단체계는 강박장애와 강박성 성격 간의 관계에 대한 결론을 향후의 경험적 연구들이 누적되어 어떤 합의점에 다다를 수 있는 지점으로 유예해 둔 결과라고도 볼 수 있다.

Schneider 역시 강박장애를 유발하는 취약한 성격 유형이 존재한다고 보았다. 그는 병적인 인격의 유형을 크게 '기분이 지나치게 들뜨기 쉬운 유형(hyperthymische)'과 그 반대쪽의 극단에 있는 '우울질적 유형(depressive psychopathen)'으로 분류하면서, 후자의 우울질적 유형과 가까운 곳에 오늘날의 강박성 성격으로 분류할 수 있는 인격 유형으로 '자신 결여성 인격유형(selbstunsichere Psychopathen)'을 제시하고 있다. 이 인격 유형의 주된 특징은 인생 문제들에 대한 불확실한 느낌과 자신에 대한 확신이 결여되어 있다는 점이다. 이들의 자신감 결핍은 윤리적인 측면에서 두드러질 수 있는데, 끊임없이 양심의 가책에 시달리고, 모든 불행한 일의 원인이 자신인 것처럼 자책하며, 과장된 양심성과 결벽성으로 고통 받는 사람들이다. Schneider는 DSM의 진단기준이 강박성 성격과 강박장애를 별개의 보는 것으로 보는 것과는 달리, DSM이 강박장애의 핵심적 진단적 특징으로 열거하고 있는 강박적 과정은 이러한 자신 결여성 병리적 인격 기질의 토대 위에서 발생하는 것으로 보았다. Freud가 '항문적(강박성) 성격'으로 불렀던 것과는 달리, Schneider는 이러한 인격적 바탕 위에서 발생하는 것으로 보이는 이러한 강박증을 지닌 사람들을 '속박성(anankastische)' 성격장애자 또는 '강박정신병질자(Zwangpsychopathen)'로 부르는 게 낫겠다고 말했다. 그가 말한 'anankastische'라는 용어는 ICD-10에서 분류하는 강박성 인격장애(anankastic personality disorder)로 이어지고 있는데, 이 용어의 어원적 의미는 운명의 여신인 아난케(Ananke)에서 유래하는 것으로, 어떤 운명적이고 필연적인 외적인 힘에 의해 강제당하는 것처럼 보이는 사람들을 지칭하기 위해 사용되었다.

요약하자면, 이들 주요 이론가는 오늘날의 명칭인 '강박장애'가 나타내는 현상학적 측면에 먼저 집중하였고 그것을 강박신경증(혹은 정신쇠약증)이라 불렀으며, 그 강박신경증적 병리현상을 유발하는 어떤 기저의 성격적 취약성이나 성향의 하나로서 막연하게 '강박성 성격'을 생각해 왔던 것 같다. 어쩌면 이것은 당연하면서도 합리적인 순서일 수 있다. 직접적으로 관찰할 수 있는 병리적 현상에 먼저 집중하게 되는 것이 당연하며, 그 현상을 먼저 정확하게 관찰한 후에라야 그 배후에 있으리라고 가정할 수 있는 보다 근원적인 소인을 타당하게 개념화할 수 있고 또 그것이 자연스럽기 때문이다.

OCD와 OCPD: 현대의 진단기준과 쟁점

강박장애와 강박성 성격 사이에 관계가 있을 것이라는 이러한 암묵적인 생각들은 이후 DSM이라는 진단체계가 만들어진 이후에도 한동안 지속되었다. 예를 들어, DSM-II에서 '성격장애'라는 독립적인 진단 범주가 처음으로 만들어졌을 때도, '강박성 성격'을 기술하는 내용 가운데 "이 성격 특성을 지닌 사람들이 강박장애로 발전될 수 있다."라고 명시되어 있다(APA, 1968). DSM-III(APA, 1980)에서 처음으로 다축적 진단체계가 도입되어 성격장애를 축II의 독립된 하위 진단명으로 진단할 수 있게 되면서 이러한 관련성에 대한 언급은 사라졌고, '변별진단'을 위한 서술 속에서 진단기준을 충족한다면 두 개의 진단이 동시에 내려질 수 있지만, 그 진단적 정의에 의해 "강박성 성격장애에서는 강박장애에서 나타나는 진성(true) 강박사고(obsessions)와 강박행동(compulsion)이 없다."라고 기술하고 있다.

DSM에서 이러한 독립된 진단기준이 마련되고 두 장애의 관련성을 기술하는 내용이 사라진 이후에도 강박장애 환자들에게서 다른 성격장애보다 강박성 성격장애가 더 빈번하게 관찰된다는, 즉 두 장애의 동시 발생률이 높다는 것을 보여 주는 연구들은 이어져 왔다(Black et al., 1993; Rasmussen & Tsuang, 1986). 다축 진단 방식을 도입한 DSM-III와 DSM-IV에서조차 축I 장애인 강박장애와 축II 장애인 강박성 성격장애가 여전히 '강박적'이라는 공통된 명칭을 유지하고 있었던 이유는 바로 이러한 연구들에서 시사되는 두 장애의 연결관계를 부인하거나 관계를 재정립하게 만들 수 있는 경험적 연구 결과들이 적었기 때문으로 볼 수 있다(Wu et al., 2006).

그러나 어쨌든 현재의 진단체계에서 강박장애와 강박성 성격장애는 관련성이 없는 독립된 진단이 내려질 수 있는 방식으로 분류되어 있다. 단, 현재 정의하고 있는 강박성 성격장애의 세부 진단기준들은 잠재적으로 강박장애로 진단내릴 수 있는 사람들과 긴밀한 관계를 암묵적으로 내포하고 있을 만한 측면들은 발견된다. 먼저, DSM-5의 강박성 성격장애 진단기준을 살펴보자.

1) OCD와 OCPD의 연결점: DSM-5의 진단항목

DSM-5에서는 성격장애의 유형을 크게 세 군집으로 나누어서, 강박성 성격장애(Obsessive Compulsive Personality Disorder: OCPD)는 이 중 세 번째 군집에 속하는 성격장애 중 하나로 분류하고 있다. 이 세 번째 군집에 포함되는 성격장애는 회피성 성격장애, 의존성 성격장애, 그리고 강박성 성격장애이다. 이 세 성격장애들은 모두 '불안'과 '공포' 상태에 이르기 쉽다는 공통점을 지닌다. 강박성 성격장애의 구체적인 진단기준은 다음과 같다(APA, 2013).

질서정연함, 완벽주의, 그리고 마음 및 대인관계에 대한 통제에 집착하는 광범위한 패턴을 보이는데, 이로 인해 유연성, 개방성, 효율성이 희생되며, 이러한 양상은 성인초기에 시작되고 다음의 여덟 가지 중 네 가지 이상의 다양한 맥락에서 나타날 수 있다.

① 사소한 세부사항들, 규칙, 목록, 순서, 구조, 혹은 계획에 너무 집착하는 나머지 그 일의 주목적이 무엇인지 망각할 정도에 이른다.

② 과업 완수에 지장을 줄 정도의 완벽주의를 보인다(예: 스스로 설정한 기준이 지나치게 엄격하여 어떤 과제를 끝내지 못한다).

③ 여가나 친목 활동을 완전히 배제할 정도로 일과 생산성에만 과도하게 몰두한다(이는 분명히 경제적 궁핍 때문이 아니다).

④ 도덕, 윤리, 가치관의 문제에 있어서 지나치게 양심적이고 성실하고 융통성이 없다(이는 문화적 혹은 종교적 동일시의 결과로 설명할 수 없다).

⑤ 그 물건에 대해 이미 아무런 정서적 가치를 느끼지 못하면서도 다 낡아 버린 혹은 무가치한 물건들을 버릴 수 없다.

⑥ 자신과 정확히 똑같은 방식으로 일할 것에 동의하지 않는 한, 타인에게 과업을 맡기거나 그들과 함께 일하지 않으려 한다.

⑦ 자기 자신이나 타인에게 모두 구두쇠 같은 소비 스타일을 적용한다; 돈이란 미래의 재난에 대비하여 저축해 두어야 할 대상으로 간주한다.

⑧ 경직성과 완고함을 보인다.

이러한 강박성 성격장애의 기술들은 모두 DSM-5에서 분류하고 있는 모든 성격장애의 공통된 진단기준인 '반복되는' '안정된' '광범위한(pervasive)' 행동 패턴을 묘사한 것이므로, 강박장애의 진단기준에서 제시하는 증상적 묘사와는 직접적인 연관은 없어 보인다. 강박장애의 진단기준들은 그러한 광범위한 행동 패턴보다는 개별 증상의 기술에 초점을 맞추고 있고, 그러한 증상이 얼마나 오랫동안 지속되어 왔는지에 대한 기간을 명시하지 않고 있기 때문이다.

그러나 '행동 패턴'에 초점을 맞춘다면, 강박장애의 진단기준 중 강박행동은 강박성 성격장애를 기술하고 있는 앞의 각 항목들과 관련될 수 있는 측면이 많다. 구체적으로 보면, 진단기준 1번은 강박장애 환자들의 여러 가지 증상 유형 중 '정렬 및 대칭'에 집착하는 유형과 연결될 수 있다. 정렬 및 대칭 관련 강박증상이 주된 강박장애 환자들 역시 문제의 본질보다는 그러한 사소한 규칙과 감각적 완벽성에 집착하는 것이기 때문이다. 2번 항목에서 기술하는 '완벽주의적 성향'은 강박장애 환자들의 반복되는 점검행위나 그러한 과도한 점검으로 인한 지연행동과 관련될 수 있다. 또한 4번 항목에서 기술하는 양심적 특성은, 위해 · 공격, 성적 · 종교적 강박사고 및 관련되는 강박행동 및 그런 강박행동을 보이는 사람들의 핵심 특징이라 할 수 있는 '과도한 책임감'과 연결될 수 있다. 또한 8번 항목의 경직성과 완고함 역시 정형화된 강박행동을 보이는 강박장애 환자들의 특성이기도 하다. 그들은 그러한 일정한 패턴의 행동에서 잘 벗어나지 못하며 그 행동만을 고집하기 때문이다. 한편, 5번 항목의 저장증상은 강박장애의 진단기준에는 포함되어 있지 않으나, 강박 관련 장애라는 큰 범주 내에서 '저장장애'의 진단기준과 겹친다. 나머지 항목들도 강박장애를 지닌 사람들의 행동 특성이나 기저의 성격과 간접적으로 관련되어 있을 가능성이 있다. 요컨대, 명시적인 진단기준의 세부내용만을 보면 두 장애는 서로 직접적인 관련은 없어 보이지만, 강박장애 진단기준을 충족하게 되면 강박성 성격장애의 진단기준 역시 충족될 수 있는 소지가 많으며, 강박장애 환자들이 보이는 그런 증상 특징들이 오랜 기간 반복되어 정형화된 생활 패턴으로 굳어진다면 강박성 성격장애로 진단될 가능성이 높다.

진단기준의 항목들만으로 추론해 볼 수 있는 이러한 개념적 관련성이 경험적으로 어느 정도 지지될 수 있는지를 밝혀 줄 수 있는 직접적 근거를 제시해 줄 수 있는 연구 결과는 아직 충분치 않다. 강박성 성격은 발달과정을 통해 형성되는 특성의 차원이며, 강박장애는 주로 사고와 행동의 차원에 초점을 맞춘 증상의 차원이므로 충분한 규모의 사례들을 종단적으로 면밀하게 관찰해 보아야 분명해질 수 있는 문제이기 때문이다. 다만, 직접적 증거는 아니지만, OCD와 OCPD의 관련성에 대해서는 두 장애의 공병률에 대한 연구, 또는

OCD 혹은 OCPD만 단독으로 진단된 집단과 두 장애를 동시에 지닌 집단을 다양한 측면에서 비교해 보는 그간의 연구 결과들을 검토해 볼 필요가 있다.

2) OCD 단독 혹은 OCPD 공병 장애는 어떻게 다른가

만일 OCD만 혹은 OCPD만을 단독으로 가진 집단이 서로 뚜렷하게 구분될 수 있을 만한 어떤 병리적 측면들이 일관되게 발견된다면, 이 두 진단명을 분리해서 기술하고 명칭을 부여하는 것이 타당할 것이다. 반면에, 두 장애로 진단된 집단의 구성원들에게서 연관성이 더 자주 관찰되거나 두 장애를 동시에 지닌 집단 역시 자주 관찰되면서 그 경계를 구분하기 어려운 특성들이 많이 발견된다면, 이 두 장애를 독립적으로 개념화하여 진단체계에 배치하는 것보다는 두 장애의 공통 속성을 기준으로 한 더 큰 범주에 소속시키는 것이 더 타당한 분류일 수도 있다. 충분치는 않지만 현재까지 이러한 의문점들을 해소하기 위해 어느 정도의 연구 성과는 축적되어 있다고 볼 수 있다.

먼저, OCPD와 OCD 각각의 진단기준들이 얼마나 연관성이 있는지를 검토해 볼 필요가 있다. DSM-III-R의 진단기준을 적용했을 때, OCPD의 진단항목 중 OCD 집단 역시 공유하고 있는 특성이 무엇인지 살펴보면, 대부분의 OCD 집단은 완벽주의(82%)와 우유부단성(70%)을 지니고 있지만, OCPD의 그 외 다른 항목의 특성들(제한된 정서성, 성취에 대한 과도한 몰두, 경직성)은 드물었다(Eisen & Rasmussen, 1991). 한편, DSM-IV의 진단기준을 적용했을 때, OCD를 공병장애로 지니고 있는 OCPD는 여덟 가지의 진단항목 중 세 가지 영역(저장, 완벽주의, 세부에 대한 집착)에서만 OCD가 없는 OCPD 집단보다 유의하게 더 높은 빈도를 보였다(Eisen et al., 2006).

다음은 OCPD를 공병장애로 지니고 있는 OCD와 그렇지 않은 OCD 간에 어떤 차이점이 있는지에 대한 연구 결과들이 있다. DSM-IV 기준에 의해

OCD로 진단된 238명의 성인 환자를 대상으로 한 연구에서(Coles et al., 2008) OCPD를 함께 지니고 있는 OCD 환자 집단은, 발병 연령이 더 어리고, 진행 경과가 더 점진적인 경향이 있었고, 각 강박증상의 개수도 더 많이 보였고, 부적응도 더 심하게 관찰되는 등, 장애의 발병 연령이나 진행 경과의 측면에서 전체 OCD 집단에서도 이질적인 집단일 가능성도 제기되었다. 이와 유사한 결과가 또 다른 연구자에 의해 보고되었다. OCD로 진단된 146명의 환자 가운데 31%가 OCPD가 공존하였으며, 이처럼 OCPD를 공병질환으로 지니고 있는 OCD 환자들은 그렇지 않은 집단의 환자들보다 강박증상을 최초로 보였던 시기가 더 빨랐고(13세 vs. 17세), 회피성 성격 경향을 지닌 사람이 더 많았으며 GAF(General Adaptation Function) 점수로 측정한 부적응의 정도도 더 심했고, Y-BOCS로 측정한 강박증상 중에서 대부분의 강박행동이 더 빈번했으며, 강박사고 중에서는 저장·대칭·의심 강박사고가 더 빈번했던 반면, 공격적·신체적·성적·종교적 강박사고에서는 차이가 없었다(Garyfallos et al., 2010). 그러나 OCPD가 공존하는 집단과 아닌 집단 간에 발병 연령, 성별 차이, 교육 수준, 경과, 심각도 등 여타 인구학적 자료 등에서 유의한 차이를 보이지 않았다는 결과도 보고된 바 있다(Albert et al., 2004). 또한 유전적 측면까지 검사한 또 다른 연구(Lochner et al., 2011)에서는 OCD만 있는 집단과 OCPD와 공병된 집단 간에 나타나는 이러한 이질성이 유전자 수준에서는 나타나지 않았고, 발병 연령에서도 차이를 보이지 않았지만, 증상의 심각도와 평생에 걸친 장애의 심각도라는 측면에서는 OCPD를 동시에 지니고 있는 OCD 집단이 큰 것으로 나타났다.

한편, 충동성의 측면에서 두 집단이 차이를 보인다는 결과도 보고된 바 있다. 예를 들어, OCD나 OCPD만 지니고 있는 집단, 두 장애가 공존하는 집단 및 정상 통제집단의 특성을 비교한 연구에서(Pinto et al., 2014), OCD 환자들만이 강박사고를 보였고, OCD가 공존하건 하지 않건 상관없이 OCPD로 진단될 수 있는 집단의 환자들은 나머지 집단에 비해 즉각적인 보상을 지연시킬 수 있는 능력(즉, 자기통제 능력)이 더 우수하였다고 보고한다. 즉, OCD만을 지닌 사람들은 OCPD가 공존하는 집단에 비해 더 충동적인 특성이 강하다는 것을 보여 주었다.

Baer(1994)는 107명의 OCD 집단에게 Y-BOCS를 실시하여 요인분석을 해 본 결과, '대칭 · 저장' '오염 · 세척' '순수 강박사고'로 이름 붙일 수 있는 세 가지 요인 구조가 Y-BOCS를 가장 잘 설명한다는 것을 발견하였고, 이 중 첫 번째 요인인 '대칭 · 저장' 요인만이 공존장애로 지니고 있는 OCPD와 유의한 상관을 보였다고 하였다. 그는 또한 OCPD의 요인들 중 강박증상의 변량을 가장 많이 설명할 수 있는 요인이 세 가지 유형(사소한 세부에 대한 집착, 완벽주의, 저장)이라는 것을 발견하였고, 이를 '**일차적 OCPD 요인**(primary OCPD factor)'으로 불렀다. OCPD의 이러한 특징이 OCD와 관련된다는 결과는 이후의 몇몇 연구에서도 지지되었다. 예를 들어, Eisen 등(2006)은 Baer가 말한 이러한 일차적 요인들이 OCD 환자들의 강박 증상 중에서 대칭, 정렬, 반복, 숫자 세기, 저장 증상과 가장 높은 상관을 보였다고 보고하였으며, Mataix-Cols 등(2000)은 강박증상의 전반적인 심각도와는 관계없이, OCD 집단에서 성격장애를 동시에 가지고 있을 가능성을 가장 강력하게 예언하는 증상 요인은 저장증상이라고 보고했다.

이러한 연구 결과들은, OCD와 OCPD가 전체는 아니나 특정한 영역에서는 관련되는 요인을 공유하고 있지만, 어떤 특정한 측면(예: 충동성)에서는 이질성을 지니고 있을 가능성을 시시한다. 다시 말해, 적어도 어떤 특정한 강박장애의 증상 유형(예: 사소한 것에 대해 집착하거나 물건을 버리지 못하고 쌓아 두는 것과 같은 저장증상 등)은 상황적 요인보다는 이미 지니고 있는 성격적 기질(즉, 강박적 성격 경향)로부터 파생되어 나온 것일 수 있다는 가설을 세워 볼 수 있다. 아울러, 아직 충분한 경험적 자료가 누적되었다고 보기는 어렵지만, 이러한 몇몇 연구 결과는 OCD와 OCPD를 동시에 지니고 있는 집단은 OCPD 집단이나 OCD 집단 중에서도 특수한 범주에 속하는 하위 유형일 수 있다는 가능성을 시사한다.

(1) 가족력에서의 차이

만일 OCD와 OCPD가 원인론적으로 같은 차원에 속한다거나 두 장애의 발생 기제가 서로 연관되어 있다면, 두 장애는 생물학적인 측면에서도 공유된 요인을 지니고 있어야 한다. 즉, 두 장애는 동일한 유전적 소인의 바탕 위에서 발생하며, 따라서 두 장애가 동시에 높은 가족력을 보이는지를 살펴볼 필요가 있다. 그러나 현재까지 이러한 유전적 연구 혹은 가족력에 대한 잘 통제된 연구 결과는 매우 드물다.

OCD를 지닌 아동의 부모에게서 강박성 성격 특성이 더 자주 관찰된다는 몇몇 보고가 있었다(Geller et al., 1998; Lenane et al., 1990). 또한 OCD의 일급 친족 내에서 다른 어떤 성격장애 특성들보다 OCPD의 발생 빈도(11.5%)가 통제집단의 일급 친족들 내에서 보다 더 높은 빈도(5.8%)로 발생하였는데, 강박성 성격과 신경증적 경향성은 OCD를 초래하는 공통된 생물학적 유발인자가 존재할 가능성을 시사하는 것이다(Samuels et al., 2000). 더 드물기는 하지만 종단적 연구도 있었다. Thomsen과 Mikkelsen(1993)은 OCD 때문에 입원한 아동들과 다른 정신과적 문제로 입원한 아동들의 치료적 경과를 관찰한 결과, OCD가 성인기까지 지속된 아동들은 더 이상 OCD가 진행되지 않은 아동들에 비해 성인기에 OCPD가 더 흔했다고 보고했다. 그러나 그 이후의 종단적 연구에서는 비일관된 결과가 보고되기도 하였다. 치료과정에서 OCPD가 개선되었지만 OCD도 개선된다는 것을 보여 줄 수 있는 증거는 발견하지 못했다(Shea et al, 2004). 그러나 또 다른 연구에서는 입원 초기에 OCPD가 공존했던 OCD 환자들의 경우 강박증상에 있어서 2년 후의 치료적 경과가 더 좋지 못했다는 보고도 있었다(Eisen et al., 2006). 이러한 종단적 연구는 OCD를 유발 혹은 악화시키는 요인으로서 강박성 성격 경향이 어떤 역할을 하는지를 가장 분명히 밝혀 줄 수 있는 방법이긴 하지만, 아직은 어떤 확고한 결론에 이를 만큼 충분한 연구가 이루어지지 못한 상태이다.

(2) OCD 환자들의 성격장애 공병률

진단기준만을 통해서 찾아볼 수 있는 개념적인 연관성이 실제로 어느 정도 나타날 것인가? 이에 대한 답을 찾기 위해 실제로 OCD를 지닌 사람들이 DSM에서 분류하는 성격장애 유형들 중 어떤 유형에 더 집중되어 있는지를 객관적 분류와 측정방법을 통해 살펴본 연구들이 있어 왔다. 즉, OCD로 진단된 사람들 중 어느 정도가 성격장애로 동시에 진단될 수 있는지, 그리고 OCD 환자들이 성격장애를 갖는다면 그중에서 어떤 성격장애가 가장 많이 진단될 수 있는지를 알아보는 것이다.

OCD와 OCPD의 공병률을 살펴본 초기 연구들은 다른 장애들보다도 이 두 장애가 공병률이 높다는 것을 보여 주었다. 강박장애, 주요우울장애, 공황장애 환자들 가운데 OCPD 진단을 충족할 수 있는 사례가 얼마나 되는지를 조사해 본 결과, 공황장애나 주요우울장애 환자집단보다 OCD 집단에서 유의하게 더 많은 OCPD 진단이 내려질 수 있다는 보고가 있었다(Diaferia et al., 1997; Sciuto et al., 1991; Skodol et al., 1995). 이후의 몇몇 연구에서도, DSM-IV 진단기준을 따를 때, 일반 인구 집단에서 OCPD의 유병률은 2% 정도 이하이지만, OCD를 지닌 사람들의 23~32%가 OCPD로 진단될 수 있으며, 이는 공황장애 집단이나 비임상군 비교 집단에 비해서 높은 비율이라는 것이 발견되었다(Pinto et al., 2006; Samuels et al., 2000). 그러나 OCD 이외의 다른 임상군에서 발생되는 OCPD의 유병률을 비교한 몇몇 다른 연구에서는 이러한 결과를 지지하지 않는 결과가 보고되기도 하였다. 예를 들어, OCD 집단 못지않게 범불안장애, 공황장애, 사회불안장애 집단에서도 OCPD의 유병률은 높았다(Albert et al., 2004; Mavissakalian et al., 1990; Sanderson et al., 1994).

〈표 4-10〉은 강박장애 환자들의 성격장애 공병률에 관한 주요 연구들을 요약한 것이다. OCD 집단이 어떤 유형이건 성격장애를 동시에 지니고 있을 가능성은 적게는 17%, 많게는 거의 90%까지도 보고되고 있다. 이 중 OCPD 진단을 동시에 받을 수 있는 사례는 적게는 6%, 많게는 55%에 이르기까지 그 범위가 매우 넓다. 이러한 연구들 중 DSM-III-R 기준을 적용한 1990년대 초반의 연구들에서는 OCD 집단에서 OCPD 이외의 다른 성격장애도 상당수의 비율로 관찰되었던 반면, DSM-IV 기준을 적용한 2000년대 이후의 연구들은 OCD 집단에서 OCPD와 회피성 성격장애만이 가장 높은 비율로 나타났고, 그 외 다른 성격장애 유형은 1% 남짓한 비율로 매우 드물게 나타나고 있어서 대조적이다.

요약하면, 이처럼 OCD 집단에서의 성격장애 유병률, 특히 OCPD의 유병률에 있어서 연구들마다 편차가 크게 나타나고 있는 등, 개별 연구들에서 보고하는 유병률만을 비교해 보는 것만으로는 OCD와 OCPD가 관련되어 있다는 분명한 결론을 얻기는 어렵다고 볼 수 있다. 물론 각 연구들에서 보고하는 결과가 일관되지 못하다고 해서 OCD와 OCPD 간에 관련이 없다고 결론 내릴 수는 없다. OCD 및 OCPD의 진단기준에 있어서 DSM-III와 DSM-IV에 변화가 있었고, 각 연구들마다 분석 대상 집단으로 삼은 집단의 크기가 다르고, OCD 집단 내에 증상의 유형이나 정도가 서로 이질적이며, 그 외 다른 방법론상의 비일관성이나 부정확성이 그러한 결과의 차이를 유발한 것일 수도 있기 때문이다.

〈표 4-10〉 강박장애(OCD) 환자의 성격장애(PD) 공병률

연구	n	OCD 진단방법	PD 진단방법	PD (%)	>1PD (%)	회피성 (%)	의존성 (%)	분열형 (%)	연극성 (%)	강박성 (%)	경계성 (%)
Baer et al. (1990)	96	DSM-III	SIDP	52	6	5	12	5	9	6	3
Baer et al. (1992)	55	미확인	SIDP	60	27	25	24	9	7	16	9
Baer & Jenike (1992)	59	DSM-III	SIDP-R	–	–	–	–	–	–	25	–
Black et al. (1989)	21	SADS	PDQ	33	–	0	24	14	24	0	24
Black et al. (1993)	32	DSM-III-R	SIDP	88	–	22	50	19	9	28	19
Cassano, DelBuono & Catapano (1993)	31	DSM-III	PDE	55	39	32	16	10	6	17	16
Diaferia et al. (1997)	88	DIS-R	SIDP-R	–	–	23	28	3	28	31	8
Jenike et al. (1986)	43	미확인	DSM-III	–	–	–	–	33	–	–	–
Joffe, Swinson & Regan (1988)	23	SADS-L	MCMI	83	–	57	57	17	17	4	39
Mavissakalian et al.(1990)	51	DSM-III	PDQ	50	28	26	20	14	24	2	4
Minichiello, Baer & Jenike (1987)	29	미확인	DSM-III	–	–	–	–	35	–	–	–
Rasmussen & Tsuang (1986)	44	DSM-III	DSM-III	–	–	–	5	–	9	55	–
Sanderson et al. (1994)	21	SCID-P	SCID-II	–	–	5	5	–	5	5	–
Sciuto et al. (1991)	30	DSM-III-R	SIDP-R	–	10	27	13	0	23	3	3
Stanley, Turner & Borden (1990)	25	ADIS-R	SCID-II	48	–	12	4	8	12	28	0
Steketee (1990)	26	DSM-III-R	PDQ-R	50	42	27	39	35	31	4	12
Thomsen & Mikkelson (1993)	47	미확인	SCID-II	68	42	23	17	4	4	17	6
Torres & Del Porto (1995)	40	DSM-III-R	SIDP-R	70	58	53	40	5	20	18	–
Albert et al. (2004)	109	DSM-IV	SCID-II	17	–	–	–	–	–	23	–
Pinto et al. (2006)	293	DSM-IV	SCID-II	–	38	15	1	1	0.7	25	6
Coles et al. (2008)	238	DSM-IV	SCID-II	–	–	17	1	1	0.4	27	8
Garyfallos et al. (2010)	146	DSM-IV	IPDE	–	–	17	10	5	6	31	14

출처: Summerfeldt et al. (1998)의 자료에 Albert et al. (2004), Pinto et al. (2006), Coles et al. (2008), Garyfallos et al. (2010) 통합.

요약 및 결론: OCD와 OCPD의 관계

일찍이 초기 이론가들은 OCD의 소인이 되는 취약성이나 보다 광범위한 성격 특성으로서 '정신쇠약'이나 '강박성 성격'을 제안해 왔다. 즉, 그들은 그러한 성격적 바탕하에서 OCD가 발생하기 쉽다고 전제하고 있었던 것이다. 또한 그들이 묘사한 '강박성 성격'의 큰 줄기는 오늘날의 진단체계에서 정의하고 있는 OCPD의 기술내용과 대체로 유사하다. 그렇다면 OCD와 OCPD는 오늘날의 진단기준에 의해 분류하고 그 관련성을 탐색해 보았을 때도 어떤 의미 있는 관련성들이 드러나야 한다. 그러나 현재까지의 연구 결과들은 그러한 관련성이 존재한다는 것을 확신할 수 있을 정도의 일관성을 보여 주지는 못하고 있다. 이러한 비일관된 결과들이 나타나게 된 원인이나 향후의 연구에서 합의되어야 할 병리학적 측면을 몇 가지 생각해 볼 수 있다.

우선, 가장 근본적인 문제로서 분류학적인 측면에 내재된 모호성을 생각해 볼 수 있다. DSM-5 이전까지는 OCD는 축I의 장애로, OCPD는 축II의 장애로 분류되어 왔다. 그러나 현재의 분류체계인 DSM-5는 다축 진단체계를 적용하지 않으며, 두 장애는 각각 독립된 범주에서 진단하도록 되어 있고, 두 장애의 진단기준은 적어도 기술적으로는 서로 구분되는 실체를 묘사하고 있는 것처럼 보이기는 하며, 따라서 두 장애를 독립된 별도의 장애로 분류하는 것은 일견 타당해 보이기도 한다. 즉, 현재의 진단체계하에서 OCD는 증상의 차원에서, OCPD는 그보다는 상위의 차원인 행동 방식이나 성격 특성의 차원에서 분류되고 있다. 그러나 두 장애의 진단기준 항목들 하나하나를 면밀하게 검토해 보면, 증상과 성격 특성을 분명하게 구분하기 어려운 측면을 공유하고 있다. 특히 OCD의 진단항목 중에서 기술하고 있는 강박행동들은 성격적 차원까지도 연결될 수 있기 때문이다. 즉, 그 강박행동들이 현재에만 나타나고 있는 것이 아닌 어린 시절부터 반복되어 온 것이며 그의 일상생활 전반으로 펴져 있는 하나의 일관된 행동양식이라면, 이는 강박성 성격 특성으로까지 연결되어 있는 것이다. 예를 들어, 불필요한 부분까지 꼼꼼하게 반복 점검하거나 사물을 정확하게 배열하고 대칭을 맞추려 한다거나, 더러운 것을 참지 못하고 늘 청결에 신경을 쓴다거나, 물건을 잘 버리지 못하고 쌓아 둔다거나 하는 행동양식이 이미 오래전부터 지속해 왔다면, 그 사람은 현재의 진단기준에서 OCD와 OCPD 진단기준에 동시에 해당할 것이다. 현재 OCD의 진단기준에서 과거의 행동양식이나 행동양식의 일관성까지 세밀하게 규정하고 있지는 않기 때문이다. OCD의 증상 유형 중에서 특히 생활양식과 더 밀접하게 연관될 수 있는 증상들을 지닌 사람들(즉, 세부에 대한 과도한 관심, 정렬과 대칭 강박행동을 보이는 사람들)이 OCPD의 공병률이 높다는 연구 결과들은 이러한 추론을 뒷받침해 준다. 그렇다면 OCD 진단을 받을 수 있는 다양한 범위의 사례들 중에서 특히 그러한 '생활양식형' 증상을 주로 보이는 사람들은 OCD가 아닌 OCPD로만 진단하거나, 아니면 OCD와는 분리된 다른 진단 범주나 분리된 하위 유형으로 구분해야 할 것이다. 현재의 진단체계는 그러한 증상을 보이는 동일한 진단적 실체를 OCD와 OCPD로 분리하여 진단하도록 만드는 오류를 범하고 있는 것이기 때문이다.

이와 관련되는 것으로서, 현재의 진단체계에서 기술하고 있는 OCD나 OCPD 증상의 '자아이질성'과 관련된 진단적 정의의 측면을 고려해 보아야 한다. OCD와 OCPD의 증상은 그 증상을 경험하는 당사자의 느낌, 즉 자아이질성에 있어서 차이를 보인다. 즉, OCD 환자들은 자신의 증상을 침습적이고 자아이질적인 것으로 경험하며, 강박성 성격을 지닌 사람들은 그것이 자연스럽게 굳어져 있고 스스로 원해서 그렇게 행동하는 자아동질적 행동양식으로 경험하고 있는 것이다. 그러나 이것은 개념적으로만 명확히 구분될 수 있는 문제일 수 있다. 또한 이러한 증상학적 차이점은, 일부 OCD의 증상들에서 경계가 흐려진다. 예를 들어, 다양한 유형의 강박증상 중 완벽주의 혹은 불완전감과 더 밀접한 관련이 있어 보이는 대칭, 정렬, 저장, 세부사항에 대한 집착 등의 강박증상을 주로 보이는 경우, 다른 유형의 증상들과는 달리 그 증상을 이질적으로 경험하지 않는 경향이 있다. 즉, 이 증상을 지닌 OCD 집단은 자신이 원해서 그런 강박증상을 행하는 것으로 경험한다. 이때는 강박성 성격 경향을 지닌 사람들이 보이는 행동 특성과 자아이질성의 측면에서 차이가 없다. 실제로, 앞서 언급했듯이 몇몇 경험적 연구 결과도 그러한 유형을 보이는 OCD와 OCPD 간에 유의한 관계가 있음을 보고하고 있다. 이것이 OCD와 OCPD의 진단기준 설정의 문제인지, 아니면 실제로 두 장애 사이에 존재하는 실제적인 관련성을 반영하는 결과인지에 대해서는 아직 결론을 내리기 어렵다.

증상의 이러한 측면은 미묘한 영역이며, 진단을 내리는 전문가들 역시 명확하게 구분하기 어려운 측면이다. 자신이 경험하는 강박증상이 침습적인지 아닌지, 자아이질적인지 아닌지는 강박증상들의 유형에 따라서 그리고 그 증상을 경험하는 당사자의 감지력이나 자기성찰 능력 혹은 언어적 표현능력의 차이에 의해서도 달라질 수 있으며, 이는 진단을 내리는 전문가의 입장에서도 마찬가지이기 때문이다.

제5장

강박장애의 평가

제5장

강박장애의 평가

강박장애를 평가하고 진단하기 위한 도구는 크게 세 가지 유형으로 나눌 수 있다. 이러한 유형은 관찰의 주체가 누구인지, 그리고 관찰 방식이 얼마나 자유로운지에 의해 구분된다. 예를 들어, 최소한도의 틀만 정해 놓고 자유롭게 질문하는 정도에서부터, 전적으로 미리 정해진 틀 내에서만 질문하고 평정하는 정도까지 구조화된 정도는 차이가 있을 수 있다(〈표 5-1〉 참조). 전자를 자유면담이나 행동관찰 방식이라 한다면, 후자는 구조화된 진단 방법이라 할 수 있다. 일정한 틀이 없이 자유면담 및 행동관찰에 의해 진단적 정보를 수집하는 방법이 경험 많은 임상가에게는 유효한 방식일 수 있다.

이 장에서는 이러한 자유면담 방식 이외의 체계적인 면담 방법이나 질문지들이 무엇인지 살펴보고자 한다. 물론 이러한 도구들을 사용하는 것은 객관적인 자료수집이 필요한 연구를 목적으로 하는 경우가 대부분이다. 관찰해야 할 필수 항목들을 미리 정해 놓고 관찰하거나 질문하는 방식으로 사용되는 반구조화된 질문지 형식이 가장 많이 쓰이는 임상가용 평정척도들이다. 마지막으로, 관찰의 주체가 보고자 자신이면 자기보고형 질문지 방식으로 개발된 도구들이 주로 사용된다.

〈표 5-1〉 평가 방식의 유형

구분		관찰과 보고의 주체	
		제3자(임상가)	본인
관찰 방식	자유 형식	자유면담과 행동관찰법	자유롭게 주관적 체험을 기술하는 방식, 일기, 혹은 비체계화된 기록
	표준화 형식	(반)구조화된 진단적 면접지 (반)구조화된 질문지, 평정척도	자기보고형 질문지, 평정척도

구조화된 진단적 면접 방법

현재 강박장애를 진단하는 구조화된 진단적 면접 방법으로 가장 많이 사용되는 것은 DSM의 진단기준에 의해 객관적으로 환자를 진단하는 도구인 SCID-5(Structured Clinical Interview for DSM-5)와 DSM의 불안장애 진단용 도구인 ADIS-5(Anxiety Disorder Interview Schedule for DMS-5)가 있다. SCID나 ADIS나 모두 DSM의 이전 판부터 계속 사용되어 오던 것으로, 최신판으로 개정된 지 오래되지 않았으므로, 각 도구의 신뢰도나 타당도에 대한 연구가 시작단계이긴 하지만, 강박장애의 진단기준 자체가 이전 판과 거의 동일하므로 현재는 이전 판에 대한 연구 결과들을 일반화시켜 사용하여도 될 것이다.

SCID-5

SCID는 DSM-5 이전 판까지 쓰이던 다축 진단체계의 축I에 해당하는 주요 장애들을 체계적으로 진단하기 위한 반구조화된 진단용 도구이다. SCID를 실제 임상장면에서 사용하기에는 절차가 너무 번거롭고 불편하다는 비판을 고려하여, 최신판인 SCID-5(Structured Clinical Interview for DSM-5)는 세 가지 유형으로 분리하여 출간하였다(First et al., 2016: 오미영 역, 2017 재인용). 임상장면에서 사용하기 위한 간결한 임상가용 판(SCID-5-CV), 연구에서 사용하는 것을 촉진하기 위해 많은 기능을 포함한 연구용 판(SCID-5-RV), 특정 임상시험을 위해 진단 포함/배제를 구체화한 임상시험용 판(SCID-5-CT)이 그것이다.

비록 자격을 명시하지는 않고 있지만, SCID는 다른 모든 반구조화된 평정도구와 마찬가지로 잘 훈련된 임상가에 의해 실시되는 것이 가장 이상적이다. 진단을 내리는 데 필요한 만큼의 질문만을 하기 때문에 자유면담보다는 SCID에 의한 면담이 경제적이다. 또한 현재 정신과적 증상을 보이고 있는 환자들뿐만 아니라, 다양한 장면의 비임상군을 대상으로 평생 유병률을 조사하기 위해서도 사용될 수 있다.

SCID의 최신판에 대한 신뢰도와 타당도 연구는 아직 확보되지 않았지만, 이전 판(DSM-III-R, DSM-IV)을 사용하여 강박장애를 진단했을 때의 평정자간 신뢰도(Kappa=.40~.70)나 검사-재검사 신뢰도(Kappa=.42~.70)는 축I의 다른 주요 장애군들에 비해 상대적으로 다소 낮은 편이었다(First et al., 2016 재인용).

ADIS-5

SCID와 마찬가지로 반구조화된 면접도구이지만, 불안장애에만 한정되어 있으며 따라서 SCID보다 더 상세한 평가를 할 수 있다. 예를 들어, 강박증상의 심각도, 증상에 대한 통찰의 정도, 저항이나 회피의 정도도 평가할 수 있기 때문에 연구나 치료 효과를 검증하기 위해서는 더 유용하다. 단, 이러한 항목들은 Y-BOCS에서도 평가할 수 있기 때문에, 이 두 가지 도구를 다 사용한다면 불필요한 시간을 더 소모할 수 있다.

SCID처럼 ADIS도 잘 훈련된 임상가에 의해 실시될 때 가장 타당한 결과를 얻을 수 있다. 최신판인 ADIS-5(Anxiety Disorder Interview Schedule for DMS-5)에 대한 심리측정적 속성은 아직 확립되지 않았지만, 이전 판에 의한 평정자간 신뢰도는 꽤 우수한 편이다(r=.83; Di Nardo et al., 1993). 강박장애와 관련된 연구나 치료 효과를 검증하기 위해서는 ADIS가 가장 적절해 보이는데, SCID보다 상대적으로 심리측정적 속성이 더 우수하고, 또 강박증상에 대한 보다 폭넓은 정보를 수집할 수 있기 때문이다. SCID보다 상대적으로 더 우수한 신뢰도를 보인 이유 중 하나는 ADIS가 강박장애를 포함한 불안장애에 더 특화된 장면에서 그 분야에 더 전문적인 훈련과 경험을 지닌 임상가들에 의해 사용되기 때문일 수도 있다(Feske & Chambless, 2000).

SCID나 ADIS는 모두 강박장애에 대한 객관적인 진단과 경험적 근거가 필요할 때 가장 먼저 고려되는 대표적인 체계화된 면접도구라 할 수 있다. SCID에 비해 ADIS가 강박장애에 더 특화된 세밀한 진단이 가능하다 하더라도, ADIS 역시 강박장애만을 진단하기 위해 특화된 것은 아니므로, 강박장애의 보다 세밀한 양상을 평가하기에는 한계를 갖는다. 따라서 이를 보완하기 위해 강박장애만을 평가하기 위한 다양한 임상가용 평정척도나 자기보고형 척도들이 개발되어 왔다.

강박장애만을 평가하기 위한 임상가 평정척도

임상가 평정척도는 훈련된 전문가가 평정하므로 응답자 스스로는 잘 인식하기 어려운 보다 미묘한 측면까지 세밀하게 평가할 수 있다는 점, 그리고 제3자에 의해서 평정되므로 자기보고형 척도보다 객관성을 높일 수 있다는 점이 장점이다. 반면에, 평정자의 경험과 전문성이 전제되어야 하므로 널리 사용되기는 어렵고, 평정자의 주관적 관점이 개입될 수 있어 평정자마다 결과가 달라질 수 있으며, 시간과 비용이 상대적으로 더 많이 든다는 점에서는 불리하다.

예일-브라운 강박척도

예일-브라운 강박척도(Yale-Brown Obsessive Compulsive Scale: Y-BOCS)는 임상가들이 가장 많이 사용하는 임상가용 평정척도 중 하나이다. 이 척도는 반구조화된(semi-structured) 양식으로 구성되어 있으며, 증상의 유형뿐 아니라 심각도까지 비교적 자세하게 평정할 수 있으므로 진단뿐만 아니라 치료에 대한 반응이 어떤지를 평가할 수도 있는 유용성을 지니고 있다. 이 척도를 시행하는 과정은 세 부분으로 구성되어 있으며, 나머지 부분은 점수에 합산되지는 않는 연구용 문항들이 포함되어 있다.

1) 강박사고와 강박행동에 대한 설명

먼저, 다음과 같이 환자에게 강박사고와 강박행동의 정의를 읽어 주고, 그 증상들의 대표적인 것들이 무엇인지 예를 들어 설명해 준다.

> 강박사고는 원치 않는 고통스러운 관념, 사고, 이미지, 충동들로서 반복적으로 당신의 마음속에 떠오르는 것입니다. 그것들은 당신의 의지에 반하여 생겨납니다. 그것들은 당신에게 혐오감을 줄 수도 있고, 무의미하다고 인식될 수 있으며, 당신의 성격에도 맞지 않는 것일 수 있습니다.
>
> 반면에, 강박충동이란 당신이 무의미하고 지나친 것이라고 생각함에도 불구하고 행해야 할 것처럼 느껴지는 행동이나 행위입니다. 이따금씩 당신은 그것을 행하지 않으려고 노력하지만, 그것이 어렵다는 것을 알게 됩니다.

그 행위가 완료되기 전까지는 불안감이 가라앉지 않는다는 것을 경험할 수 있습니다.

강박사고와 강박행동의 예를 들어 보겠습니다.
당신이 결코 그렇게 하지는 않겠지만 당신의 아이에게 심각한 신체적 손상을 가하려는 반복적인 생각이나 충동이 강박사고의 예입니다.
집을 떠나기 전에 전열기구, 수도꼭지, 현관문의 자물쇠를 반복하여 점검하는 것이 강박행동의 예입니다.

지금까지의 설명에 대해 혹시 질문 있습니까?
(없다면 다음 단계로 진행한다.)

2) 강박사고와 강박행동의 유형

두 번째 단계에서는 환자가 현재 경험하는 강박사고와 강박행동이 어떤 것인지 그 증상의 유형을 확인할 수 있는 목록들에 체크한다. 이때 면접을 진행하는 임상가는 그 증상들이 현재까지 지속되고 있는 것인지 아니면 과거에만 겪었던 것인지를 체크하고, 현재 경험하는 가장 두드러진 강박사고와 강박행동은 무엇인지, 그리고 회피행동은 무엇인지를 질문한다.

이 단계에서 포함된 증상 유형과 관련된 문항들은 강박사고 여덟 가지 유형(공격적 강박사고 9문항, 오염 강박사고 8문항, 성적인 강박사고 4문항, 저장 및 수집 강박사고 1문항, 종교적 강박사고 2문항, 대칭 및 정확성 관련 강박사고 2문항, 기타 강박사고 10문항, 신체 관련 강박사고 2문항), 그리고 강박행동 일곱 가지 유형(청결 강박행동 4문항, 점검 강박행동 6문항, 반복 강박행동 2문항, 개수 세기 강박행동 1문항, 정리 강박행동 1문항, 저장 및 수집 강박행동 1문항, 기타 강박행동 8문항)

이 포함된다.

3) 강박사고와 강박행동의 심각도

세 번째 단계에서는 그가 경험하는 강박사고와 강박행동이 얼마나 심각한지 그 정도를 평정한다. 강박사고(문항 1~5번)와 강박행동(문항 6~10번)의 심각도를 평정하기 위한 다섯 가지 핵심 질문이 포함되어 있으며, 각 항목들은 5점 척도(0:전혀~4점: 극도의)로 평정한다. 다섯 가지 핵심 질문은 ① 강박사고 및 강박행동의 빈도와 지속 기간, ② 강박사고 및 강박행동의 사회적·직업적 기능이 지장을 받는 정도, ③ 강박사고 및 강박행동으로 인해 유발되는 고통의 정도, ④ 강박사고 및 강박행동에 대한 저항의 정도, ⑤ 강박사고 및 강박행동에 대한 지각된 통제의 정도이다.

4) 연구용 항목

나머지는 강박사고와 강박행동에 대해 모두 공통된 질문들이며, 총점 합산에는 포함되지 않지만 증상에 대한 보다 유용한 정보들을 제공해 줄 수 있다. 나머지 공통 질문은 ① 통찰(insight)의 정도, 즉 그가 경험하는 강박사고와 강박행동이 얼마나 합리적인 것으로 지각하고 있는지의 정도, ② 회피(avoidance)의 정도, ③ 우유부단성(indecisiveness)의 정도, ④ 책임감의 과도성 정도, ⑤ 지연성(slowness)이나 무력감(inertia)의 정도, 즉 일상적인 활동이나 해야 할 업무를 시작하거나 끝내지 못하는 정도, ⑥ 병리적인 의심(pathological doubting)의 정도, 즉 일을 완료한 이후에 그 일이 제대로 수행된 것인지를 반복하여 의심하거나 검토하는 정도이다.

Y-BOCS는 강박사고와 강박행동에 대해 별도의 점수를 산출할 수 있기 때

문에, 강박사고나 강박행동 중 한 가지 유형에만 치중된 증상을 주로 보이는 환자들을 구분하여 평가할 수 있다는 장점이 있다. 그러나 심리측정학적 속성에 대해서는 대부분의 연구가 강박사고 및 강박행동 증상의 심각도를 평가하는 10개의 문항에 대한 총점을 사용해 왔다.

Y-BOCS의 평정자간 신뢰도는 .93~.99에 이를 정도로 매우 우수한 것으로 보고되고 있다(Goodman et al., 1989a; Jenike et al., 1990; Price et al., 1987; Woody et al., 1995). 내적 일치도는 이보다는 다소 못하지만 .69~.91 정도로 양호한 편이었다. 2주 간격으로 시행된 검사-재검사 신뢰도는 .81~.97의 범위였으나(Kim et al., 1990, 1992), 10~103일(평균 49일) 간격으로 시행된 검사-재검사 신뢰도는 .61(Woody et al., 1995)로 떨어졌다.

타당도 연구는 적은 편이지만, 다른 불안장애나 정상 통제집단에 비해 강박장애 환자들이 더 높은 Y-BOCS 점수를 보였고(Rosenfeld et al., 1992), 행동회피검사나 SCL-90-R의 강박척도, 레이톤 강박척도, 모즐리 강박척도 등 다른 강박척도들과는 평균 .51 정도의 상관을 보였다(Black et al., 1990; Goodman et al., 1989b; Kim et al., 1990, 1992; Richter et al., 1994).

변별타당도를 검증한 연구 결과는 실망스러운 편이었다. Y-BOCS의 총점은 해밀턴 우울척도와 평균 .64, 해밀턴 불안척도와는 평균 .62에 이를 정도의 높은 상관을 보였다(Goodman et al., 1989b; Hewlett et al., 1992; Price et al., 1987; Richter et al., 1994). 이러한 결과는 Y-BOCS의 총점은 일반적인 불안이나 우울증상을 보이는 사람들을 제대로 구분하기 어렵다는 것을 보여 준다.

한편, 아직까지 Y-BOCS는 한국판으로 본격적으로 표준화된 연구가 진행되지는 않았지만, 몇몇 연구자에 의해 신뢰도와 타당도 검증이 시도된 바 있다. Kim 등(2004)은 Y-BOCS를 번안하고 95명의 강박장애 환자들을 대상으로 증상을 체크하는 문항들과 심각도를 체크하는 문항들에 대해 각각 요인분석하여 문항들의 내적 구조를 확인해 본 바 있다. 그 결과, 증상 유형 문항들은 네 가지 요인(저장 · 반복, 오염 · 청결, 공격적 · 성적, 종교적 · 신체적)으로, 심각도는 세 가지 요인(강박사고의 심각도, 강박행동의 심각도, 증상에 대한 저항)으로 구성되어 있음을 확인하였다. 한편, 아동용 척도(CY-BOCS)는 정선주 등(2000)이 평가자간 신뢰도 및 변별타당도를 검증해 본 결과 비교적 양호한 결과를 얻었다.

요약하면, Y-BOCS는 전반적으로 좋은 심리측정적 속성을 지니고 있으며, 가장 광범위한 증상들을 평가할 수 있기 때문에 특히 치료 효과를 검증하는 데 관례적으로 사용되곤 한다. 하지만 Y-BOCS는 몇 가지 단점을 지니고 있다. 변별타당도는 만족스럽지 못하며, 심각한 강박증상을 지닌 환자를 평가하는 데 제한이 있고, 강박사고에 대한 저항을 평가하는 문항들의 심리측정적 적합성이 빈약하며, 적극적인 회피를 어떻게 평가하는지가 불명확하다(Storch et al., 2011). 마지막으로, 앞서 언급한 대로 총점만을 사용할 경우 강박사고나 강박행동만을 보이는 환자인 경우 점수가 낮게 나올 가능성이 있으므로 이때는 하위 척도를 분리해서 사용할 것이 권장된다.

이를 보완하기 위한 개정판인 Y-BOCS-II가 개발되었고 몇몇 초기 연구는 높은 신뢰도와 구성타당도를 지닌 것으로 보고되었다(Storch et al., 2010). 또한 강박사고나 강박행동을 분리해서 평가하거나 강박사고의 유형별로 분리하여 점수를 산출하기 위한 개정판인 **차원적 예일-브라운 강박척도(Dimensional Y-BOCS: DY-BOCS)**가 개발되었다(Rosario-Campos et al., 2006). 이 척도는 강박증상의 심각도를 각각 여섯 가지의 주요 증상 차원으로 나누어 독립적으로 평가한다는 점에서 이전 판을 보완한 것이라 할 수 있다. 그러나 동일한 강박장애 진단을 받았다 하더라도 그 증상의 범위는 매우 이질적이고 다양하며, 특히 저장증상은 DSM-5에서는 강박장애와 분리된 진단 범주로 나뉘어 있는 상황에서 DY-BOCS가 저장증상까지 포함하고 있다는 점은 향후 개정되어야 한다는 주장이 제기되기도 하였다(Pertusa et al., 2012).

국립정신보건원 강박척도

국립정신보건원 강박척도(National Institute of Mental Health-Global Obsessive-compulsive Scale: NIMH-GOCS) 역시 임상가에 의해 평정되며 강박증상의 전반적인 심각도를 하나의 문항으로 평가하는데, 미국 국립보건원(National Institue of Health: NIH) 산하의 국립정신보건원(NIMH)에서 출간되었다(Insel et al., 1983). 점수는 1점(최소의 증상)에서 15점(매우 심각한 증상) 사이에서 주어지며, 6점을 초과하면 임상적으로 유의한 강박증상을 지닌 것으로 간주한다. 증상의 심각도는 이 점수들이 포함되는 다섯 군집(1~3점, 4~6점, 7~9점, 10~12점, 13~15점)으로 분류되어 각 군집별로 상세한 기술이 주어진다. 예를 들어, 10점에서 12점 사이의 점수는 "환자에게 심각한 손상을 주는 증상들이 존재하며, 일상 활동이 적극적으로 방해를 받게 됨. 거의 모든 시간을 증상에 저항하는 데 사용하며 제대로 기능하기 위해 타인의 도움이 매우 필요함."이라는 기술문이 할당되어 있다.

이 척도에 대한 심리측정적 자료는 아직까지는 제한되어 있다. 2주 간격의 검사-재검사 신뢰도는 .87~.98로 보고된 바 있고(Kim et al., 1992, Kim et al., 1993), Y-BOCS와의 수렴타당도는 r=.63~.77 정도였지만(Black et al., 1990; Goodman et al., 1989a; Kim et al., 1992, Kim et al., 1993), 신뢰도와 타당도의 다른 측면에 관한 자료는 부족하다. 몇몇 약물치료 효과 연구에서 NIMH-GOCS는 몇몇 다른 자기보고형 척도들보다 증상의 심각도에 있어서 치료로 인한 증상의 변화에 더 민감하며, 대부분의 다른 관찰자 평정척도들과 동등한 정도의 민감도를 보였다(Taylor, 1995).

요약하면, 이 척도는 단 하나의 문항만으로 간편하게 증상의 심각도를 평가할 수 있다는 장점이 있기 때문에 치료 효과를 반복하여 점검해야 할 때 유용하지만, 환자가 경험하고 있는 강박증상들 중 어떤 증상이 더 심각하고 덜 심각한지를 포함하여 증상의 세부적인 면들을 살펴볼 수 없다는 점에서 한계가 있다. 즉, 이 척도 하나만으로는 연구나 치료에서 활용하기에 부족하며, Y-BOCS와 같은 다른 척도와 함께 사용하는 것은 중복이다.

행동회피검사

행동회피검사(Behavioral Avoidance Tests: BATs)는 원래 강박장애만이 아닌 다양한 공포나 불안증상을 겪고 있는 사람들이 보이는 공포감과 회피행동을 실제 상황에서 평가하기 위해 개발된 것이었다. 이후 강박장애의 평가를 위해 BATs의 다양한 유형이 개발되어 왔다. 예를 들어, 단일 과제를 사용하여 평가하는 방식(Foa et al., 1984)은 환자가 실제로 경험하는 공포자극과 가급적 유사한 한 가지 유형의 과제를 수행하게 하면서 그가 경험하는 주관적 불편감(Subjective Unit of Distress: SUDs)을 보고하게 하는 것이다. 이때 SUDs는 0점(공포나 불안감이 전혀 없음)에서 100점(최고 수준의 공포와 불안감) 척도상에서 평정되며, 회피행동은 공포 유발 자극에 접근할 수 있는 최대 거리가 어느 정도인지 또는 그가 공포 유발 자극을 얼마나 접촉할 수 있는지를 평가하는 다양한 준거를 사용하여 평정한다. 하지만 단일과제 유형은 오직 하나의 불안 유발 자극만을 대상으로 평가한다는 점에서 한계가 있다. 다중과제 형식의 BATs(Rachman et al., 1979)는 수검자로 하여금 몇 가지 다양한 불안 유발 과제를 수행하도록 요구하며, 각 과제별로 주관적 고통감과 회피행동이 평가된다.

이후 Steketee 등(1996a)은 보다 정교한 평가가 가능한 다중과제 형식의 BATs를 개발하였는데, 환자는 다양한 불안 유발 과제를 수행해야 하며, 각 과제는 그 난이도에 따라 3~7단계로 구성된다. 이때 SUDs, 회피, 완성한 단계의 비율 및 행동을 의례화(ritualising)하는 정도가 점수로 산출된다. 치료 개시 전의 공포감과 회피행동을 측정했을 때 Y-BOCS와 양호한 정도의 상관계수(.36~.43)을 보였지만, MOCI와의 상관은 .21로 낮은 편이었다(Steketee et al., 1996a; Woody et al., 1995). SCL-90-R의 우울척도와의 상관은 .01~.20, 강박성 성격장애 척도들과의 상관은 .10~.30으로 대체로 낮은 상관을 보여 변별타당도는 비교적 우수한 것으로 보인다(Steketee et al., 1996a). BATs는 또한 치료 효과에 따른 증상 변화를 민감하게 평가할 수 있는 것으로 나타났는데, SUDs와 회피점수의 평균 효과 크기가 일반적으로 1표준편차 단위를 상회하는 것으로 보고되었다(Taylor, 1995).

BATs는 실제 불안 유발 상황에서 강박증상을 직접적으로 평가한다는 점에서 환자들에 대한 언어적 보고나 간접적 관찰에 의해 평가하는 다른 평가도구들과 차별성을 갖는다. 그러나 평가 절차가 복잡하여 실제로 이런 과제 상황을 설계하기 어려운 실제 임상장면에서 사용하기에는 부담이 크며, 어떤 과제 유형을 적용하느냐에 따라 실시 절차가 달라지기 때문에 이 평가체계를 실시하기 위한 표준화된 지시문이나 여타 구체적인 평가 절차를 마련하기가 어렵다. 그 때문인지 초기의 몇몇 연구 외에는 이 도구의 심리측정적 속성을 검증해 본 연구가 제한되어 있다. 또한 오염에 대한 공포나 씻기 강박증상을 지닌 몇몇 유형의 강박장애 환자들에게는 BATs를 용이하게 적용할 수 있지만, 그 외 다른 유형의 강박증상을 지닌 사람들에게는 적용하기 어렵다.

강박적 활동 점검질문지

강박적 활동 점검질문지(Compulsive Activity Checklist: CAC)는 원래 강박적 증상이 일상적 활동을 얼마나 방해하는지를 평가하기 위해 62문항으로 구성된 임상가 면접용 척도로 개발되었다(Philpott, 1975). 각 문항들은 강박증상이 영향을 미칠 수 있는 일상적 활동들(예: 전열기구를 사용하는 것)을 기술하고 있으며, 4점 척도(0점: 정상범위 내에서 그 활동을 수행함~3점: 활동이 완전히 손상됨)상에서 그 활동이 얼마나 손상되어 있는지 평정한다. 손상의 정도는 빈도, 지속시간, 회피, 행동의 이상함 정도의 네 가지 기준으로 평가한다. 예를 들어, 어떤 항목에서 3점을 얻었다면, 그 활동은 정상적인 경우보다 3배의 시간을 더 투자하고 있으며, 정상적인 경우보다 3배의 빈도로 출현하고 있으며, 그 행동은 분명히 이상하며(odd), 회피가 그 활동을 분명히 방해하고 있다는 것을 나타낸다. 그 행동이 정상인지 또는 이상한지의 기준은 임상가의 판단에 맡겨져 있기 때문에, 각 항목을 평정하기 위해 임상가는 매우 구체적으로 관련된 질문을 해야 한다(Taylor, 1998).

CAC는 이후 문항의 동질성이나 변별타당도 등 심리측정적 속성을 개선하기 위해 몇몇 문항을 삭제하면서 혹은 보다 사용하기 쉽게 자기보고형으로 개편하면서 다양한 개정판이 나왔다. 이러한 개정판들에 대한 심리측정적 연구 결과들을 종합해 보면, 첫째, 임상가 평정용 CAC는 강박증상과 관련이 없는 다른 속성을 측정하는 도구들과도 상당한 상관을 보여 변별타당도가 만족스럽지 못한 것으로 보인다. 자기보고형 CAC와 임상가 평정용 CAC는 상관관계가 매우 높기 때문에 이러한 결과는 또한 자기보고형 CAC에도 동일하게 적용할 수 있다. 둘째, 자기보고형 CAC는 MOCI와 같은 다른 자기보고형 척도들만큼이나 치료 효과를 예민하게 평가할 수 있으며, 특히 임상가 평정용 CAC가 자기보고형보다 더 민감한 것으로 보인다(Taylor, 1995).

요약하면, CAC는 그동안 다양한 개정판이 제작되었으나 시행 방법이나 척도내용은 크게 변하지 않았고, 강박사고나 강박행동으로 인한 일상적 활동의 전반적인 손상 정도를 측정하려는 본래의 목적은 계속 유지되어 왔다. 28~38문항으로 구성된 다양한 임상가 평정용 · 자기보고형 CAC는 변별타당도의 측면을 제외하면 전반적으로 유사한 정도의 양호한 심리측정적 속성을 보이고 있다. 또한 Y-BOCS와 비교해 볼 때, CAC는 강박증상 자체를 평가하는 것이 아니라 강박증상과 관련되어 있는 일상적 활동에서 얼마나 지장을 받고 있는지를 평가한다는 점에서 강박증상에 대한 간접적인 측정 결과를 산출하는 것이라 할 수 있다. 따라서 그 일상생활에서의 지장은 어떤 강박증상이 주로 작용한 결과인지를 알 수 없다. 예를 들어, 지연이나 회피 행동의 '이상함'이 모두 일상적 활동의 지장을 초래할 수 있는 요인들이기 때문에 CAC에서 높은 점수를 받았을 때 그것이 행동의 지연이나 강박적 반복행동 때문인지, 아니면 회피나 의심 혹은 우유부단함 때문인지를 알 수 없다. 또한 이것은 대부분의 임상가 평정척도와도 관련되는 것이지만, 각 문항을 평정하기 위한 표준화된 질문 양식이 존재하지 않기 때문에 CAC의 신뢰도와 타당도는 임상가의 경험이나 면접기술에 의존하게 된다는 점을 유의해야 한다.

강박장애 가족적응척도

강박증상은 그 증상을 지닌 환자 자신뿐 아니라 함께 생활하고 있는 가족들에게도 영향을 미치며, 가족들이 이러한 증상들을 어떻게 받아들이고 반응하느냐는 또다시 그 환자의 강박증상에 영향을 미친다. 강박장애 가족적응척도(Family Accomodation Scale for OCD: FAS)는 강박장애 환자의 가족들을 대상으로 그 환자가 지닌 강박증상에 가족들이 얼마나 적응하고 있는지를 임상가가 평정하는 도구이다(Calvocoressi et al., 1999).

FAS를 실시하는 절차는 두 부분으로 구성되어 있다. 전반부는 Y-BOCS에서 도출된 상세한 강박증상의 목록들을 통하여 해당 환자가 현재 나타내고 있는 강박증상이 무엇인지를 확인하는 단계이다. 이 단계를 실시하는 목적은 그 환자가 어떤 강박증상을 지니고 있는지 완벽하게 파악하기 위한 것이 아니라, 가족들이 인지하고 있는 증상이 무엇인지를 확인하여 임상가로 하여금 가족들의 적응행동을 도출해 내기 위한 단서로 삼고자 하는 데 있다. 후반부는 가족들의 적응행동을 평가하기 위한 12문항으로 구성된다. 이 단계에서는 전반부에서 확인해 낸 단서를 바탕으로 미리 정해진 질문 형식을 사용하여 일반적인 질문에서 구체적인 질문으로 넘어가 가족들의 적응행동의 수준을 1점(경미함)에서 4점(심각함) 사이에서 평정한다. 예를 들어, "지난 일주일 동안 당신은 그가 강박행동을 수행하는 데 필요한 물건을 제공하거나, 그 행동을 완수하는 데 다른 방식으로 도움을 준 적이 있습니까?"라고 물은 후, 환자가 보이는 특정한 증상을 기술하면서 "당신은 그가 과도하게 손을 씻는다고 하셨는데, 지난 일주일 동안 그가 이런 행동을 수행하는 데 필요한 물품(예: 비누)을 구입한 적이 있습니까?"라고 구체적인 질문을 한다. 이 질문에 대한 부정적인 응답은 0점을, 긍정적인 응답이 나오면 1~4점 사이로 정도를 평정한다.

이 척도의 개발자들(Calvocoressi et al., 1999)이 보고한 FAS의 내적 일관성 계수는 .82였고, 3명의 평정자간 일치도는 .75~.99로 우수한 수준이었다. 또한 Y-BOCS 총점과는 .49, 환자의 GAF 점수와는 −.45, 전반적인 가족기능을 측정하는 척도들(FAD 및 PRS 등)과는 각각 .50과 .38~.73의 상관을 보여 수렴타당도와 변별타당도 역시 우수한 것으로 나타났다. 이 결과는 비록 인과관계를 설명할 수는 없지만 가족들이 강박장애 환자의 증상에 더 높은 수준의 적응행동을 보이는 것과 해당 환자의 강박증상의 심각도 사이에 밀접한 관계가 있다는 것을 보여 준다.

FAS는 강박장애 환자 자신의 증상에만 초점을 맞추어 평가하는 기존의 평가 도구들과는 달리, 그 환자의 증상에 대한 가족들의 적응 정도를 평가한다는 점에서 강박장애 환자의 치료과정에서 활용할 수 있다는 이점을 지니고 있다. 다만, 임상가에 의해 평정된다는 점에서 활용 범위의 제한이 따르며, 또 치료 효과와 관련된 타당도를 포함하여 이 도구의 심리측정적 속성에 대한 연구들이 별로 없다는 점은 후속 연구들을 필요로 한다.

강박장애만을 평가하기 위한 자기보고형 평정척도

임상가가 직접 실시하는 면접 도구나 평정척도는 강박장애에 관한 전문 지식을 갖춘 임상가가 비교적 심도 있게 환자의 증상을 탐색하고 그 결과를 점수로 평정하기 때문에, 피상적이지 않으면서도 어느 정도의 객관성을 갖춘 평가 자료를 얻을 수 있다는 장점이 있다. 반면에, 그 도구를 사용할 수 있는 자격의 제한이 있고, 또 자료를 얻기까지 시간이 많이 걸리고 절차도 복잡하기 때문에 실제 임상장면에서 널리 사용되기에는 제한이 따르며, 빠른 시간 안에 전반적인 증상의 심각도를 체크하거나 대량의 전집에서 강박장애 환자를 선별하거나 또는 연구 목적으로 사용하기에는 제한이 있다. 이러한 제한점을 보완할 수 있으면서도 임상가 평정용 평정척도 못지않은 신뢰도와 타당도를 갖춘 보다 간편한 평가 도구들이 개발되어 왔다. 충분한 신뢰도와 타당도를 갖추었다고 검증되어 임상장면이나 연구용으로 자주 사용되는 대표적인 자기보고형 평가 도구들은 다음과 같다.

모즐리 강박증상 목록지

모즐리 강박증상 목록지(Maudsley Obsessional-Compulsive Inventory: MOCI; Hodgson & Rachman, 1977)는 진위형의 30문항으로 구성되어 있으며, 요인분석에 의해 도출된 네 개의 하위 척도, 즉 ① 씻기, ② 점검, ③ 강박적 지체 및 반복, ④ 과도한 의심 및 양심성을 포함한다. 이 척도에서는 각 하위 척도에 대한 점수 및 총점이 산출된다. 이 네 가지 하위 척도는 애초에 요인분석을 통해 도출된 것이긴 하지만, 후속 연구에서는 '강박적 지체 및 반복' 요인을 구분하기 어려웠다(Chan, 1990; Rachman & Hodgson, 1980; Sanavio & Vidotto, 1985;

Sternberger & Burns, 1990).

임상 집단을 대상으로 한 연구에서 MOCI 총점에 대해서 좋은 내적 일관성을, 그리고 점검, 씻기 및 의심 하위 척도에 대해서는 적절한 정도(α=.60~.87)의 내적 일관성을 보였다(Emmelkamp et al., 1999; Hodgson & Rachman, 1977; Rachman & Hodgson, 1980; Richter et al., 1994). 반면에, 비임상 집단을 대상으로 한 연구에서의 내적 일관성 계수는 .40~.62로 낮았다(Chan, 1990; Sanavio & Vidotto, 1985; Sternberger & Burns, 1990). 특히 모든 연구에서 '강박적 지체(slowness)' 하위 척도의 내적 일관성 계수는 수용하기 어려운 수준으로 낮았다. MOCI 총점은 수용할 만한 검사-재검사 신뢰도 계수를 보였다(Emmelkamp et al., 1999).

다양한 연구에 의해 수렴타당도와 변별타당도도 입증되었다. PI나 LOI와 같은 다른 자기보고형 증상평가 척도와는 평균적으로 .69 정도로 높은 상관계수를(Hodgson & Rachman, 1977; Kyrios et al., 1996; Richter et al., 1994; van Oppen, 1992), Y-BOCS나 CAC와 같은 임상가 평정척도와는 평균적으로 .54 정도의 다소 낮은 상관계수를 보였다(Goodman et al., 1989b; Richter et al., 1994; Woody et al., 1995). 하위 척도별로 보면, 의심과 지체 하위 척도를 제외하고 씻기와 점검 하위 척도에 대한 수렴 및 변별 타당도는 적절한 수준이었다. 예를 들어, MOCI의 씻기 하위 척도는 PI의 오염 하위 척도와는 높은 상관을 보였지만 PI의 점검 하위 척도와는 상관을 보이지 않았고, MOCI의 점검 하위 척도는 PI의 점검 하위 척도와는 높은 상관을 보였지만 오염 하위 척도와는 상관을 보이지 않았다(Sternberger & Burns, 1990b; van Oppen, 1992). 또한 MOCI의 하위 척도들은 우울 지표들과는 수렴타당도 지표들에 비해서 상관이 낮은 점으로 볼 때, 이 하위 척도들 역시 변별타당도를 지니고 있는 것으로 보인다.

반면에, 내용타당도를 입증하기 위한 연구 결과들은 만족스럽지 못하다.

MOCI의 문항들은 주로 씻기와 점검 강박증상에 편중되어 있기 때문에, 내현적 강박행동이나 공격적 혹은 성적인 강박행동과 같이 강박장애 환자들이 보이는 다른 다양한 유형의 강박증상들을 타당하게 평가하지 못한다. 결과적으로, MOCI를 사용하게 되면 점검이나 씻기 강박증상을 보이는 환자들이 다른 유형의 강박증상을 보이는 환자들에 비해 높은 점수를 받을 가능성이 높다. 뿐만 아니라 '예-아니요'로 응답하는 방식 역시 증상의 심각도를 예민하게 평가하는 데 걸림돌이 될 수 있다. 이러한 점들을 고려한다면, 특히 씻기나 점검 이외의 강박증상이 주된 증상인 강박장애 환자들에게 있어서, 치료 효과를 평가하는 데 있어서 MOCI만을 단독적으로 사용하는 것은 문제가 될 수 있다.

이러한 문제점들을 보완하기 위해 **개정판(MOCI-R)**이 제작되었다(Rachman et al., 1995a). 개정된 척도에는 강박장애 환자들에게서 흔히 관찰되는 회피행동과 믿음들을 포함한 다양한 강박증상이 포함되어 문항은 84문항으로 늘어났고 17개의 하위 척도로 구성되었으며, 반응 양식 역시 5점 척도로 바꾸었다. 이 17개의 하위 척도는 네 개의 군집(오염, 위험, 강박사고 및 행동, 성격특성)으로 묶였다. 비임상 집단을 대상으로 한 초기 연구(Rachman et al., 1995)에서 이 척도는 적절한 내적 일관성과 타당도를 보여 주긴 하였지만, 여전히 몇몇 하위 척도 문항 간의 중복과 우울증상 척도들과의 높은 상관, 그리고 구성타당도 및 요인구조에 대한 문제점이 제기되었다(Taylor, 1998).

이후 이러한 점들을 반영하여 문항을 수정하고 재구성해 가면서 55문항으로 이루어진 새로운 개정판인 **벤쿠버 강박증상 질문지**(Vancouver Obsessional Compulsive Inventory: VOCI)가 만들어졌으며(Thordarson et al., 2004), 이 새로운 개정판에서는 이전의 그러한 문제점들이 상당 부분 개선되었다. VOCI는 강박 환자들이 주로 보이는 강박사고와 강박행동, 회피행동, 그리고 성격 특성까지 포함하여 평가할 수 있도록 개정되었으며, 여섯 개의 하위 척도(오염, 확인, 강박사고, 저장, 완벽성, 우유부단함)로 구성된다. VOCI는 우수한 내적 일관성 및 검사-재검사 신뢰도를 보였고, MOCI, PI, 자기보고형 Y-BOCS 등 다른 대표적인 자기보고형 강박척도와 양호한(r=.67~.85) 수렴타당도를 보였다(Thordarson et al., 2004). 반면에, 우울(BDI, r=.47), 불안(BAI, r=.43), 걱정(PSWQ, r=.36)과 같이 강박증상과 유사한 영역을 평가하는 다른 측정치들과는 상당 부분 중복되는 것으로 보여, 이러한 증상을 지닌 다른 진단군과의 변별타당도에 대한 추후 재검증 및 보강 연구가 필요하다. 또한 임상가 평정척도(Y-BOCS)에 의해 평가된 강박증상의 심각도와는 매우 약한 상관(r=.14)을 보였는데, 이는 아마도 이 척도가 강박증상의 다양한 영역을 모두 포괄하고 있기 때문으로 보인다(Storch et al., 2011). 요컨대, MOCI의 가장 최근 개정판인 VOCI는 이전 판들이 지닌 한계점들이 상당 부분 보완되었다고 할 수 있지만, 유사한 증상을 지닌 임상 집단을 대상으로 변별타당도에 대한 추후 재검증이 필요하며, 특히 증상의 심각도와 그 변화를 살펴보는 것이 중요한 치료효과 연구에서 얼마나 타당성이 있는지를 검증하는 것이 향후 보완되어야 할 과제라고 할 수 있다.

한편, 한국어판은 조대경(1985)이 처음으로 번안한 이후, 민병배와 원호택(1999)이 정상 대학생들을 대상으로 요인구조 및 신뢰도와 타당도를 조사한 바 있다. 이때 4요인(확인, 깔끔함, 의심, 오염에 대한 두려움) 구조가 나타났다. 원판에 대하여 외국에서 확인된 요인구조와 비교해 보자면, 원판에서는 보고되었던 '지체' 요인은 확인되지 않았고, 선행 연구에서 일관되게 나타났던 '청결' 요인은 깔끔함과 오염 요인으로 분리되었다는 차이점이 있다. 반면에, 원판에서도 나타났던 확인, 오염, 의심 요인은 한국판에서도 반복 확인되었으므로, 이 요인은 임상 집단이나 정상 집단에 걸쳐 비교적 안정된 요인인 것으로 보인다.

파두아 강박증상 목록지

파두아 강박증상 목록지(Padua Inventory: PI)의 최초 판은 정상 집단과 임상 집단을 대상으로 하여 가장 보편적인 강박사고와 강박행동을 평가하기 위해 5점 척도(0~4점)로 평정되는 60개의 자기보고형 문항들로 구성되었다(Sanavio, 1988). 이 초기 판은 문항들 간에 만족할 만한 내적 일관성과 1개월 간격의 검사-재검사 신뢰도를 보였으며, 4요인(정신적 활동에 대한 통제의 손상, 오염, 점검행동, 근육 운동 행동에 대한 충동과 통제력 상실에 대한 걱정) 구조가 확인되었다. MOCI와는 .70, LOI와는 .66~.71의 수렴타당도를 보였으며, 다른 신경증적 증상을 지닌 외래 환자들과 강박증 환자들을 잘 구분해 주는 것으로 보고되었다. 이후 임상 집단을 대상으로 한 몇몇 요인분석 연구에서는 5요인(충동, 씻기, 점검하기, 반추, 정확성)이 확인되어 이후 41문항으로 개편된 개정판(PI-R)이 출간되기도 하였지만(Van Oppen et al., 1995), 임상 집단과 비임상 집단을 통합한 또 다른 연구에서는 애초의 4요인 구조를 지지하는 결과가 보고되기도 하였다(Macdonald & de Silva, 1999).

초판이 나온 이래, PI가 강박사고와 '걱정(worry)'을 구분하지 못한다는 비판이 있어 왔고, 이에 원판의 문항 중에서 걱정을 측정하는 것으로 생각되는 모든 문항을 제거한 39문항의 개정판이 제시되었다(Burns et al., 1996). 이 개정판은 저자들의 소속 대학 이름을 붙여 **'워싱턴 주립대학 개정판 파두아 강박증상 목록지(PI-WSUR)'**로도 불리며, 다섯 개의 소척도로 구성되었다. ① 자신이나 타인에게 해를 가할지 모른다는 강박적 사고, ② 자신이나 타인에게 해를 가할지 모른다는 강박 행동, ③ 오염 강박사고와 청결(씻기) 강박행동, ④ 점검 강박행동, ⑤ 옷매무시나 용모를 점검하려는 강박행동이 그것이다. 초기 연구에서 이 다섯 개의 하위 척도는 만족스러운 내적 일관성(α=.77~.88)과 6~7개월 간격에 걸쳐 양호한 검사-재검사 신뢰도(r=.61~.84)를 보였다. 또한 15명의 강박장애 환자들이 다섯 가지 소척도 모두에서 정상 통제집단에 비해 유의하게 높은 점수를 얻었고, 팬실베이니아 걱정 질문지(PSWQ)와는 12% 정도의 변량만을 공유하는 것으로 드러나 34%의 공유 변량을 보였던 이전 판에 비해 변별타당도 역시 우수한 것으로 드러났다(Burns et al., 1996).

이 개정된 PI(PI-WSUR)가 이전 판에 비해 우수한 심리측정적 속성을 보이긴 했지만, 향후의 보강 연구에 의해 확립되어야 할 몇 가지 쟁점은 아직 남아 있다. 첫째, 앞에서 언급한 모든 심리측정적 연구 결과는 모두 단일한 연구에서 도출된 것이기 때문에, 보다 확장된 연구 대상을 통한 타당도 검증과정이 필요하다. 둘째, 증상의 변화에 따른 척도 점수의 변화가 얼마나 민감한지, 또는 치료 효과에 따른 증상의 변화를 얼마나 정확하게 반영하는지와 같은 타당도 연구도 아직 미미한 상태이다. 셋째, '걱정'과 강박증상을 비교적 만족스럽게 구별할 수 있다고는 해도 관련성이 있을 것으로 보이는 우울이나 여타 다른 신경증적 증상 역시 얼마나 잘 구별해 주는지를 밝혀 주는 연구도 빈약한 상태이다. 넷째, 이 척도가 반추나 강박행동과 같이 다른 도구에서는 다루지 않는 비교적 폭넓은 강박증상의 영역을 포함하고는 있지만, 중화행동이나 저장증상과 같은 몇몇 중요한 강박 증상들이 포함되어 있지 않다는 점은 이 척도를 사용함에 있어 고려의 대상이 되어야 한다(Clare, 2003 재인용).

한편, 60문항으로 된 원판 PI는 민병배와 원호택(1999)에 의해 한국어로 번안되고 정상 대학생들을 대상으로 신뢰도와 요인구조가 조사된 바 있다. 내적 일관성 계수는 각 요인별로 .88~.95로 우수한 수준이었고, 2주 간격의 검사-재검사 신뢰도는 .79~.85로 양호한 수준이었다. 요인 구조는 원판과 유사하였으며, 이탈리아, 미국, 오스트리아, 네덜란드 판으로 요인 분석된 결과와 유사하여 각 문화권에 걸쳐 안정된 요인 구조를 지니고 있는 것을 보인다.

강박증상 목록지

Foa 등(1998)은 이전에 사용되던 자기보고형 척도들이 강박장애의 다양한 증상을 포괄하고 있지 못하며, 그 각각의 강박사고와 강박행동의 유형별로 심각도를 평가하는 데 미흡한 점을 개선하고 임상가뿐 아니라 비전문가도 쉽게 응답할 수 있도록 하기 위해 새로운 자기보고형 척도를 개발하였다. 이렇게 개발된 강박증상 목록지(Obsessive-Compulsive Inventory: OCI)는 42문항의 자기보고형 질문문항들로 구성되어 있으며, 각 문항들은 각각 증상의 빈도와 심각도 측면에서 5점(0~4) 척도로 평가된다. 이 문항들은 모두 일곱 개의 하위 척도, 즉 ① 씻기(washing), ② 점검(checking), ③ 의심(doubting), ④ 정렬(ordering), ⑤ 강박사고(obsessing), ⑥ 저장(hoarding), ⑦ 정신적 중화행동(mental neutralizing)으로 구성되어 있다.

OCI는 강박장애 환자들을 대상으로 했을 때, 전체 문항에서는 내적 일관성이 우수한 편(.92~.93)이었고, 일곱 개의 하위 척도에서는 .68(obsessing)~.96(washing)로 대체로 양호한 수준의 내적 일관성을 보였다. 또한 1~4주 간격으로 측정된 검사-재검사 신뢰도 역시 .68~.97로 양호한 수준이었고, MOCI와 CAC와는 높은 상관을 보였고 우울(BDI)이나 불안(BAI) 척도의 측정치와는 이보다 낮은 상관을 보여 수렴타당도와 변별타당도 역시 수용할 만한 수준이었다(Foa et al., 1998).

OCI가 심리측정적 속성이 양호하고 또 기존의 도구들보다 다양한 증상을 담고 있다는 점에서는 유용성이 있지만, 증상의 빈도와 심각도를 따로 평가하기 때문에 응답자들이 그 차이를 잘 이해하기 어렵고 응답하는 데 시간도 많이 걸렸으며, 또 실제로 빈도와 심각도 간에 상관관계가 매우 높았기 때문에(.90 이상) 응답의 중복성에 문제가 제기되었으므로 이보다 더 간결한 개정판(OCI-R)을 개발하게 되었다(Foa et al., 2002). 원판(OCI)에 대한 일련의 요인분석을 거쳐 중복되는 문항을 삭제하면서 18문항으로 축소되었고, 7개의 하위 척도 중 의심(doubting) 요인이 제거된 6요인 구조가 확인되었다. 338명의 새로운 표집(강박장애 환자 118명, 일반화된 사회불안장애 환자 75명, 외상 후 스트레스 장애 환자 71명, 불안장애를 진단받지 않은 통제집단 71명)을 통해 신뢰도와 타당도를 검증해 본 결과, 강박장애 환자 집단을 대상으로 했을 때 전체 문항 및 각 하위 척도들의 내적 일관성은 우수한 수준(α=.81~.90)이었고, 2주 간격의 검사-재검사 신뢰도 역시 우수한 수준(r=.74~.91)이었다. 또한 Y-BOCS 총점과는 .53, GOCS와는 .66, MOCI와는 .85의 상관을 보여 수렴타당도는 양호한 수준이었다. 그러나 함께 실시한 임상가용 우울척도(HRDS)와는 .58, 자기보고형 우울척도(BDI)와는 .70의 상당히 높은 상관을 보여 특히 자기보고형으로 평가할 경우 우울증상을 지닌 사람들과 강박장애 환자들을 잘 변별하지 못할 가능성이 제기되었다. 한편, OCI-R의 한국판은 임준식(2007)에 의해 번안되고 신뢰도와 타당도가 보고된 바 있다.

요약하면, OCI-R은 18문항으로 이루어진 자기보고형 척도이기 때문에 연구나 임상에서 사용하기 간편하고 기존의 다른 도구들보다 강박증상의 다양한 범위를 담고 있고 또 대체로 심리측정적 속성이 양호한 편이라는 장점이 있지만, 증상의 심각도보다는 증상이 존재하느냐의 여부에 의해 점수가 더 영향을 받을 가능성이 있으며, 총점만을 통해 진단할 때 특정한 유형의 강박증상만 지니고 있는 환자의 심각도를 저평가하게 될 가능성도 있다. 또한 개발자들이 보고한 결과에서도 나타났듯이, 변별타당도가 낮기 때문에 강박증상과 유사한 다른 증상을 지닌 환자를 오진할 가능성에 대해 추후 연구와 보완이 필요해 보인다.

레이톤 강박증상 목록지

원판 레이톤 강박증상 목록지(Leyton Obsessional Inventory: LOI; Cooper, 1970)는 원래 가사와 육아에 있어서 완벽주의적 성향을 지닌 가정주부를 평가할 목적으로 개발되었으며, 카드분류 방식으로 수검자들이 스스로 자신과 일치하는 문항카드를 선택하여 그 선택된 문항들을 다시 그 증상에 대하여 스스로 저항하는 정도와 일상생활을 방해하는 정도에 대해 각각 5점과 4점 척도로 점수를 부여하는 방식으로 시행되었다. '예/아니요' 방식으로 응답되는 69문항은, 오염에 대한 공포와 같이 강박장애 환자들의 증상을 표현하는 46문항, 그리고 깔끔함을 선호하는 것과 같이 강박적 성격 경향을 표현하는 23문항으로 구성되어 있다. 이후 이 척도가 일반인 집단의 가정주부뿐 아니라 임상에서 강박장애를 진단하는 데도 폭넓게 사용되면서 요인 구조를 탐색하는 연구들이 있어 왔는데, 연구자들은 대개 3~5개의 요인을 보고하였다. 점검(checking), 청결 및 정돈, 민감성, 불완전함, 우유부단, 반추 등(Wellen et al., 2007 재인용)이 그것이다.

원래 이 척도의 개발 목적과 시행 방식에서 알 수 있듯이, 이 척도는 강박장애의 증상뿐 아니라, 정상인들이 지니고 있는 강박 성향을 비교적 세밀하게 평가한다는 점이 특징적이다. 그러나 문항 수가 너무 많고(69문항) 또 평가자와 일대일로 실시하며 실시 절차가 복잡하고 시간이 많이 걸리기 때문에 이후 설문지에 응답하는 지필형 방식으로 시행할 수 있는 새로운 판이 만들어져 신뢰도와 타당도가 보고된 바 있다(Snowdon, 1980: 이민규, 1987 재인용). 그러나 이 지필형 검사 역시 여전히 문항이 많고 저항과 지장의 정도를 따로 평가하는 절차상의 번거로움을 해소하기 위해 강박증상을 평가하기 위한 30문항으로 구성된 **지필형 단축판**(Leyton Obsessional Inventory-Short Form: LOI-SF)이 개발되었다(Mathews et al., 2004). 그러나 이 척도는 임상 집단을 대상으로 한 심리측정적 속성이 거의 보고된 바 없고, 몇몇 아동용 판은 신뢰도와 타당도가 낮게 보고되었다(Storch et al., 2011 재인용). 한편, LOI의 지필형 판(69문항)에 대한 한국판은 이민규(1987)에 의해 번안되고 중 · 고등학생 및 대학생을 대상으로 신뢰도와 타당도가 보고된 바 있다.

한편, LOI의 내용타당도와 관련해서 몇 가지 우려할 만한 점이 있다(Clare, 2003 재인용). 첫째, LOI의 문항들이 청결과 씻기와 관련된 문항에 너무 편중되어 있기 때문에 이러한 증상이 아닌 다른 강박장애의 증상을 충분히 평가하지 못할 가능성이 높다. 특히 중요한 강박증상 중 하나인 점검이나 강박사고와 관련된 문항 수가 너무 적은 편이며, 공격적이고 성적인 강박사고 역시 적다. 둘째, 증상의 심각도와 증상에 대한 저항을 측정하는 영역이 혼재되어 있다. 즉, LOI는 증상에 대해 더 강하게 저항하고 있으면 증상이 더 심각한 것으로 간주하지만, 강박증상에 대한 강한 저항은 오히려 강박증상의 표현을 약화시킨다는 보고가 있다. 게다가 LOI는 강박장애를 평가하는 다른 척도에 비해 치료 효과로 인한 증상의 변화에 민감하지 못하다는 비판이 있어 왔다.

플로리다 강박증상 목록지

플로리다 강박증상 목록지(Florida Obsessive Compulsive Inventory: FOCI)는 다양한 강박증상의 존재 유무와 그 심각도를 빠른 시간에(5분 이내에) 탐지해내기 위한 목적으로 제작되었다(Storch et al., 2007). 이 척도는 총 25문항으로 구성되어 있으며, 겪고 있는 증상의 종류와 그 증상의 심각도를 평가하는 두 가지 하위 척도로 구성된다. 증상의 종류는 Y-BOCS에서 추출한 열 가지 강박사고와 열 가지 강박행동에 대해 그 증상이 존재하는지의 여부에 체크하도록 되어 있다. 증상의 심각도는 다섯 가지 문항, 즉 ① 지속시간, ② 주관적 고통, ③ 통제력의 정도, ④ 회피행동, ⑤ 일상생활의 방해 정도로 평가한다.

따라서 증상목록 척도의 점수는 20문항을 합산하여 0~20점 범위에 분포하며, 점수가 높을수록 더 많은 유형의 증상을 경험하고 있다는 것을 나타낸다. 증상 심각도 총점은 5문항에 대하여 6점 척도(0~5점)로 평정한 점수를 모두 합산하므로 0~25점 사이에 분포하며 점수가 높을수록 그가 경험하는 증상이 심각한 수준이라는 것을 나타낸다.

강박장애로 진단된 113명의 환자들을 대상으로 한 신뢰도 분석 결과, FOCI의 내적 일관성은 .83~.89 범위로 양호한 수준이었다. 또한 FOCI의 증상척도 및 심각도 척도의 총점과 Y-BOCS 총점과는 각각 .47 및 .89, CGI(Clinical Global Impression Scale) 척도와는 .29 및 .43을 보여 비교적 양호한 수렴타당도를 보였다. 그러나 일반적인 우울감을 측정하는 다른 척도들(BDI, HRDS)과도 .36~.70의 비교적 높은 상관을 보여 우울증 환자들을 잘 변별하지 못할 가능성이 제기되었다. 비슷한 문항 수를 지닌 OCI-R과 비교해 볼 때, FOCI의 심리측정적 속성에 대한 연구는 개발자들이 보고한 것 외에는 매우 제한되어 있기는 하지만, FOCI의 증상 심각도 척도의 점수는 Y-BOCS의 증상 심각도 측정치와 높은 상관을 보였으며, 이는 임상가가 평정하는 것이 아닌 환자의 자기보고에 의해 증상의 심각도를 간편하게 평가할 때 유용한 도구일 가능성을 시사한다(Aldea et al., 2009).

자기보고형 예일-브라운 강박척도

예일-브라운 강박척도(Y-BOCS)는 강박장애를 가장 세밀하고 일관되게 평가할 수 있는 평정 도구이지만, 임상가의 세밀한 면접에 의해서만 결과를 산출할 수 있다는 제한점이 있다. 이에 Y-BOCS와 유사한 정도의 심리측정적 속성을 보유하고 있으면서도 보다 간편하게 사용할 수 있는 자기보고형 척도의 개발이 시도되었다(Steketee et al., 1996b). 자기보고형 예일-브라운 강박척도(Y-BOCS Self Report: Y-BOCS-SR)는 증상의 유형과 증상의 심각도를 평가하는 임상가 평정용(Y-BOCS)과 유사한 구조를 지닌다. 즉, Y-BOCS에 포함된 다양한 강박사고와 강박행동 중 어떤 증상을 경험하는지 체크한 이후에, 자신이 체크한 그 증상을 염두에 두면서 각각의 증상이 얼마나 심각한지를 묻는 열 개의 문항에 응답하게 된다. 증상의 심각도는 다섯 가지 측면, 즉, ① 강박사고 및 행동에 소요되는 시간, ② 그 증상이 일상생활을 방해하는 정도, ③ 그 증상으로 인한 고통감의 정도, ④ 그 증상에 대한 저항의 정도, ⑤ 그 증상에 대한 통제력의 정도에 따라 평가된다.

이 척도의 내적 일관성은 강박장애 환자군(α=.55~.78)보다는 비임상군(α=.84~.90)에서 더 높은 편이었고, 전반적으로 임상가 평정용 척도(Y-BOCS)와 유사한 정도였다. 1주 간격의 검사-재검사 신뢰도는 각 척도별로 .40~.83으로 양호한 편이었고, Y-BOCS보다 우수한 편이었다. 또한 수렴 및 변별 타당도 역시 수용할 만한 수준이었다(Steketee et al., 1996b). 비록 Y-BOCS보다는 시간이 덜 걸리긴 하지만, 그럼에도 불구하고 임상에서 이 척도를 완성하기까지는 대략 30분 정도가 소요될 정도로 다른 자기보고형 척도에 비해서는 환자들의 부담이 크다(Storch et al., 2011).

클라크-벡 강박증상 목록지

강박장애에 대한 평가는 우유부단함, 완벽주의, 의심 등의 증상을 지닌 환자들에게 있어서 그 평가과정 자체가 하나의 도전이며, 이 평가과정 자체가 강박장애 환자들을 좌절시키거나 그 이후에 이루어질 치료에 대한 참가 의지를 좌절시킬 수 있다. 클라크-벡 강박증상 목록지(Clark-Beck Obsessive Compulsive Inventory: CBOCI)는 이러한 점을 최소화하기 위해 가급적 간결하게 수행할 수 있는, 그러나 동시에 진단의 정확도를 지나치게 희생하지는 않는 도구를 개발하려는 목적으로 제작되었다. 아울러 DSM-IV가 담고 있는 강박장애의 주된 증상 영역 및 강박장애를 설명하는 주요 이론적 모형인 인지-행동적 모형도 포괄할 수있는, 그리고 BDI와 BAI와 함께 사용할 수 있는 도구를 만들려는 목적도 담고 있다(Clark et al., 2005).

CBOCI는 강박사고를 측정하는 14문항과 강박행동을 측정하는 11문항의 총 25문항으로 구성되어 있다. 3점 척도에 응답하도록 되어 있는데, BDI의 형식을 따라 "지난 2주간 당신의 사고, 느낌, 행동을 가장 잘 기술하는 진술문을 고르십시오."라는 지시문과 함께 각각의 점수 항목마다 그 증상의 빈도나 심각도가 점점 강하게 기술된 문장이 기술되어 있다.

총점에 대한 내적 일관성 계수(α)는 강박장애 집단에서 .93, 강박장애가 아닌 여타 불안이나 우울 장애 집단에서 .95, 대학생 집단에서 .86로 우수한 수준이었고, 1개월 간격으로 실시된 검사-재검사 신뢰도 계수(r)는 .77로 양호한 수준이었다. 함께 실시된 Y-BOCS 총점과는 .60, PI-WSUR 총점과는 .65의 상관을 보여 적절한 수렴타당도를 나타냈지만, 걱정 질문지(PSWQ) 총점과 .53, 벡 불안척도(BAI)의 총점과 .49, 그리고 벡 우울척도(BDI-II)와는 .57의 상관을 보여 강박증상이 아닌 일반적인 불안이나 우울증상을 잘 변별하지는 못하는 것으로 나타났다(Clark et al., 2005).

요약하면, CBOCI는 다른 자기보고형 평가 도구에 비해 문항 수가 적기 때문에 선별용으로 간편하게 실시할 수 있으면서도 강박사고와 강박행동을 균형 있게 평가하며, 특히 강박장애의 인지적 모델을 따라 증상 형성에 기여하는 인지적 측면을 평가할 수 있는 문항들이 포함되어 있다는 점이 특징적이다. 유사한 목적으로 개발되었고 더 적은 문항 수를 가진 OCI-R도 있지만, 강박행동 영역에 더 치우쳐 있는 OCI-R(강박사고 측정 문항 = 17%)과 달리 CBOCI는 강박사고를 측정하는 문항(56%)과 강박행동을 측정하는 문항과 균형을 맞추고 있다는 차별점을 지닌다. 다만, 기존의 척도와 마찬가지로 변별

타당도에 대한 개선이 필요하며, 치료 효과에 따른 증상의 변화에 대한 민감도를 평가한 연구가 없는 등, 이 척도에 대한 보다 광범위한 심리측정적 속성을 확인한 연구들이 별로 없다는 점은 추후의 연구 과제로 남아 있다.

차원적 강박척도

Abramowitz 등(2010)은, 기존의 강박척도가 지니고 있는 몇 가지 중요한 문제점들을 다음과 같이 열거하고 있다.

첫째, 기존의 척도들이 강박증상의 심각도를 평가하는 방식은 응답자들이 그 척도의 문항 중에서 얼마나 많은 증상 유형에 응답했는지에 너무 치우쳐 있다. 별로 심각하지 않은 강박증상이라도 여러 가지 유형의 강박증상을 경험하고 있다고 응답하면 점수가 높아진다. 반면에, 특정한 한 가지 유형의 증상이지만 주관적 고통이나 일상생활을 방해하는 정도가 매우 심한 경우에는 낮은 점수를 받게 될 수 있다.

둘째, 강박사고나 강박행동의 유형은 매우 다양하고 독특한 면이 있는데, 기존의 척도들은 이 모든 유형을 다 포괄하기도 어렵고 특정한 유형에 너무 치우친 문항들로 구성되어 있다. 예를 들어, PI-R은 타인에게 해를 가하는 것과 관련된 강박사고(harm obsessions)를 나타내는 문항들이 중복되어 있어서 대칭 강박증상을 가지고 있는 환자가 이 척도에서 응답하게 되면 점수가 낮아지게 된다. 또한 몇몇 강박증상은 당사자도 잘 인식하지 못하고 있거나 모호하게 경험하는 '내현적(covert)' 속성을 지니고 있는데, 이러한 것은 자기보고식으로 평가하기도 어렵고 명료한 인식이 어려우므로 비슷한 표현을 지닌 다양한 문항에 응답할 수 있으므로 과잉 혹은 과소 평가될 수도 있다.

셋째, 기존의 척도들은 주로 증상의 심각도를 다양한 차원에서 평가하기보다는 하나의 차원에서만 평가한다. 예를 들어, VOCI는 각 문항들이 자신에게 '얼마나 해당하는지'의 차원에서만 평가하며, OCI-R은 각 문항에서 기술하는 증상 때문에 얼마나 주관적인 고통을 겪고 있는지의 차원에서만 평가한다. 기존의 척도들이 대부분 변별타당도가 높지 않았던 이유, 예를 들어 BDI나 BAI로 측정되는 일반적인 불안이나 우울의 정도와 높은 상관관계를 보였던 이유는 이처럼 증상의 심각도를 주관적인 고통의 수준과 같은 단일 차원에서 측정했기 때문일 가능성이 높다.

넷째, 기존의 척도들은 강박사고와 강박행동이 마치 현상학적으로 분리된 속성인 것처럼 따로따로 평가한다. 그러나 강박증상의 요인 구조를 탐색한 많은 연구는 강박사고와 강박행동이 깔끔하게 분리된 요인으로 존재한다는 것을 보여 주지 못했다.

다섯째, 강박증상 중의 회피행동이 적절하게 평가되지 못하는 경향이 있다. OCI-R이나 Y-BOCS는 회피행동을 평가하는 문항이 포함되어 있지 않으며, PI나 PI-R은 회피행동과 관련된 한두 문항이 포함되어 있기는 하나 그것이 매우 특수한 상황(예: 공중화장실 이용)에 대한 회피와 관련된 문항일 뿐이다. 이러한 회피행동은 일상생활의 불편함과 부적응과 직결된 것이기 때문에, 이러한 척도를 사용할 경우 증상의 심각도가 저평가될 가능성이 높다.

마지막으로, 저장증상을 포함한 평가 도구들을 사용한다면 강박증상의 심각도를 잘못 평가하는 결과를 초래할 수 있다. 저장증상은 현재까지의 경험적 연구 결과들에 의하면 강박장애의 증상과는 이질적인 속성이 있다고 알려져 있고, 그 결과 DSM-5의 강박장애 진단기준에 포함되어 있지 않고 별도의 장애로 분리되어 있기 때문이다.

이러한 기존 도구들의 문제점을 개선하기 위해 Abramowitz 등(2010)은, 현재까지 진행된 강박증상의 요인 구조에 대한 연구들을 기반으로 하여 강박증상을 네 가지 주요 차원으로 나누어, 각 차원마다 증상의 심각도를 다차원적으로 평가할 수 있는 새로운 자기보고형 차원적 강박척도

(Dimensional Obsessive-Compulsive Scale: DOCS)를 개발하였다. 1,557명(강박장애 환자 315명, 다른 불안장애 환자 198명, 무작위로 표집된 대학생 1,044명)을 대상으로 탐색적 · 확인적 요인분석을 시행한 결과, 애초에 가정했던 4요인[① 오염(contamination), ② 책임감(responsibility), ③ 받아들일 수 없는 생각들(unacceptable thoughts), ④ 대칭(symmetry), 완벽함(completeness), 정확성에 대한 욕구(need for things to be 'just right')] 구조가 안정되게 지지되었다. 이 척도는 이 네 가지 차원별로 증상의 심각도를 다섯 가지 측면, 즉 ① 지속시간, ② 회피의 정도, ③ 주관적인 고통, ④ 일상생활에서의 지장, ⑤ 통제력의 정도에 따라 평가한다. 따라서 DOCS는 네 가지 차원별로 각각 증상의 심각도를 묻는 5문항씩 총 20문항으로 구성되어 있다.

이렇게 개발된 DOCS의 내적 일관성(α 계수)은 강박장애 환자군에서 .90~.96 범위였고, 여타 불안장애 환자 집단에서는 .84~.93, 비임상 학생 집단에서는 .83~.93으로 상당히 우수한 범위였다. 또한 12주 간격으로 시행된 검사-재검사 신뢰도는 총점에서 .66, 각 하위 척도에서는 .55~.66 범위로 적절한 안정성을 지닌 것으로 평가되었다. 타당도 검증 결과를 보면, Y-BOCS 총점과는 .54, OCI-R 총점과는 .65~.71의 상관을 보인 반면, 우울 불안 스트레스 척도(DASS) 및 BDI, BAI, SIAS와 같이 일반적인 우울 및 불안 또는 사회불안을 측정하는 척도들의 총점과는 세 하위 집단에 걸쳐 .08~.52의 낮은 상관을 보였는데, 이 두 가지 유형의 척도에서 나타난 이러한 상관계수의 크기 차이는 통계적으로 유의한 정도였다. 즉, DOCS는 우수한 수렴 및 변별 타당도를 지닌 것으로 판단할 수 있다. ROC 분석을 통한 진단의 민감도와 특이도 역시 OCI-R보다 우수한 것으로 보고되었다.

한국판 DOCS(DOCS-K)는 강박장애 환자 54명을 대상으로 김혜원 등(2013)에 의해 표준화를 위한 연구가 진행된 바 있다. 내적 일관성 계수(α)는 네 가지 하위 척도에 걸쳐 .91~.95 범위로 우수한 편이었고, 요인분석 결과

원척도의 네 가지 요인이 한국의 강박증 환자들에게서도 타당하다는 것이 지지되었고, OCI-R-I의 총점과는 .71, Y-BOCS 총점과는 .64의 상관을 보여 수렴타당도 역시 우수한 것으로 보인다. 다만, DOCS-K 총점과 BDI 및 BAI 총점과의 상관이 .38 및 .49를 보였다. 특히 하위 척도 중 세 번째 척도인 '받아들일 수 없는 생각들'과는 원판보다 높은 .59 및 .67의 높은 상관을 보여, DOCS가 우울이나 불안과 같은 다른 신경증적 증상을 지닌 환자들을 잘 변별하지 못할 가능성이 제기되었다. 요컨대, DOCS-K는 강박장애 환자 53명이라는 적은 피험자를 대상으로 표준화를 위한 연구가 시도되었다는 점에서 향후 다양한 환자군 및 일반인까지 포함한 큰 표본을 사용한 연구가 필요하며, 또 변별타당도에 대한 연구가 보강될 필요가 있다.

기타 보조적 평가 도구

강박장애는 그 증상의 차원에서 볼 때 사고와 행동의 측면으로 표현되고, 진단은 주로 이 두 측면에 초점을 맞춘다. 그러나 사고의 측면만 보더라도, 강박장애의 인지 모델을 따를 때 강박 관련 신념들, 자동적 사고, 침습적 사고, 신념에 대한 주관적 평가 등 관찰된 강박사고를 유발하는 데 기여하는 것으로 추정되는 다양한 인지과정이 개입된다. 또한 이러한 인지적 과정은 행동으로 표출된 강박증상과 긴밀한 연관을 맺고 있으며, 이러한 행동적 특징이 그가 처한 환경과 상호작용할 때 다양한 일상적 기능의 장애로 파급된다. 뿐만 아니라 강박장애를 유발하는 데 기여하는 원인적 요소로서의 취약한 성격 특성이나 기질 또는 유전적 소인이나 생물학적 결함 등도 관여한다. 따라서 다양한 자기보고형 · 임상가 평정용 도구가 있다 하더라도, 그것만으로는 강박증상의 한정된 일부 영역에만 초점을 맞출 수밖에 없다. 따라서 강박증상의 현상적 측면뿐 아니라 그 증상의 발현에 기여하는 다양한 인지적 · 성격적 · 생물학적 기제를 파악하기 위한 평가 방법이 필요하다. 강박장애의 이러한 다양한 측면을 모두 다 포괄할 수 있는 단일한 평가체계를 만드는 것은 현재로서는 거의 불가능한 일이다. 현재로서는 증상 유형이나 심각도와 같이 포괄적인 측면뿐 아니라 특정한 측면에 초점을 맞추어 평가할 수 있는 도구들이 각각의 측면에 관심을 가진 개별 연구자들이나 연구 그룹에 의해 개발되어 사용되고 있다. 그중에서도 현재까지 가장 활발하게 개발되어 온 영역은 강박증상을 인지 모델에 의해 이해하고 치료하기 위해 인지적 측면을 평가하기 위한 자기보고형 도구들이다.

강박장애 관련 성격 특성을 평가하는 자기보고형 질문지

강박장애와 밀접한 관련이 있는 것으로 보이는 성격적 특성(완벽주의나 우유부단함, 과도한 책임감 등)을 평가하려는 몇몇 도구가 개발된 바 있다. 완벽주의적 성향은 다양한 임상적 증상과 관련이 있지만, 특히 강박적 성격장애나 강박증상과 밀접한 관련이 있다. Frost 등(1990)은 이러한 완벽주의 성향을 여섯 가지 차원에 걸친 총 35문항에 대해 5점 척도(1~5)로 응답하도록 만든 자기보고형 설문지인 **다차원적 완벽주의 척도**(Frost Multidimensional Perfectionism Scale: FMPS)를 개발하였다. FMPS에 포함된 여섯 가지 완벽주의 차원은 ① 실수에 대한 염려, ② 개인적 기준, ③ 부모의 기대, ④ 부모의 비판, ⑤ 행위에 대한 의심, ⑥ 정리 및 조직화이다. 이후 이 여섯번째 차원은 나머지 차원과의 관련성이 미약한 것이 드러나 이 차원을 제거한 29문항을 통해 총점을 산출하도록 개선되었다. 또한 Frost와 Show(1993)는 강박행동 중 점검 강박행동은 지연행동을 초래하기 때문에 특히 일상기능의 장애를 초래할 수 있는데, 이러한 점검 강박행동과 밀접한 관련이 있는 것으로 보이는 성격 특성을 평가하기 위해 15문항(1~5점)으로 구성된 **우유부단성 척도**(Indecisiveness Scale: IS) 역시 개발하였다. 이 척도는 잘못된 결정을 할 것에 대한 두려움이나 결정을 미루는 행동을 평가한다.

다양한 부정적인 정서 중에서 특히 강박장애 환자들이 보이는 과도한 책임감과 긴밀하게 연결되어 있는 것은 죄책감이다. Kugler와 Jones(1992)는 45문항의 **죄책감 목록지**(Guilt Inventory: GI)를 개발하였으며, GI는 특성 죄책감(trait guilt)과 상태 죄책감(state guilt), 그리고 도덕적 기준(moral standards)을 평가한다. 또한 강박장애를 지닌 사람들은 우연히 발생하는 일들에서 필연적인 불길한 사건들을 예감하거나 사건들과의 필연적인 인과관계를 추측하는 등 미신적인 성향이나 마술적인 사고에 의존하는 경향이 있다. Frost 등(1993)은 이러한 성향을 측정하기 위해 미국 사회에서 통용되는 전형적인 미신적 신념의 정도를 측정하기 위한 22문항으로 구성된 **행운 신념 질문지**(Lucky Beliefs Questionnaire: LBQ)를 개발하였다.

강박장애 관련 인지과정을 평가하는 자기보고형 질문지

강박증상을 유발하고 유지하는 데 관여하는 것으로 보이는 인지적 과정을 평가하는 도구들도 있다. 먼저, Rachman과 de Silva(1978)에 의해 침투적 강박사고의 속성에 대한 탐구가 본격적으로 시작되었고 이를 측정하기 위한 도구가 개발되기 시작했다. 침투적 사고가 강박증상의 유발과 유지에 핵심적인 역할을 한다는 데 대해 많은 연구자의 동의가 이루어진 이후, 이 침투사고의 유형이나 강도 등을 평가하기 위한 자기보고형 질문지들이 개발되어 왔다. Rachman과 동료들이 처음에 사용한 문항을 기반으로 하여 침투사고의 빈도와 통제력, 고통감까지 함께 평가할 수 있도록 개선한 60문항의 **침투적 사고와 충동 조사지**(Intrusive Thoughts and Impulses Survey: ITIS)가 Niler

와 Beck(1989)에 의해 개발된 바 있다. 비슷한 시기에 16문항으로 침투적 사고의 형태, 빈도, 유발자극, 지속시간, 대처 전략, 스트레스의 정도 및 지각된 통제력까지 평가하는 Edwards(1985)의 **침투적 사고 질문지**(Intrusive Thoughts Questionnaire: ITQ)도 개발되었다.

또한 Clark와 de Silva(1985)는 불안 및 우울 유발 사고와 이러한 사고에 어떻게 반응하는지를 다섯 가지 평가(appraisal) 차원(빈도, 슬픔, 걱정, 제거, 인정하지 않음)으로 평가하는 **고통유발 사고 질문지**(Distressing Thoughts Questionnaire: DTQ)를, 그리고 DTQ의 여섯 개 불안 관련 진술 문항에 덧붙여 그 외의 다른 독특한 침습사고가 있는지를 개방형으로 묻는 질문들이 부가된 **인지적 침투사고 질문지**(Cognitive Intrusions Questionnaire: CIQ)가 Freeston(1990)에 의해 개발하였다. CIQ는 제시된 각각의 침투사고에 대해 열세 가지 평가 차원(빈도, 슬픔, 걱정, 제거, 인정하지 않음, 죄책감, 신념, 유발자, 형태, 사용된 사고 제거 전략, 그 전략의 성공, 불편감 감소, 지각된 책임감)에서 자신의 증상을 평정하게 된다. 마지막 열네 번째 차원은 수검자가 경험하는 그 외의 다른 침습적 사고이다. CIQ는 각각의 침습적 사고에 대한 열세 가지 평가 차원에서 평정된 점수를 합산하고, 그들이 사용하는 침습적 사고에 대한 아홉 가지 대처 전략을 확인할 수 있는 척도로 구성되어 있다. CIQ는 다양한 강박사고를 폭넓게 그리고 동시에 세밀하게 평가할 수 있다는 장점 때문에 원치 않는 침습적 사고를 측정하기 위한 다른 어떤 자기보고형 도구보다 광범위하게 이용되어 왔지만, 일반적인 불안이나 우울의 측정치들과 너무 높은 상관을 보이고 있고, 걱정과 같이 다른 불안장애 환자들이 경험하는 불안 관련 사고와 강박사고를 잘 변별하지 못한다는 비판에 대해 개선이 필요해 보인다(Clark & Purdon, 1995).

CIQ의 이러한 문제점은 강박사고의 내용을 고려하지 않았던 것이 주요 원인이라 생각하여 Purdon과 Clark(1993)는 여타 다른 불안장애 환자들이 경험할 수 있는 걱정이나 우울 관련 사고들과 구별되는, 강박장애 환자들만이 독특하게 경험하는 자아이질적인 강박적 침투사고를 평가할 수 있는 52문항의 **강박적 침투사고 목록지**(Obsessional Intrusions Inventory: OII)를 개발하였다. OII는 각 문항들이 기술하는 침투적 사고의 빈도 뿐 아니라, 응답자들이 가장 불편해하는 침투사고에 대하여 일곱 가지 평가 차원(불쾌함, 혼란, 죄책감, 유발자에 대한 회피, 통제 불가능성, 수용 불가능성, 실제 발생할 것이라는 믿음)과 열 가지 통제 전략에 걸쳐서 평정하도록 요구한다. 이후 '혼란' 차원을 삭제하고 4개의 새로운 평정척도를 첨가하여 **개정판**(Revised OII: ROII)이 제작되었다. ROII에 대한 요인분석 결과, 남성에게서는 단일 요인이 도출되었으나 여성에게서는 '성(sex) · 공격성' 및 '더러움 · 오염'이라는 두 가지 요인이 도출되어 성별에 따른 차이가 있는 것으로 보였다. 또한 회귀분석 결과 ROII의 총점은 여타 불안이나 우울증상의 측정치보다는 강박증상을 더 잘 설명하였고, PSWQ로 측정한 '걱정'과는 상관이 없는 것으로 나타나 변별타당도도 우수한 것으로 보인다(Purdon & Clark, 1993, 1994).

강박장애에 대한 인지이론에 의하면, 누구나 경험할 수 있는 원치 않는 침습적 사고와 임상적인 수준의 강박사고의 차이를 유발하는 매개적 요인은 그 개인이 지니고 있는 과도한 책임감과 역기능적인 상위인지적(meta-cognitive) 신념들이다. 이러한 책임감과 관련된 신념들은 침투적 사고가 발생했을 때 그것을 어떻게 해석하고 평가하는지를 결정한다. Salkovskis 등(2000)은 일반적인 불안장애와 관련된 신념을 평가하는 기존의 역기능적 태도 척도(Dysfunctional Attitude Scale: DAS; Beck et al., 1991)에 근거하여 책임감과 관련된 일반화된 믿음을 평가하기 위해 26문항의 **책임감 태도 척도**(Responsibility Attitude Scale: RAS)를 개발하였다.

RAS는 강박장애 환자들의 과도한 책임감이나 위해에 대한 걱정을 유발하는 것으로 보이는 일반적인 태도와 믿음을 담고 있는 문항들로 구성되어 있으며 각 문항에 대해 7점 척도로 평가한다. 문항들 간의 일관성과 2주 간격의 검사-재검사 신뢰도는 모두 우수한 편이었으며(α=.92, r=.94), 비임상 집단이나 다른 불안장애로 진단받은 집단에 비해 강박장애 집단의 RAS 점수가 유의하게 높았고, BDI와 BAI로 평가한 일반적인 불안이나 우울의 영향을 통계적으로 제거한 이후에도 MOCI(r=.52) 및 OCI(r=.55)와 유의한 상관을 계속 유지하는 등 타당도 역시 우수한 수준이었다. RAS와 함께 Salkovskis 등(2000)은 **책임감 해석 질문지**(Responsibility Interpretations Questionnaire: RIQ)도 함께 개발하였다.

RIQ는 있을 수 있는 위해에 관한 침습적 사고들을 어떻게 해석하는지를 기술하는 22문항(16문항의 높은 책임감 해석 문항 + 6문항의 낮은 책임감 해석 문항)으로 구성되어 있으며, 각 문항에서 기술되는 책임감 관련 사고를 빈도와 믿음의 정도라는 두 가지 차원에서 평가한다.

먼저, 첫 페이지에서 응답자들은 침습적 사고에 대한 정의와 함께 "연구에 의하면 정도의 차이는 있지만 대부분의 사람이 받아들이기 어려운 생각들을 경험한다고 하므로 그것은 비정상적인 것이 아닙니다."라는 내용으로 침습적 사고가 무엇인지를 설명하는 내용 및 침습적 사고의 대표적인 다섯 가지 예가 제시된 지시문을 읽은 후, 자신이 최근 경험한 침습적 사고를 적어야 한다. 그러고 나면 "그런 생각들에 의해 고통을 받게 될 때 당신의 마음속에 어떤 생각들이 스쳐 지나갔는지"를 기술하는 22문항에 대해 빈도와 믿음을 평가하는 두 단계의 평가과정을 거쳐야 한다. 즉, 그 침습적 사고에 대한 높고 낮은 책임감 해석 관련 사고를 담고 있는 22개의 문항에 대해 빈도평가는 5점 척도(0: 전혀~4: 항상)상에서 응답하며, 믿음의 정도는 빈도를 평정할 때 응답했던 동일한 22문항에 대해 0~100점(0: 전혀 그것을 믿지 않는다~100: 그 생각이 참이라는 것을 완전히 확신한다) 사이의 시각화된 직선 위에서 평정하게 된다. 따라서 RIQ는 높은/낮은 책임감 해석 문항들에 대하여 각각 빈도점수 두 가지와 믿음 정도 두 가지의 모두 네 가지 점수가 도출된다(Salkovskis et al., 2000).

RIQ의 내적 일관성은 높은 책임감 해석 문항들(α=.92 및 α=.93)과 낮은 책임감 문항들(α=.86 및 α=.91)에서 모두 상당히 높은 편이었지만, 2주 간격의 검사-재검사 신뢰도는 높은 책임감 문항들에서는 양호했으나(r=.80 및 r=.90) 낮은 책임감 문항에서는 신뢰하기 어려운 수준이었다(r=.69 및 r=.22). 한편, 함께 실시한 다른 강박증상의 측정치인 MOCI(r=.56)와 OCI(r=.68)와의 상관이 BDI(r=.39) 및 BAI(r=.57)와의 상관보다 높았고, RIQ의 높은 책임감 해석 척도의 점수들은 일반 통제집단이나 다른 불안장애 집단보다 유의하게 높아 타당도는 적절한 수준으로 보인다(Salkovskis et al., 2000).

한편, 강박장애를 연구하는 국제연구 그룹(Obsessive Compulsive Cognitions Working Group: OCCWG)에서도 그 전까지 개발된 척도들을 검토하여 RIQ와 비슷한 형식으로 **침투사고 해석 목록지**(Interpretation of Intrusions Inventory: III)를 개발한 바 있다(OCCWG, 1997, 2003, 2005).

강박장애 환자들이 보이는 과도한 책임감은 Freud가 강박장애의 핵심 특징으로 요약한 '사고의 전능성(omnipotence of thought)'과 밀접한 관련이 있다. 즉, 그들은 특정한 생각이 떠오른 것 자체만으로도 이미 그와 관련된 행위를 한 것처럼 지각하기 때문에 강박장애를 보이지 않는 사람들처럼 떠오른 침습적 생각을 그냥 쉽게 지나쳐 버릴 수는 없으며, 따라서 이는 예민한 도덕적 책임감을 불러일으키는 인지적 요인이 될 수 있다. 최근의 강박장애에 대한 인지이론에서는 이러한 특징을 '사고-행위 융합(Thought-Action Fusion: TAF)'이라는 용어로 설명하며, Shafren 등(1996)은 이를 측정하려는 자기보고형 도구인 **사고-행위 융합 척도**(TAF Scale)를 개발한 바 있다. 이 척도는 5점 척도(0~4)상에서 응답하며 19문항으로 구성되어 있고, 요인분석 결과 세 가지 요인이 드러났다. TAF-도덕성(예: "내가 만일 누군가를 해치려 하는 마음을 가졌다면, 그것은 해치는 행동을 한 것과 거의 똑같이 나쁜 것이다."), TAF-가능성-타인(예: "내가 만일 친척이나 친구가 교통사고가 나는 것을 생각했다면, 이것은 그 사고의 가능성을 증가시킨다."), TAF-가능성-자신(예: "내가 어디에서 떨어져서 다치는 생각을 한다면 이것은 내가 넘어져서 다칠 위험성을 증가시킨다."). 이 세 가지 요인 구조가 일반인과 학생들에게는 적합했으나 강박장애 환자 집단에서는 'TAF-가능성' 요인이 더 이상 분해되지 않는 2요인 구조[TAF-도덕성(moral), TAF-가능성(likelihood)]가 더 적합한 것으로 나타났다(Shafran et al., 1996).

강박증상의 인지적 측면에서 평가되어야 할 또 하나의 중요한 영역은 강박증상을 유발하고 그 증상을 지속시키는 데 관여하는 것으로 보이는 보다 안정적인 혹은 성향적 요인, 즉 강박증상과 관련된 '신념' 혹은 '믿음'이다. 현재 진단기준으로 삼고 있는 강박증상은 가장 객관적으로 관찰하고 보고하기 용이한 수준의 침습적 사고이다. 그러나 강박적 침투사고는 강박장애 환자들만 경험하는 것이 아닌 일반인들도 누구나 경험하는 것이며, 그 침습적 사고에 대해 어떻게 반응하는가의 여부가 강박증상으로 발전하느냐를 결정한다. 또한 그러한 방식으로 반응하게 만드는 보다 상위 수준의 인지적 요인이 있으며, 이는 특정한 내용의 강박사고나 그 사고를 유발하는 상황에 일대일로 대응하는 것이 아닌 보다 광범위하고 보편적인 믿음체계와 관련이 있어 보인다.

앞서 언급한 Frost 등(1990)의 다차원적 완벽주의 척도 역시 완벽주의적 신념과 관련된 변인을 측정하는 도구이며, 그 외에도 그러한 신념 영역을 측정하기 위한 자기보고형 질문지가 다양한 연구자들에 의해 개발되어 왔다. Rhéaume 등(1995) 그리고 Kyrios와 Bahr(1995)가 개발한 '책임감 질문지(Responsibility Questionnaire)', 생각을 지나치게 중요시하는 믿음체계를 평가하는 Shafran 등(1996)의 '사고행위 융합척도(TAF Scales)', Neziroglu 등(1999)

이 개발한 '과가치 관념 척도(Overvalued Idea Scale: OVIS)', Eisen 등(1998)이 개발한 '신념에 대한 브라운 평가척도(Brown Assessment of Beliefs Scale: BABS)' 등이 모두 그러한 강박 관련 신념을 평가한다.

강박장애를 연구하기 위한 국제적 연구그룹(OCCWG)의 연구자들은 기존에 사용되던 그러한 도구들을 총괄적으로 개관하면서, 그러한 도구들이 우울이나 불안 증상을 보이는 다른 정신장애와 관련된 신념과도 관련이 있으며, 오직 강박증상과만 독특하게 연결된 신념을 평가하지 못한다는 결론에 도달하였다. 따라서 OCCWG(2003, 2005)는 강박장애 환자들을 현장에서 오랫동안 보아 온 전문가들의 의견을 수렴하여 합리적 방식으로 강박 관련 신념 영역을 구성하고, 관련된 문항들을 수집하여 강박장애 환자, 불안장애 환자, 일반 대학생 집단을 대상으로 요인분석을 실시한 후 애초에 6요인에 걸친 87문항의 질문지를 개발하였으나 하위 요인 간의 상관이 너무 높아, 다른 집단을 대상으로 다시 탐색적 요인분석을 실시하여 최종적으로 3요인으로 통합한 44문항으로 구성하여 **강박신념 질문지**(Obsessive Belief Questionnaire: OBQ-44)를 제작하였다.

OBQ-44의 세 가지 요인은 ① 책임감 및 위협에 대한 평가(Responsibility/Threat Estimation), ② 완벽주의 및 확실성(Perfectionism/Certainty), ③ 사고의 중요성 및 사고에 대한 통제(Importance/Control of Thought)이었고, 각 하위 척도들의 내적 일관성은 우수한 수준이었으나, 세 요인 간의 상관은 강박장애 집단에서 .42~.57, 비강박장애 집단에서는 .64~.72로, 요인을 축소한 이후에도 상관은 비교적 높은 편이었다. 또한 OBQ의 점수가 불안이나 걱정 혹은 우울의 측정치와도 높은 상관을 보이고 있는 점은 애초에 기존 척도들이 지닌 변별타당도의 문제를 개선하고자 하는 목적으로 충분히 달성하지 못했을 가능성이 있다(Taylor et al., 2002).

강박장애의 평가에서 고려할 점

이상에서 소개한 몇 가지 대표적인 임상가용 혹은 자기보고형 평가 도구들은 각각의 유용성과 한계점을 안고 있으므로, 이러한 장단점들을 잘 고려하여 그 상황에서 가장 타당한 평가가 이루어질 수 있는 도구를 선정하여 사용하여야 할 것이다. 그러나 아무리 잘 검증되고 그 상황에 맞는 타당한 도구를 사용한다 해도 평가를 왜곡하거나 부정확성을 증가시킬 수 있는 요인들이 항상 뒤따르기 마련이다. 따라서 어떤 요인들이 특히 강박장애 평가에 있어 영향을 미칠 수 있는지를 염두에 두고 그 도구를 사용하고 그러한 영향을 감안하여 결과를 해석하여야 할 것이다.

도구 사용자(혹은 면접자)의 태도가 영향을 줄 수 있다

순수한 자유면접 방식이건, Y-BOCS와 같이 반구조화된 면접 도구를 사용하건, 아니면 순수한 자기보고형 도구만을 사용한다 해도 그 도구를 사용하는 사람이 그 도구를 통해 평가하려고 하는 심리적 속성에 대해 어떤 태도를 지니고 있는지에 따라 평가 결과는 영향을 받는다. 특히 강박장애의 증상을 평가할 때 고려해야 할 점 중 하나는 강박장애를 지닌 사람들이 자신들의 증상에 대해 지니고 있는 태도를 고려해야 한다는 점이다. 강박장애 환자들은 자신의 증상에 대해 스스로 과도한 도덕적 책임감을 갖고 반응하는 경향이 있으며, 대체로 자아이질적인 갈등을 안고 있는 경우가 대부분이다. 따라서 어떤 형식의 도구이건 그 도구를 사용하는 사람이 그 도구를 통해 평가하려고 하는 그런 증상 영역에 대해 조금이라도 부정적인 태도나 판단하려는 태도를 지니고 있다고 인식되면, 강박장애 환자들은 더욱 방어적인 상태가 될 것이다. 이처럼 방어적인 태도가 강해지면, 의식적으로 혹은 무의식적으로도 자신에게 떠오르는 강박사고를 더욱 강하게 억제하게 되며, 그 결과 증상을 실제보다 과소 보고하게 될 가능성이 높다. 특히 도덕적인 판단을 받기 쉬운 공격적·성적인 강박사고는 더욱 집중적으로 그러한 방어를 받게 될 가능성이 높다.

강박사고 자체는 탐지하기가 쉽지 않다

강박사고의 내용이 얼마나 당사자의 도덕관념과 갈등을 일으키는지의 여부와는 별개로, 강박사고는 침습적 속성, 즉 불현듯 의식 위로 떠오르며 순간적으로 사라져 버리는 속성을 지니고 있기 때문에 탐지 자체가 쉽지 않다. 특히 임상가 면접에 의한 평가 도구를 사용할 때는 어떤 방식으로 어떤 상태에서 어떻게 질문하느냐에 따라 강박장애 환자 자신이 경험한 강박사고의 내용, 빈도 및 강도 등이 더 정확하게 탐지될 수도 있고 거의 탐지하기 어려울 수도 있다. 자기보고형 도구들의 각 문항에 스스로 반응할 때도 마찬가지이다. 평소에 면밀한 객관적 자기관찰의 훈련이 되어 있지 않은 경우라면, 과거에 떠올랐던 그런 침습적 사고를 기억에 의존하여 응답하는 과정에서 누락된 경험들이 있을 수 있다. 이처럼 강박사고는 탐지나 자각 자체가 쉽지 않을 뿐 아니라, 탐지가 되었다 해도 그 사고에 대한 왜곡된 신념 때문에 평가자에게 보고되지 않을 가능성도 있다.

강박사고에 대한 비합리적 믿음과 '사고-행위 융합' 경향성을 고려해야 한다

과도한 책임감과 관련하여 지니고 있는 다양한 비합리적 믿음이 강박사고를 스스로 탐지 혹은 자각하는 데 방해가 될 수 있다. 강박장애 환자들은 강박사고가 스스로도 원치 않는 내용을 담고 있는 것이기 때문에, 또는 누구나 순간적으로는 그런 생각들을 할 수 있다는 것을 인정하지 못하기 때문에, 그 생각들을 과도하게 억제하여 과소 보고하거나 혹은 반대로 과잉 반응하여 그 강박사고의 경험 정도를 과대 보고할 수도 있다. 그러한 경험을 평가하려 하는 평가 상황 자체가 강박장애 환자들에게는 위협적인 것으로 받아들여질 수 있다. 아울러 사고-행위 융합 경향성으로 인해 그러한 생각을 평가 상황에서 다시 떠올린다는 것 자체가 위험하다거나 불쾌하게 느껴질 수 있으며, 그 결과 자신이 경험하는 강박사고를 명료화하여 경험한 그대로를 보고하지 못할 수 있다.

완벽주의나 우유부단성이 답변을 결정하는 데 방해가 될 수 있다

완벽주의적 특성과 관련된 과도한 자기검토와 점검 때문에 답변의 기준을 극단적인 쪽으로 기울게 만들고 그 결과 왜곡된 응답이 초래될 수 있다. 예를 들어, '전혀' '전적으로' '이따금씩' 등 '정도'의 의미를 담고 있는 문항들을 접할 때, 강박장애 환자들은 지나치게 완벽한 기준에 의해 그 문항의 의미를 해석하거나, 결정하기 어려워서 답변을 누락시키거나, 혹은 지나치게 상세한 부분까지 떠올리며 보고하려 하거나, 평가자에게 반복적으로 질문하고 확인하려 하거나 하는 탓에 시간이 지체되어 검사를 끝내지 못할 수도 있다. 또한 불확실한 상황에 대한 그들의 취약성으로 인해 조금이라도 불명료하게 기술된 문항에 대해서는 답변을 결정하는 것 자체가 매우 어려운 일이 될 수 있다.

강박증상들 자체는 명료하게 구분하여 응답하기 어렵다

특히 강박증상의 속성을 세밀하게 평가하는 도구를 사용할 때 어려움이 따를 수 있다. 때로는 진단기준에는 비교적 명료하게 구분하여 정의되어 있는 강박사고와 강박행동을 구별하는 것조차 경험 많은 임상가는 물론 강박증상을 경험하는 당사자에게도 매우 어려운 작업이 될 수 있다. 강박사고와 강박행동이 어떻게 다른 것인지를 사전에 개념적으로 잘 교육시켰다 해도 그 개념적 차이점을 스스로 경험하는 강박증상들에 적용하여 구분하여 응답하는 것은 쉬운 일이 아니다.

더구나 침습적 사고 자체, 그리고 그 침습적 사고에 대한 자동적 사고, 그 사고의 배후에 있는 강박적 신념들과 그 신념의 영역들을 구별한다는 것은 더더욱 쉬운 일이 아니다. 이것은 자기보고형 도구로 평가할 때 더욱 그렇다. 그렇기 때문에 이러한 영역을 측정하는 자기보고형 도구는 대개 측정하려는 대상에 대한 명료한 정의와 함께 예를 들어서 보여 줌으로써 자신이 경험하는 어떤 측면을 보고해야 하는지 분명하게 이해한 후에 실시하도록 되어 있다. 따라서 이러한 미묘한 차이점이 있는 인지적 측면을 평가하는 자기보고형 도구를 실시할 때, 평가자는 응답자가 정말 그 평가기준을 제대로 이해하고 있는지 혹은 그의 응답이 혹시 오해에 의해 왜곡된 것은 아닌지를 민감하게 살펴보면서 도구를 사용해야 할 것이다.

강박장애 환자들이 지니고 있는 이러한 특성을 고려한다면, 강박장애 환자를 평가하는 평가자는 자신이 사용하는 평가 도구가 무엇을 평가하기 위한 것인지 분명하게 상세히 설명해 주어야 하며, 끈기 있고 친절하게 그들이 정확하게 응답할 수 있도록 설명하고, 지지해 주고, 격려해 주면서 평가과정을 이끌어 나가야 할 것이다.

참고문헌

권준수, 이동우, 윤대현(1998). 강박장애의 임상양상: 입원환자의 연구. 신경정신의학, 37, 225-233.

김혜원, 강지인, 김승준, 정경운, 김은주, 김세주(2013). 한글판 차원적 강박척도의 표준화 연구. 신경정신의학, 52(3), 130-142.

민병배, 원호택(1999). 한국판 Maudsley강박행동 질문지와 Padua강박 질문지의 신뢰도와 타당도. 한국심리학회지, 18(1), 163-182.

세계보건기구, 이부영 역(1996). ICD-10: 정신 및 행태장애. 서울: 일조각.

김재상(1978). 맥베드. 셰익스피어 저. 서울: 동서문화사.

오미영, 박용천, 오상우 역(2017). SCID-5-CV: DSM-5 장애에 대한 구조화된 임상적 면담. 서울: 학지사.

최대형(2013). 거룩한 등정의 사다리. 요한 클리마쿠스 저. 서울: 은성.

이민규(1987). LOI강박척도 표준화를 위한 예비연구. 한국임상심리학회지, 6(1), 33-41.

조대경(1985). 강박행동의 객관적 측정에 관한 일 연구: Maudsley강박행동 목록 표준화. 학생연구, 20(1), 78-90.

고성대(2016). 죄인의 괴수에게 넘치는 은혜. 존 번연 저. 서울: CH북스.

정선주, 이정섭, 강윤형, 조성진, 서동혁, 홍강의(2000). 한국판 아동용 예일-브라운 강박척도: 신뢰도와 타당도 연구. **소아청소년 정신의학**, 11(1), 60-69.

이부영, 한오수(1996). **임상정신병리학(제14판)**. 쿠르트 슈나이더 저. 서울: 일조각.

Abramowitz, J. S., Deacon, B. J., Olatunji, B. O., Wheaton, M. G., Berman, N. C., Losardo, D., & Björgvinsson, T. (2010). Assessment of obsessive-compulsive symptom dimensions: Development and evaluation of the Dimensional Obsessive-Compulsive Scale. *Psychological Assessment, 22*(1), 180.

Abramowitz, J. S., Franklin, M. E., Schwartz, S. A., & Furr, J. M. (2003). Symptom presentation and outcome of cognitive-behavioral therapy for obsessive-compulsive disorder. *Journal of Consulting and Clinical Psychology, 71*(6), 1049.

Akhtar, S., Wig, N. N., Varma, V. K., Pershad, D., & Verma, S. K. A. (1975). Phenomenological analysis of symptoms in obsessive-compulsive neurosis. *British Journal of Psychiatry, 127*, 342-348.

Albert, U., Maina, G., Forner, F., & Bogetto, F. (2004). DSM-IV obsessive-compulsive personality disorder: prevalence in patients with anxiety disorders and in healthy comparison subjects. *Comprehensive Psychiatry, 45*(5), 325-332.

Albert, U., Venturello, S., Maina, G., Ravizza, L., & Bogetto, F. (2001). Bulimia nervosa with and without obsessive-compulsive syndromes. *Comprehensive Psychiatry, 42*(6), 456-460.

Aldea, M. A., Geffken, G. R., Jacob, M. L., Goodman, W. K., & Storch, E. A. (2009). Further psychometric analysis of the Florida obsessive-compulsive inventory. *Journal of Anxiety Disorders, 23*(1), 124-129.

Altamura, C., Paluello, M. M., Mundo, E., Medda, S., & Mannu, P. (2001). Clinical and subclinical body dysmorphic disorder. *European Archives of Psychiatry and Clinical Neuroscience, 251*(3), 105-108.

American Psychiatric Association (APA). (1952). *Diagnostic and Statistical Manual: Mental disorders*. Washington, DC: Author.

American Psychiatric Association (APA). (1968). *Diagnostic and Statistical Manual: Mental disorders* (2nd ed.). Washington, DC: Author.

American Psychiatric Association (APA). (1980). *Diagnostic and Statistical Manual: Mental disorders* (3rd ed.). Washington, DC: Author.

American Psychiatric Association (APA). (1987). *Diagnostic and Statistical Manual: Mental disorders* (3rd ed-revised). Washington, DC: Author.

American Psychiatric Association (1994). *Diagnostic and Statistical Manual: Mental disorders* (4th ed.). Washington, DC: Author.

American Psychiatric Association (APA). (2000). *Diagnostic and Statistical Manual: Mental disorders* (4th ed-revised.). Washington, DC: Author.

American Psychiatric Association (APA). (2013). *Diagnostic and Statistical Manual: Mental disorders* (5th ed.). Washington, DC: Author.

Anderluh, M. B., Tchanturia, K., Rabe-Hesketh, S., & Treasure, J. (2003). Childhood obsessive-compulsive personality traits in adult women with eating disorders: defining a broader eating disorder phenotype. *American Journal of Psychiatry, 160*(2), 242-247.

Apter, A., Pauls, D. L., Bleich, A., Zohar, A. H., Kron, S., Ratzoni, G., … & Cohen, D. J. (1993). An epidemiological study of Gilles de la Tourette's syndrome in Israel. *Archives of General Psychiatry, 50,* 734-738.

Aronowitz, B. R., Hollander, E., DeCaria, C., Cohen, L., Saoud, J. B., Stein, D., … & Rosen, W. G. (1994). Neuropsychology of obsessive compulsive disorder: Preliminary findings. *Cognitive and Behavioral Neurology, 7*(2), 81-86.

Aouizerate, B., Cuny, E., Martin-Guehl, C., Guehl, D., Amieva, H., Benazzouz, A,. & Tignol, J. (2004). Deep brain stimulation of the ventral caudate nucleus in the treatment of obsessive-compulsive disorder and major depression: Case report. *Journal of Neurosurgery*, *101*(4), 682-686.

Baer, L. (1994). Factor analysis of symptom subtypes of obsessive compulsive disorder and their relation to personality and tic disorders. *The Journal of Clinical Psychiatry*, *55*(Suppl.), 18-23.

Bastiani, A. M., Altemus, M., Pigott, T. A., Rubenstein, C., Weltzin, T. E., & Kaye, W. H. (1996). Comparison of obsessions and compulsions in patients with anorexia nervosa and obsessive compulsive disorder. *Biological Psychiatry*, *39*(11), 966-969.

Baxter, L. R., Jr., Ackermann, R. F., Swerdlow, N. R., Brody, A., Saxena, S., Schwartz, J. M., & Phelps, M. E. (2000). Specific brain system mediation of obsessive-compulsive disorder responsive to either medication or behavior therapy. In W. K. Goodman, M. V. Rudorfer, & J. D. Maser (Eds.), *Personality and Clinical Psychology Series. Obsessive-Compulsive Disorder: Contemporary Issues in Treatment* (pp. 573-609). Mahwah, NJ: Lawrence Erlbaum Associates.

Baxter, L. R., Phelps, M. E., Mazziotta, J. C., Guze, B. H., Schwartz, J. M., & Selin, C. E. (1987). Local cerebral glucose metabolic rates in obsessive-compulsive disorder: a comparison with rates in unipolar depression and in normal controls. *Archives of General Psychiatry*, *44*(3), 211-218.

Baxter, L. R., Jr., Schwartz, J. M., Mazziotta, J. C., Phelps, M. E., & Pahl, J. J. (1988). Cerebral glucose metabolic rates in nondepressed patients with obsessive-compulsive disorder. *The American Journal of Psychiatry*, *145*(12), 1560-1563.

Bellodi, L., Cavallini, M. C., Bertelli, S., Chiapparino, D., Riboldi, C., & Smeraldi, E. (2001). Morbidity risk for obsessive-compulsive spectrum disorders in first-degree relatives of patients with eating disorders. *American Journal of Psychiatry*, *158*(4), 563-569.

Bienvenu, O. J., Samuels, J. F., Riddle, M. A., Hoehn-Saric, R., Liang, K. Y., Cullen, B. A., et al., (2000). The relationship of obsessive-compulsive disorder to possible spectrum disorders: results from a family study. *Biological Psychiatry, 48*(4), 287-293.

Black, D. W., Kelly, M., Myers, C., & Noyes, R. (1990). Tritiated imipramine binding in obsessive-compulsive volunteers and psychiatrically normal controls. *Biological Psychiatry, 27*(3), 319-327.

Black, D. W., Monahan, P., Gable, J., Blum, N., Clancy, G., & Baker, P. (1998). Hoarding and treatment response in 38 nondepressed subjects with obsessive-compulsive disorder. *The Journal of Clinical Psychiatry, 59*(8), 420-425.

Black, D. W., Noyes, R., Pfohl, B., Goldstein, R. B., & Blum, N. (1993). Personality disorder in obsessive-compulsive volunteers, well comparison subjects, and their first-degree relatives. *American Journal of Psychiatry, 150*, 1226-1226.

Boone, K. B., Ananth, J., Philpott, L., Kaur, A., & Djenderedjian, A. (1991). Neuropsychological characteristics of nondepressed adults with obsessive-compulsive disorder. *Cognitive and Behavioral Neurology, 4*(2), 96-109.

Burns, G. L., Keortge, S. G., Formea, G. M., & Sternberger, L. G. (1996). Revision of the Padua Inventory of obsessive compulsive disorder symptoms: distinctions between worry, obsessions, and compulsions. *Behaviour Research and Therapy, 34*(2), 163-173.

Calamari, J. E., Wiegartz, P. S., Riemann, B. C., Cohen, R. J., Greer, A., Jacobi, D. M., … & Carmin, C. (2004). Obsessive-compulsive disorder subtypes: an attempted replication and extension of a symptom-based taxonomy. *Behaviour Research and Therapy, 42*(6), 647-670.

Calvocoressi, L., Mazure, C. M., Kasl, S. V., Skolnick, J., Fisk, D., Vegso, S. J., & Price, L. H. (1999). Family accommodation of obsessive-compulsive symptoms: instrument development and assessment of family behavior. *The*

Journal of Nervous and Mental Disease, 187(10), 636-642.

Cardona, F., Romano, A., Bollea, L., & Chiarotti, F. (2004). Psychopathological problems in children affected by tic disorders. *European Child & Aolescent Pychiatry, 13*(3), 166-171.

Carr, A.T. (1974). Compulsive neurosis: A review of the literature. *Psychological Bulletin, 81*, 311-318.

Castle, D. J., Deale, A., & Marks, I. M. (1995). Gender differences in obsessive compulsive disorder. *Australian and New Zealand Journal of Psychiatry, 29*(1), 114-117.

Chan, D. W. (1990). The Maudsley Obsessional-Compulsive Inventory: a psychometric investigation on Chinese normal subjects. *Behaviour Research and Therapy, 28*(5), 413-420.

Christensen, K. J., Kim, S. W., Dysken, M. W., & Hoover, K. M. (1992). Neuropyschological performance in obsessive-compulsive disorder. *Biological psychiatry, 31*(1), 4-18.

Christenson, G. A. (1995). Trichotillomania: from prevalence to comorbidity. *Psychiatric Times, 12*(9), 44-48.

Christenson, G. A., Mackenzie, T. B., & Mitchell, J. E. (1991a). Characteristics of 60 adult chronic hair pullers. *The American Journal of Psychiatry, 148*(3), 365.

Christenson, G. A., Pyle, R. L., & Mitchell, J. E. (1991b). Estimated lifetime prevalence of trichotillomania in college students. *The Journal of clinical psychiatry, 52*(10), 415-417

Christenson, G., & O'Sullivan, R. (1996). Trichotillomania. *Cns Drugs, 6*(1), 23-34.

Christenson, G. A., Ristvedt, S. L., & Mackenzie, T. B. (1993). Identification of trichotillomania cue profiles. *Behaviour Research and Therapy, 31*(3), 315-320.

Clare, T. S.(2003). Assessment procedures. In R. G. Menzies & P. de Silva

(Eds.), *Obsessive-Compulsive Disorder: Theory, Research, and Treatment*. Chichester, UK: John Wiley & Sons Ltd.

Clark, D. A., Antony, M. M., Beck, A. T., Swinson, R. P., & Steer, R. A. (2005). Screening for obsessive and compulsive symptoms: validation of the Clark-Beck Obsessive-Compulsive Inventory. *Psychological Assessment*, 17(2), 132.

Clark, A. N. G., Mankikar, G. D., & Gray, I. (1975). Diogenes syndrome: A clinical study of gross neglect in old age. *The Lancet, 305*(7903), 366-368.

Clark, D. A., & de Silva, P. (1985). The nature of depressive and anxious, intrusive thoughts: Distinct or uniform phenomena? *Behaviour Research and Therapy, 23*(4), 383-393.

Clark, D. A., & Purdon, C. L. (1995). The assessment of unwanted intrusive thoughts: A review and critique of the literature. *Behaviour Research and Therapy, 33*(8), 967-976.

Clayton, I. C., Richards, J. C., & Edwards, C. J. (1999). Selective attention in obsessive-compulsive disorder. *Journal of Abnormal Psychology, 108*(1), 171.

Coffey, B. J., Miguel, E. C., Biederman, J., Baer, L., Rauch, S. L., O'Sullivan, R. L., et al., (1998). Tourette's disorder with and without obsessive-compulsive disorder in adults: Are they different? *The Journal of Nervous and Mental Disease, 186*(4), 201-206.

Coles, M. E., Frost, R. O., Heimberg, R. G., & Rhéaume, J. (2003). "Not just right experiences": Perfectionism, obsessive-compulsive features and general psychopathology. *Behaviour Research and Therapy, 41*(6), 681-700.

Coles, M. E., Pinto, A., Mancebo, M. C., Rasmussen, S. A., & Eisen, J. L. (2008). OCD with comorbid OCPD: A subtype of OCD? *Journal of Psychiatric Research, 42*(4), 289-296.

Cottraux, J., & Gèrard, D. (1998). Neuroimaging and neuroanatomical issues in obsessive-compulsive disorNder. *Toward an integrative model-perceived impulsivity. Obsessive-compulsive disorder: Theory, research and treatment*, 154-180.

Cooper, J. (1970). The Leyton obsessional inventory. *Psychological Medicine, 1*(1), 48-64.

Cottraux, J., & Gérard, D. (2003). Neuroimaging and neuroanatomical issues in obsessive-compulsive disorder: toward an integrative model-perceived impulsivity. In R. P. Swinson, M. M. Antony, S. Rachman, & M. A. Richter (Eds.), *Obsessive-compulsive disorder: Theory, research, and treatment (pp.* 154-180). New York: Guilford Press.

Damasio, H., Grabowski, T., Frank, R., Galaburda, A. M., & Damasio, A. R. (1994). The return of Phineas Gage: clues about the brain from the skull of a famous patient. *Science, 264*(5162), 1102-1105.

Denys, D., de Geus, F., van Megen, H. J., & Westenberg, H. G. (2004). Use of factor analysis to detect potential phenotypes in obsessive-compulsive disorder. *Psychiatry Research, 128*(3), 273-280.

De Silva, P.(2003). Obsessions, ruminations and covert compulsions. In R. G. Menzies & P. de Silva (Eds.), *Obsessive-compulsive disorder: Theory, research and treatment* (pp.195-208). Chichester: Wiley.

De Wit, S. J., Alonso, P., Schweren, L., Mataix-Cols, D., Lochner, C., Menchón, J. M., ··· & Hoexter, M. Q. (2014). Multicenter voxel-based morphometry mega-analysis of structural brain scans in obsessive-compulsive disorder. *American Journal of Psychiatry, 171*(3), 340-349.

Diaferia, G., Bianchi, I., Bianchi, M. L., Cavedini, P., Erzegovesi, S., & Bellodi, L. (1997). Relationship between obsessive-compulsive personality disorder and obsessive-compulsive disorder. *Comprehensive Psychiatry, 38*(1), 38-42.

Diefenbach, G. J., Tolin, D. F., Hannan, S., Crocetto, J., & Worhunsky, P. (2005). Trichotillomania: impact on psychosocial functioning and quality of life.

Behaviour Research and Therapy, 43(7), 869-884.

Di Nardo, P. A., Moras, K., Barlow, D. H., Rapee, R. M., & Brown, T. A. (1993). Reliability of DSM-III-R anxiety disorder categories: using the Anxiety Disorders Interview Schedule-Revised (ADIS-R). *Archives of General Psychiatry, 50*(4), 251-256.

Diniz, J. B., Rosario-Campos, M. C., Shavitt, R. G., Curi, M., Hounie, A. G., Brotto, S. A., & Miguel, E. C. (2004). Impact of age at onset and duration of illness on the expression of comorbidities in obsessive-compulsive disorder. *The Journal of Clinical Psychiatry, 65*(1), 22-27.

Dirson, S., Bouvard, M., Cottraux, J., & Martin, R. (1995). Visual memory impairment in patients with obsessive-compulsive disorder: A controlled study. *Psychotherapy and Psychosomatics, 63*(1), 22-31.

Dollard, J., & Miller, N. E. (1950). *Personality and psychotherapy: An analysis in terms of learning, thinking, and culture*. New York: McGraw-Hill.

Dubois, F.(1949). Compulsion neurosis with cachexia. *American Journal of Psychiatry, 106*, 107-115.

du Toit, P. L., van Kradenburg, J., Niehaus, D. J. H., & Stein, D. J. (2001). Characteristics and phenomenology of hair-pulling: An exploration of subtypes. *Comprehensive Psychiatry, 42*(3), 247-256.

Eapen, V., Trimble, M. R., & Robertson, M. M. (1996). The use of fluoxetine in Gilles de la Tourette syndrome and obsessive compulsive behaviours: preliminary clinical experience. *Progress in Nuro-psychopharmacology & Biological Psychiatry, 20*(4), 737-743.

Ecker, W., & Engelkamp, J. (1995). Memory for actions in obsessive-compulsive disorder. *Behavioural and Cognitive Psychotherapy, 23*(4), 349-371.

Edwards, S. (1985). Intrusive thoughts. Unpublished Masters Thesis. Department of Psychology, Australian National University.

Eisen, J. L., Coles, M. E., Shea, M. T., Pagano, M. E., Stout, R. L., Yen, S., & Rasmussen, S. A. (2006). Clarifying the convergence between obsessive compulsive personality disorder criteria and obsessive compulsive disorder. *Journal of Personality Disorders, 20*(3), 294-305.

Eisen, J. L., Phillips, K. A., Baer, L., Beer, D. A., Atala, K. D., & Rasmussen, S. A. (1998). The brown assessment of beliefs scale: Reliability and validity. *American Journal of Psychiatry, 155*(1), 102-108.

Eisen, J. L., Phillips, K. A., Coles, M. E., & Rasmussen, S. A. (2004). Insight in obsessive compulsive disorder and body dysmorphic disorder. *Comprehensive Psychiatry, 45*(1), 10-15.

Eisen, J. L., & Rasmussen, S. A. (1991). *OCD and compulsive traits: Phenomenology and outcome*. In American Psychiatric Association 144th annual meeting, New Orleans, LA.

Eisen, J. L, & Rasmussen., S. A. (1993). Obsessive compulsive disorder with psychotic features. *Clinical Psychiatry, 54*, 373-379.

Elliott, R., Dolan, R. J., & Frith, C. D. (2000). Dissociable functions in the medial and lateral orbitofrontal cortex: evidence from human neuroimaging studies. *Cerebral Cortex, 10*(3), 308-317.

Emmelkamp, P. M. G., Kraaijkamp, H. J. M., & Van den Hout, M. A. (1999). Assessment of obsessive-compulsive disorder. *Behavior Modification, 23*(2), 269-279.

Evans, D. W., Leckman, J. F., Carter, A., Reznick, J. S., Henshaw, D., King, R. A., & Pauls, D. (1997). Ritual, habit, and perfectionism: The prevalence and development of compulsive-like behavior in normal young children. *Child Development, 68*(1), 58-68.

Fairbrother, N., Newth, S. J., & Rachman, S. (2005). Mental pollution: Feelings of dirtiness without physical contact. *Behaviour Research and Therapy, 43*(1),

121–130.

Fallon, B. A. (2004). Pharmacotherapy of somatoform disorders. *Journal of Psychosomatic Research, 56*(4), 455–460.

Ferrari, J. R. (1995). Perfectionism cognitions with nonclinical and clinical samples. *Journal of Social Behavior & Personality, 10*, 143–156.

Feske, U., & Chambless, D. L. (2000). A review of assessment measures for obsessive-compulsive disorder. In Goodman et al. (Eds.), *Obsessive-compulsive Disorder: Conetmporary Issues in Treatment*. Mahwah, NJ: Erlbaum.

First, M. B., Williams, J. B., Karg, R. S., & Spitzer, R. L. (2016). *User's guide for the SCID-5-CV: Structured clinical interview for DSM-5 disorders, clinician version*. American Psychiatric Association.

Fiske, A. P., & Haslam, N. (1997). Is obsessive-compulsive disorder a pathology of the human disposition to perform socially meaningful rituals? Evidence of similar content. *The Journal of Nervous and Mental Disease, 185*(4), 211–222.

Foa, E. B., Huppert, J. D., Leiberg, S., Langner, R., Kichic, R., Hajcak, G., & Salkovskis, P. M. (2002). The Obsessive-Compulsive Inventory: development and validation of a short version. *Psychological Assessment, 14*(4), 485.

Foa, E. B., Kozak, M. J., Goodman, W. K., et al. (1995). DSM-IV field trial: Obsessive-compulsive disorder. *American Journal of Psychiatry, 152*, 90–96.

Foa, E. B., Kozak, M. J., Salkovskis, P. M., Coles, M. E., & Amir, N. (1998). The validation of a new obsessive-compulsive disorder scale: The Obsessive-Compulsive Inventory. *Psychological Assessment, 10*(3), 206.

Foa, E. B., Steketee, G., Grayson, J. B., Turner, R. M., & Latimer, P. R. (1984). Deliberate exposure and blocking of obsessive-compulsive rituals: Immediate and long-term effects. *Behavior Therapy, 15*(5), 450–472.

Frampton, I.(2003). Neuropsychological models of obsessive-compulsive disorder.

In Menzies & De Silva (Eds.), *Obsessive-Compulsive Disorder: Theory, Research and Treatment* (pp. 39-58). Chichester, UK: John Wiley & Sons Ltd.

Frank, M. J., Loughry, B., & O'Reilly, R. C. (2001). Interactions between frontal cortex and basal ganglia in working memory: a computational model. *Cognitive, Affective, & Behavioral Neuroscience, 1*(2), 137-160.

Frankenburg, F. R. (1984). Hoarding in anorexia nervosa. *Psychology and Psychotherapy*: Theory, Research and Practice, *57*(1), 57-60.

Franklin, M. E., Tolin, D. F., & Diefenbach, G. J. (2008). Trichotillomania. In J. S. Abramowitz, D. Mckay, & S, Taylor (Eds.), *Obsessive Compulsive Disorder: Subtype and Spectrum Conditions* (pp. 139-159). New York: Elsevier.

Frare, F., Perugi, G., Ruffolo, G., & Toni, C. (2004). Obsessive-compulsive disorder and body dysmorphic disorder: A comparison of clinical features. *European Psychiatry, 19*(5), 292-298.

Freeman, J.B., & Leonard, H.L. (2000). Sexual obsessions in obsessive compulsive disorder. *Journal of the American Academy of Child & Adolescent Psychiatry, 39*(2), 141-142.

Freeston, M. H., & Ladouceur, R. (1997). What do patients do with their obsessive thoughts?. *Behaviour Research and Therapy, 35*(4), 335-348.

Freeston, M. H., Ladouceur, R., Thibodeau, N., & Gagnon, F. (1991). Cognitive intrusions in a non-clinical population. I. Response style, subjective experience, and appraisal. *Behaviour Research and Therapy, 29*(6), 585-597.

Freud, S. (1896). Heredity and the Aetiology of the Neurosis. *Standard Edition, 3*, 146. London: Hogarth Press.

Freud, S. (1908). Character and Anal Erotism. *Standard Edition*, 9, 169-175. London: Hogarth Press.

Freud, S. (1909). Notes upon a Case of Obsessional Neurosis. *Standard Edition, 10*, 151-318. London: Hogarth Press.

Freud, S. (1913a). Totem and Taboo: Some Points of Agreement between the Mental Lives of Savages and Neurotics. *Standard Edition, 13*, 1-161. London: Hogarth Press.

Freud, S. (1913b). The Disposition of Obsessional Neurosis: a Contribution to the Problem of Choice of Neurosis, *Standard Edition, 12*, 317-326. London: Hogarth Press.

Freud, S. (1933). New Introductory Lectures On Psycho-Analysis. *Standard Edition, 22,* 102. London: Hogarth Press.

Freeston, M. (1990). Les intrusions cognitives et leur relation aux symptomes anxieux, depresifs et compulsifs. Masters thesis, Department of Psychology, Laval University.

Friedlander, L., & Desrocher, M. (2006). Neuroimaging studies of obsessive-compulsive disorder in adults and children. *Clinical Psychology Review, 26*(1), 32-49.

Frost, R. O., & Gross, R. C. (1993). The hoarding of possessions. *Behaviour Research and Therapy, 31,* 367-381.

Frost, R. O., & Hartl, T. L. (2003). Compulsive Hoarding. In Menzies, R. G., & Silva, P. (Eds.), *Obsessive-Compulsive Disorder: Theory, Research, and Treatment*. Chichester, UK: John Wiley & Sons Ltd.

Frost, R. O., Kim, H. J., Morris, C., Bloss, C., Murray-Close, M., & Steketee, G. (1998). Hoarding, compulsive buying and reasons for saving. *Behaviour Research and Therapy, 36*(7-8), 657-664.

Frost, R. O., Krause, M. S., McMahon, M. J., Peppe, J., Evans, M., McPhee, A. E., & Holden, M. (1993). Compulsivity and superstitiousness. *Behaviour Research and Therapy, 31*(4), 423-425.

Frost, R. O., Krause, M. S., & Steketee, G. (1996). Hoarding and obsessive-compulsive symptoms. *Behavior Modification, 20*(1), 116-132.

Frost,R.O., Marten P., Lahart, C., & Rosenblate, R.(1990). The dimensions of perfectionism. *Cognitive Therapy and Research, 14,* 449-468.

Frost, R. O., & Shows, D. L. (1993). The nature and measurement of compulsive indecisiveness. *Behaviour Research and Therapy, 31*(7), 683-IN2.

Frost, R. O., Steketee, G., & Williams, L. (2000). Hoarding: a community health problem. *Health & Social Care in the Community, 8*(4), 229-234.

Garyfallos, G., Katsigiannopoulos, K., Adamopoulou, A., Papazisis, G., Karastergiou, A., & Bozikas, V. P. (2010). Comorbidity of obsessive-compulsive disorder with obsessive-compulsive personality disorder: Does it imply a specific subtype of obsessive-compulsive disorder? *Psychiatry Research, 177*(1), 156-160.

Geller, D., Biederman, J., Jones, J., Park, K., Schwartz, S., Shapiro, S., & Coffey, B. (1998). Is juvenile obsessive-compulsive disorder a developmental subtype of the disorder? A review of the pediatric literature. *Journal of the American Academy of Child & Adolescent Psychiatry, 37*(4), 420-427.

George, M. S., Trimble, M. R., Ring, H. A., Sallee, F. R., & Robertson, M. M. (1993). Obsessions in obsessive-compulsive disorder with and without Gilles de la Tourette's disorder. *The American Journal of Psychiatry, 150*(1), 93.

Gershunny, B., & Sher, K. (1995). Compulsive checking and anxiety in a nonclinical sample: Differences in cognition, behavior, personality, affect. *Journal of Psychopathology and Behavioral Assessment, 17,* 19-38.

George, M. S., Trimble, M. R, Ring, H. A., Sallee, F. R., & Robertson, M. M. (1993). Obsessions in obsessive-compulsive disorder with and without Gilles de la Tourette's syndrome. *American Journal of Psychiatry, 150*, 93-97.

Gillan, C. M., Papmeyer, M., Morein-Zamir, S., Sahakian,B.J., Fineberg, N. A., Robbins, T. W., &. de Wit. S. (2011). Disruption in the Balance Between Goal-Directed Behavior and Habit Learning in Obsessive-Compulsive

Disorder. *American Journal of Psychiatry, 168*(7), 718-726.

Godart, N. T., Flament, M. F., Perdereau, F., & Jeammet, P. (2002). Comorbidity between eating disorders and anxiety disorders: a review. *International Journal of Eating Disorders, 32*(3), 253-270.

Goldsmith, T., Shapira, N. A., Phillips, K. A., & McElroy, S. L. (1998). Conceptual foundations of obsessive-compulsive spectrum disorders. In R. Swinson, M. Antony, S. Rachman, & M. Richter (Eds.), *Obsessive-Compulsive Disorder: Theory, Research, and Treatment* (pp. 397-425). Guilford: New York.

Goodman, W. K., McDougle, C. J., Price, L. H., Riddle, M. A., Pauls, D. L., & Leckman, J. F. (1990). Beyond the serotonin hypothesis: a role for dopamine in some forms of obsessive compulsive disorder? *The Journal of Clinical Psychiatry*, 36-43.

Goodman, W. K., Price, L. H., Rasmussen, S. A., Mazure, C., Fleischmann, R. L., Hill, C. L., & Charney, D. S. (1989a). The Yale-Brown obsessive compulsive scale: I. Development, use, and reliability. *Archives of general psychiatry, 46*(11), 1006-1011.

Goodman, W. K., Price, L. H., Rasmussen, S. A., Mazure, C., Delgado, P., Heninger, G. R., & Charney, D. S. (1989b). The yale-brown obsessive compulsive scale: II. Validity. *Archives of general psychiatry, 46*(11), 1012-1016.

Grados, M. A., Riddle, M. A., Samuels, J. F., Liang, K. Y., Hoehn-Saric, R., Bienvenu, O. J., & Nestadt, G. (2001). The familial phenotype of obsessive-compulsive disorder in relation to tic disorders: the Hopkins OCD family study. *Biological Psychiatry, 50*(8), 559-565.

Graybiel, A. M. (1998). The basal ganglia and chunking of action repertoires. *Neurobiology of Learning and Memory*, *70*(1-2), 119-136.

Greenberg, D., Witztum, E., & Levy, A. (1990). Hoarding as a psychiatric symptom.

The Journal of Clinical Psychiatry, 51(10), 417-421.

Greist, J. H. (1990). Treatment of obsessive compulsive disorder: psychotherapies, drugs, and other somatic treatment. *The Journal of Clinical Psychiatry*, *51*, 44-50.

Halmi, K. A., Eckert, M. D., & Marchi, P. (1991). Comorbidity of Psychiatric Diagnoses in anorexia nervosa. *Archives of General Psychiatry, 48*, 712-718.

Halmi, K. A., Sunday, S. R., Klump, K. L., Strober, M., Leckman, J. F., Fichter, M., et al. (2003). Obsessions and compulsions in anorexia nervosa subtypes. *International Journal of Eating Disorders, 33*(3), 308-319.

Hamachek, D. E. (1978). Psychodynamics of normal and neurotic perfectionism. *Psychology*, *15*, 27-33.

Hammond, W. A. (1883). *A Treatise on Insanity in Its Medical Relations* (pp. 428-430). New York: D. Appleton & Company.

Hanna, G. L., Himle, J. A., Curtis, G. C., Koram, D. Q., Veenstra-Vander Week, J., Leventhal, B. L., & Cook, E. H., Jr. (1998). Serotonin transporter and seasonal variation in blood serotonin in families with obsessive-compulsive disorder. *Neuropsychopharmacology, 18*(2), 102-111.

Hartl, T. L., Frost, R. O., Allen, G. J., Deckersbach, T., Steketee, G., Duffany, S. R., & Savage, C. R. (2004). Actual and perceived memory deficits in individuals with compulsive hoarding. *Depression and Anxiety, 20*(2), 59-69.

Hartston, H. J., & Swerdlow, N. R. (1999). Visuospatial priming and stroop performance in patients with obsessive compulsive disorder. *Neuropsychology, 13*(3), 447.

Head, D., Bolton, D., & Hymas, N. (1989). Deficit in cognitive shifting ability in patients with obsessive-compulsive disorder. *Biological Psychiatry, 25*(7), 929-937.

Hewlett, W. A., Vinogradov, S., & Agras, W. S. (1992). Clomipramine, clonazepam, and clonidine treatment of obsessive-compulsive disorder. *Journal of Clinical*

Psychopharmacology, 12(6), 420-430.

Hikosaka, K., & Watanabe, M. (2004). Long-and short-range reward expectancy in the primate orbitofrontal cortex. *European Journal of Neuroscience, 19*(4), 1046-1054.

Himle, J. A., Bordnick, P. S., & Thyer, B. A. (1995). A comparison of trichotillomania and obsessive-compulsive disorder. *Journal of Psychopathology and Behavioral Assessment, 17*(3), 251-260.

Hodgson, R. J., & Rachman, S. (1977). Obsessional-compulsive complaints. *Behaviour Research and Therapy, 15*(5), 389-395.

Hollander, E. (1993). Obsessive-compulsive spectrum disorders: an overview. *Psychiatric Annals, 23*(7), 355-358.

Hollander, E. (2005). Obsessive-compulsive disorder and spectrum across the life span. *International Journal of Psychiatry in Clinical Practice, 9*(2), 79-86.

Hollander, E., Allen, A., Kwon, J., Aronowitz, B., Schmeidler, J., Wong, C., & Simeon, D. (1999). Clomipramine vs desipramine crossover trial in body dysmorphic disorder: selective efficacy of a serotonin reuptake inhibitor in imagined ugliness. *Archives of General Psychiatry, 56*(11), 1033-1039.

Hollander, E., & Benzaquen, S. D. (1997). The obsessive-compulsive spectrum disorders. *International Review of Psychiatry, 9*(1), 99-110.

Hymas, N., Lees, A., Bolton, D., Epps, K., & Head, D. (1991). The neurology of obsessional slowness. *Brain, 114*(5), 2203-2233.

Ingram, I. M. (1961). Obsessional illness in mental hospital patients. *The British Journal of Psychiatry, 107*(448), 382-402.

Insel, T. R., Murphy, D. L., Cohen, R. M., Alterman, I., Kilts, C., & Linnoila, M. (1983). Obsessive-compulsive disorder: a double-blind trial of clomipramine and clorgyline. *Archives of General Psychiatry, 40*(6), 605-612.

Jenike, M. A. (1989). Obsessive-compulsive and related disorders: A hidden epidemic. *New England Journal of Medicine, 321*, 539-541.

Jenike, M. A., Hyman, S., Baer, L., Holland, A., & Minichiello, W. E. (1990). A controlled trial of fluvoxamine in obsessive-compulsive disorder: implications for a serotonergic theory. *American Journal of Psychiatry, 147*(9), 1209-1215.

Jenike, M. A., & Rauch, S. L. (1994). Managing the patient with treatment-resistant obsessive compulsive disorder: current strategies. *The Journal of Clinical Psychiatry*, 55, 11-17.

Jones, M. K., & Menzies, R. G. (1998). Role of perceived danger in the mediation of obsessive-compulsive washing. *Depression and Anxiety, 8*(3), 121-125.

Jones, M. K., & Krochmalik, A. (2003). Obsessive-Compulsive Washing, In *Obsessive-Compulsive Disorder: Theory, Research, and Treatment* (Edited by Menzies & Silva). Chichester, UK: John Wiley & Sons Ltd.

Kapur, S., & Remington, G. (1996). Serotonin-dopamine interaction and its relevance to schizophrenia. *American Journal of Psychiatry, 153*(4), 466-476.

Kaye, W. H., Bulik, C. M., Thornton, L., Barbarich, N., Masters, K., & Price Foundation Collaborative Group. (2004). Comorbidity of anxiety disorders with anorexia and bulimia nervosa. *American Journal of Psychiatry, 161*(12), 2215-2221.

Kaye, W. H., Weltzin, T. E., Hsu, L. K., Bulik, C., McConaha, C., & Sobkiewicz, T. (1992). Patients with anorexia nervosa have elevated scores on the Yale-Brown obsessive-compulsive scale. *International Journal of Eating Disorders, 12*(1), 57-62.

Kelley, A. E., Lang, C. G., & Gauthier, A. M. (1988). Induction of oral stereotypy following amphetamine microinjection into a discrete subregion of the striatum. *Psychopharmacology, 95*(4), 556-559.

Keuthen, N. J., Fraim, C., Deckersbach, T., Dougherty, D. D., Baer, L., & Jenike, M. A. (2001). Longitudinal follow-up of naturalistic treatment outcome in patients with trichotillomania. *The Journal of Clinical Psychiatry, 62*(2), 101-107.

Khanna, S., & Mukherjee, D. (1992) Checkers and washers: valid subtypes of obsessive compulsive disorder. *Psychopathology, 25*(5), 283-288.

Kim, H. J., Steketee, G., & Frost, R. O. (2001). Hoarding by elderly people. *Health & Social Work, 26*(3), 176-184.

Kim, S. J., Choi, N. K., Hong, H. J., Hwang, Y. S., Kim, Y. K., Lee, H. S., & Kim, C. H. (2004). Dimensional analyses of the Yale-Brown obsessive-compulsive scale and Yale-Brown obsessive-compulsive scale checklist. *Korean Journal of Psychopharmacology, 15*(3), 339-345.

Kim, S. W., Dysken, M. W., & Kuskowski, M. (1990). The Yale-Brown obsessive-compulsive scale: a reliability and validity study. *Psychiatry Research*, 34(1), 99-106.

Kim, S. W., Dysken, M. W., & Kuskowski, M. (1992). The symptom checklist-90: obsessive-compulsive subscale: a reliability and validity study. *Psychiatry Research, 41*(1), 37-44.

Kim, S. W., Dysken, M. W., Kuskowski, M., & Hoover, K. M. (1993). The Yale-Brown Obsessive-Compulsive Scale (Y-BOCS) and the NIMH Global Obsessive-Compulsive Scale(NIMH-GOCS)—a reliability and validity study. *International Journal of Methods in Psychiatric Research, 3*(1), 37-44.

King, R. A., Scahill, L., Vitulano, L. A., Schwab-Stone, M., Tercyak, K. P., & Riddle, M. A. (1995). Childhood trichotillomania: clinical phenomenology, comorbidity, and family genetics. *Journal of the American Academy of Child & Adolescent Psychiatry, 34*(11), 1451-1459.

Kugler, K., & Jones, W. H. (1992). On conceptualizing and assessing guilt. *Journal of Personality and Social Psychology, 62*(2), 318.

Kyrios, M., & Bhar, S. (1995). A measure of inflated responsibility: Its development and relationship to obsessive-compulsive phenomena. In World Congress of

Behavioural and Cognitive Therapies, Copenhagen, Denmark, July.

Kyrios, M., Bhar, S., & Wade, D. (1996). The assessment of obsessive-compulsive phenomena: Psychometric and normative data on the Padua Inventory from an Australian non-clinical student sample. *Behaviour Research and Therapy, 34*(1), 85-95.

Ladouceur, R., Freeston, M. H., Rhéaume, J., Dugas, M. J., Gagnon, F., Thibodeau, N., & Fournier, S. (2000). Strategies used with intrusive thoughts: A comparison of OCD patients with anxious and community controls. *Journal of Abnormal Psychology, 109*(2), 179.

Laplane, D., Levasseur, M., Pillon, B., Dubois, B., Baulac, M., Mazoyer, B., … & Baron, J. C. (1989). Obsessive-compulsive and other behavioural changes with bilateral basal ganglia lesions: a neuropsychological, magnetic resonance imaging and positron tomography study. *Brain, 112*(3), 699-725.

Leckman, J. F., Grice, D. E., Boardman, J., Zhang, H., Vitale, A., Bondi, C., Alsobrook, J., Peterson, B. S., Cohen, D. J., Rasmussen, S. A., Goodman, W. K., McDougle, C. J., & Pauls, D. L. (1997). Symptoms of obsessive-compulsive disorder. *American Journal of Psychiatry, 154*, 911-917.

Leckman, J. F., Denys, D.. Simpson, H. B., Mataix-Cols, D., Hollander, E., Saxena, S., Miguel, E. C., Rauch, S. L., Goodman, W. K., Phillips, K. A., & Stein, D. J. (2010). Obsessive-compulsive disorder: a review of the diagnostic criteria and possible subtypes and dimensional specifiers for DSM-V. *Depress Anxiety*. 2010 June, *27*(6), 507-527.

Leckman, J. F., Walker, D. E., Goodman, W. K., Pauls, D. L., & Cohen, D. J. (1994). "Just right" perceptions associated with compulsive behavior in Tourette's syndrome. *The American Journal of Psychiatry, 151*(5), 675.

Lenane, M. C., Swedo, S. E., Leonard, H., Pauls, D. L., Sceery, W., & Rapoport, J. L. (1990). Psychiatric disorders in first degree relatives of children and adolescents with obsessive compulsive disorder. *Journal of the American Academy of Child & Adolescent Psychiatry, 29*(3), 407–412.

Leonard, H. L., Goldberger, E. L., Rapoport, J. L., Cheslow, D. L., & Swedo, S. E. (1990). Childhood rituals: normal development or obsessive-compulsive symptoms? *Journal of the American Academy of Child & Adolescent Psychiatry, 29*(1), 17–23.

Leonard, H. L., Swedo, S. E., Rapoport, J. L., Koby, E. V., Lenane, M. C., Cheslow, D. L., & Hamburger, S. D. (1989). Treatment of obsessive-compulsive disorder with clomipramine and desipramine in children and adolescents: a double-blind crossover comparison. *Archives of General Psychiatry, 46*(12), 1088–1092.

Lilenfeld, L. R., Kaye, W. H., Greeno, C. G., Merikangas, K. R., Plotnicov, K., Pollice, C., et al. (1998). A controlled family study of anorexia nervosa and bulimia nervosa: psychiatric disorders in first-degree relatives and effects of proband comorbidity. *Archives of General Psychiatry, 55*(7), 603–610.

Lochner, C., Serebro, P., van der Merwe, L., Hemmings, S., Kinnear, C., Seedat, S., & Stein, D. J. (2011). Comorbid obsessive-compulsive personality disorder in obsessive-compulsive disorder (OCD): A marker of severity. *Progress in Neuro-Psychopharmacology and Biological Psychiatry, 35*(4), 1087–1092.

Luchins, D. J., Goldman, M. B., Lieb, M., & Hanrahan, P. (1992). Repetitive behaviors in chronically institutionalized schizophrenic patients. *Schizophrenia Research, 8*(2), 119–123.

Macdonald, A. M., & de Silva, P. (1999). The assessment of obsessionality using the Padua Inventory: Its validity in a British non-clinical sample. *Personality and Individual Differences, 27*(6), 1027–1046.

Mackley, C. L. (2005). Body dysmorphic disorder. *Dermatologic Surgery, 31*(5), 553–558.

Maina, G., Albert, U., Bogetto, F., Vaschetto, P., & Ravizza, L. (1999). Recent life events and obsessive-compulsive disorder (OCD): the role of pregnancy/delivery. *Psychiatry research, 89*(1), 49-58.

Maki, W. S., O'Neill, H. K., & O'Neill, G. W. (1994). Do nonclinical checkers exhibit deficits in cognitive control?: Tests of an inhibitory control hypothesis. *Behaviour Research Therapy, 32*(2), 183-192.

Mansueto, C. S. (1990, November). Typography and phenomenology of trichotillomania. In Annual Convention of the Association for the Advancement of Behavior Therapy (pp. 6-9).

Marks, I. M. (1987). *Fears, Phobias and Rituals*. New York: Oxford University Press.

Martin, L. L., & Davies, B. (1998). Beyond hedonism and associationism: A configural view of the role of affect in evaluation, processing, and self-regulation. *Motivation and Emotion, 22*(1), 33-51.

Mataix-Cols, D., Baer, L., Rauch, S. L., & Jenike, M. A. (2000). Relation of factor analyzed symptom dimensions of obsessive-compulsive disorder to personality disorders. *Acta Psychiatrica Scandinavica, 102*(3), 199-202.

Mataix-Cols, D., Junqué, C., Sànchez-Turet, M., Vallejo, J., Verger, K., & Barrios, M. (1999). Neuropsychological functioning in a subclinical obsessive-compulsive sample. *Biological Psychiatry, 45*(7), 898-904.

Mataix-Cols, D., Rauch, S. L., Baer, L., Eisen, J. L., Shera, D. M., Goodman, W. K., et al. (2002). Symptom stability in adult obsessive-compulsive disorder: Data from a naturalistic two-year follow-up study. *American Journal of Psychiatry, 159*(2), 263-268.

Mathews, C. A., Jang, K. L., Hami, S., & Stein, M. B. (2004). The structure of obsessionality among young adults. *Depression and Anxiety, 20*(2), 77-85.

Matsunaga, H., Kiriike, N., Iwasaki, Y., Miyata, A., Yamagami, S., & Kaye, W. H. (1999). Clinical characteristics in patients with anorexia nervosa and obsessive-compulsive disorder. *Psychological Medicine, 29*(2), 407-414.

Mavissakalian, M., Hamann, M. S., & Jones, B. (1990). A comparison of DSM-III personality disorders in panic/agoraphobia and obsessive-compulsive disorder. *Comprehensive Psychiatry, 31*(3), 238-244.

Mavissakalian, M., Hamann, M. S., & Jones, B. (1990). Correlates of DSM-III personality disorder in obsessive-compulsive disorder. *Comprehensive Psychiatry, 31*(6), 481-489.

McElroy, S. L., Phillips, K. A., & Keck, P. E., Jr. (1994). Obsessive compulsive spectrum disorder. *The Journal of Clinical Psychiatry, 55*, 33-51.

McGuire, P. K., Bench, C. J., Frith, C. D., Marks, I. M., Frackowiak, R. S. J., & Dolan, R. J. (1994). Functional anatomy of obsessive-compulsive phenomena. *The British Journal of Psychiatry, 164*(4), 459-468.

McKay, D., Abramowitz, J. S., Calamari, J. E., Kyrios, M., Radomsky, A., Sookman, D., & Wilhelm, S. (2004). A critical evaluation of obsessive-compulsive disorder subtypes: symptoms versus mechanisms. *Clinical Psychology Review, 24*(3), 283-313.

McKay, D., Gosselin, J. T., & Gupta, S. (2007). Body dysmorphic disorder. In J. S. Abramowitz, D. Mckay, & S, Taylor (Eds.), *Obsessive Compulsive Disorder: Subtype and Spectrum Conditions* (pp. 177-195). New York: Elsevier.

McKay, D., Neziroglu, F., & Yaryura-Tobias, J. A. (1997). Comparison of clinical characteristics in obsessive-compulsive disorder and body dysmorphic disorder. *Journal of Anxiety Disorders, 11*(4), 447-454.

McNally, R. J., & Kohlbeck, P. A. (1993). Reality monitoring in obsessive-compulsive disorder. *Behaviour Research and Therapy, 31*(3), 249-253.

Menzies, L., Chamberlain, S. R., Laird, A. R., Thelen, S. M., Sahakian, B. J., & Bullmore, E. T. (2008). Integrating evidence from neuroimaging and neuropsychological studies of obsessive-compulsive disorder: the orbitofronto-striatal model revisited. *Neuroscience & Biobehavioral Reviews, 32*(3), 525-549.

Miguel, E. C., Baer, L., Coffey, B. J., Rauch, S. L., Savage, C. R., O'sullivan, R. L., & Jenike, M. A. (1997). Phenomenological differences appearing with repetitive behaviours in obsessive-compulsive disorder and Gilles de la Tourette's syndrome. *The British journal of psychiatry, 170*(2), 140-145.

Mink, J. W. (1996). The basal ganglia: focused selection and inhibition of competing motor programs. *Progress in Neurobiology, 50*(4), 381-425.

Mowrer, O. H. (1939). A Stimulus-response analysis of anxiety and its role as a reinforcing agent. *Psychological Review, 46*, 553-565.

Muller, S. A. (1990). Trichotillomania: A histopathologic study in sixty-six patients. *Journal of the American Academy of Dermatology, 23*(1), 56-62.

Murphy, D. L., Timpano, K. R., Wheaton, M. G., Greenberg, B. D., & Miguel, E. C. (2010). Obsessive-compulsive disorder and its related disorders: a reappraisal of obsessive-compulsive spectrum concepts. *Dialogues in Clinical Neuroscience, 12*(2), 131.

Nakao, T., Okada. K., & Kanba S. (2014). Neurobiological model of obsessive-compulsive disorder: evidence from recent neuropsychological and neuroimaging findings. *Psychiatry and Clinical Neuroscience, 68*, 587-605.

Neziroglu, F., McKay, D., Yaryura-Tobias, J. A., Stevens, K. P., & Todaro, J. (1999). The Overvalued Ideas Scale: development, reliability and validity in obsessive-compulsive disorder. *Behaviour Research and Therapy, 37*(9), 881-902.

Niler, E. R., & Beck, S. J. (1989). The relationship among guilt, dysphoria, anxiety and obsessions in a normal population. *Behaviour Research and Therapy, 27*(3), 213-220.

Obsessive Compulsive Cognitions Working Group (OCCWG). (1997). Cognitive assessment of obsessive-compulsive disorder. *Behaviour Research and*

Therapy, 35, 667-681.

Obsessive Compulsive Cognitions Working Group (OCCWG). (2003). Psychometric validation of the obsessive beliefs questionnaire and the interpretation of intrusions inventory: Part I. *Behaviour Research and Therapy, 41*(8), 863-878.

Obsessive Compulsive Cognitions Working Group (OCCWG). (2005). Psychometric validation of the obsessive belief questionnaire and interpretation of intrusions inventory-Part 2: Factor analyses and testing of a brief version. *Behaviour Research and Therapy, 43*(11), 1527-1542.

Osborn, I.(1998). *Tormenting Thoughts and Secret Rituals: The Hidden Epidemic of Obsessive Compulsive Disorder* (pp. 23-24). New York: DTP.

Osborn, I.(2008). *Can Christianity Cure Obsessive Coimpulsive Disorder?: A Psychiatrist Explores the Role of Faith in Treatment*. Grand Rapids, MI: Brazos Press.

Oyebode, F. (2008). *Sims' Symptoms in the Mind: an Introduction to Descriptive Psychopathology* (pp. 353-354). Philadelphia: Elsevier Health Sciences.

Palmer, H. D.,& Jones, M.(1939). Anorexia nervosa as a manifestation of compulsive neurosis. *Archives of Neurological Psychiatry, 41*, 856-860.

Parkinson, L., & Rachman, S. (1981). Part II. The nature of intrusive thoughts. *Advances in Behaviour Research and Therapy, 3*(3), 101-110.

Pauls, D. L., Raymond, C. L., Stevenson, J. M., & Leckman, J. F. (1991). A family study of Gilles de la Tourette syndrome. *American Journal of Human Genetics, 48*(1), 154.

Pertusa, A., de la Cruz, L. F., Alonso, P., Menchón, J. M., & Mataix-Cols, D. (2012). Independent validation of the dimensional Yale-Brown obsessive-compulsive scale (DY-BOCS). *European Psychiatry, 27*(8), 598-604.

Phillips, K. A., Grant, J. E., Siniscalchi, J. M., Stout, R., & Price, L. H. (2005). A retrospective follow-up study of body dysmorphic disorder. *Comprehensive*

Psychiatry, 46(5), 315-321.

Phillips, K. A., & Najjar, F. (2003). An open-label study of citalopram in body dysmorphic disorder. *The Journal of Clinical Psychiatry, 64*(6), 715-720.

Phillips, K. A., Pope, H. G., McElroy, S. L., & Hudson, J. I. (1994). "Body dysmorphic disorder: 30 cases of imagined ugliness": Reply. *The American Journal of Psychiatry, 151*(3), 461-462.

Philpott, R. (1975). Recent Advances in the Behavioural Measurement of Obsessional Illness Difficulties Common to These and other Measures. *Scottish Medical Journal, 20*(1_suppl), 33-40.

Pinto, A., Mancebo, M. C., Eisen, J. L., Pagano, M. E., & Rasmussen, S. A. (2006). The Brown Longitudinal Obsessive Compulsive Study: clinical features and symptoms of the sample at intake. *The Journal of Clinical Psychiatry, 67*(5), 703.

Pinto, A., Steinglass, J. E., Greene, A. L., Weber, E. U., & Simpson, H. B. (2014). Capacity to delay reward differentiates obsessive-compulsive disorder and obsessive-compulsive personality disorder. *Biological Psychiatry, 75*(8), 653-659.

Piras, F., Piras, F., Chiapponi, C., Girardi, P., Caltagirone, C., & Spalletta, G. (2015). Widespread structural brain changes in OCD: a systematic review of voxel-based morphometry studies. *Cortex, 62*, 89-108.

Pitman, R. K. (1984). Janet's Obsessions and Psychasthenia: a synopsis. *Psychiatric Quarterly, 56*(4), 291-314.

Pollice, C., Kaye, W. H., Greeno, C. G., & Weltzin, T. E. (1997). Relationship of depression, anxiety, and obsessionality to state of illness in anorexia nervosa. *International Journal of Eating Disorders, 21*(4), 367-376.

Price, L. H., Goodman, W. K., Charney, D. S., Rasmussen, S. A., & Heninger, G. R. (1987). Treatment of severe obsessive-compulsive disorder with fluvoxamine.

The American Journal of Psychiatry, 144(8), 1059-1061.

Purdon, C., & Clark, D. A. (1993). Obsessive intrusive thoughts in nonclinical subjects. Part I. Content and relation with depressive, anxious and obsessional symptoms. *Behaviour Research and Therapy, 31*(8), 713-720.

Purdon, C., & Clark, D. A. (1994). Obsessive intrusive thoughts in nonclinical subjects. Part II. Cognitive appraisal, emotional response and thought control strategies. *Behaviour Research and Therapy, 32*(4), 403-410.

Purdon, C., & Clark, D. A. (1999). Metacognition and obsessions. *Clinical Psychology & Psychotherapy, 6*(2), 102-110.

Purdon, C., & Clark, D. A. (2001). Suppression of obsession-like thoughts in nonclinical individuals: Impact on thought frequency, appraisal and mood state. *Behaviour Research and Therapy, 39*(10), 1163-1181.

Rachman, S.(1971). Obsessional ruminations. *Behaviour Research and Therapy, 9*(3), 229-235.

Rachman, S.(1976). Obsessional-compulsive checking. *Behaviour Research and Therapy, 14*, 269-277.

Rachman, S.(1993). Obsessions, responsibility and guilt. *Behaviour Research and Therapy, 31*, 149-154.

Rachman, S.(1994). Pollution of the mind. *Behaviour Research and Therapy, 32, 311-314.*

Rachman, S. (1998). A cognitive theory of obsessions: Elaborations. *Behaviour Research and Therapy, 36*(4), 385-401.

Rachman, S. (2002). A cognitive theory of compulsive checking. *Behaviour Research and Therapy, 40*, 625-639.

Rachman, S. (2003). *Compulsive Checking*, in Obsessive-Compulsive Disorder: Theory, Research, and Treatment (Edited by Menzies & Silva). Chichester, UK: John Wiley & Sons Ltd.

Rachman, S., Cobb, J., Grey, S., McDonald, B., Mawson, D., Sartory, G., & Stern, R. (1979). The behavioural treatment of obsessional-compulsive disorders, with and without clomipramine. *Behaviour Research and Therapy, 17*(5), 467-478.

Rachman, S., & de Silva, P. (1978). Abnormal and normal obsessions. *Behaviour Research and Therapy, 16*(4), 233-248.

Rachman, S. & Hodgson, R. (1980). *Obsessions and Compulsiolns*. Englewood Cliffs, NJ: Prentice Hall.

Rachman, S. & Shafran, R. (1998). Cognitive and behavioral features of obsessive-compulsive disorder, In R. P. Swinson, M. M. Antony, S. Rachman, & M. A. Richter, *Obsessive-Compulsive Disorder: Theory, Research and Treatment* (pp. 51-78). New York: Guilford Press.

Rachman, S. & Shafran, R. (1999). Cognitive distortions: thought-action fusion. *Clinical Psychology and Psychotherapy*, 6, 80-85.

Rachman, S., Thordarson, D. S., & Radomsky, A. S. (1995a). A revision of the Maudsley Obsessional Compulsive Inventory. In *World Congress of Cognitive and Behavioral Therapies*. Copenhagen, Denmark.

Rachman, S., Thordarson, D. S., Shafran, R., & Woody, S. R. (1995b). Perceived responsibility: Structure and significance. *Behaviour Research and therapy, 33*(7), 779-784.

Rado, S. (1974). Obsessive Behavior. In S. Arieti & E. Brody (Eds.), *American Handbook of Psychiatry*, 2nd ed. (Vol. 3, p. 195). New York: Basic Books.

Radomsky, A. S., & Rachman, S. (1999). Memory bias in obsessive-compulsive disorder (OCD). *Behaviour Research and Therapy, 37*(7), 605-618.

Radomsky, A. S., & Rachman, S. (2004). Symmetry, ordering and arranging compulsive behaviour. *Behaviour Research and Therapy, 42*(8), 893-913.

Radomsky, A. S., Rachman, S., & Hammond, D. (2001). Memory bias, confidence and responsibility in compulsive checking. *Behaviour Research and Therapy,*

39(7), 813-822.

Rapoport, J. L. (1989). *The Boy Who Couldn't Stop Washing–The Experience and Treatment of OCD*. New York: Dutton.

Rapoport, J. L., Ryland, D. H., & Kriete, M. (1992). .Drug treatment of canine acral lick. An animal model of obsessive-compulsive disorder. *Archieves of General Psychiatry, 49*(7), 517-521.

Rapoport, J. L., & Wise, S. P. (1988). Obsessive-compulsive disorder: evidence for basal ganglia dysfunction. *Psychopharmacology Bulletin, 24*, 380-384.

Rasmussen, S. A., & Eisen, J. L. (1989). Clinical features and phenomenology of obsessive compulsive disorder. *Psychiatric Annals, 19*(2), 67-73.

Rasmussen., S. A., & Eisen, J. L. (1992). The epidemiology and clinical features of obsessive compulsive disorder. *Psychiatric Clinic of North America, 15*, 743-758.

Rasmussen, S. A., & Tsuang, M. T. (1986). Clinical characteristics and family history in DSM-III obsessive-compulsive disorder. *American Journal of Psychiatry, 143*(3), 317-22.

Rassin, E., Merckelbach, H., Muris, P., & Stapert, S. (1999). Suppression and ritualistic behaviour in normal participants. *British Journal of Clinical Psychology, 38*(2), 195-201.

Rhéaume, J., Freeston, M. H., Dugas, M. J., Letarte, H., & Ladouceur, R. (1995). Perfectionism, responsibility and obsessive-compulsive symptoms. *Behaviour Research and Therapy*, 33(7), 785-794.

Richter, M. A., Cox, B. J., & Direnfeld, D. M. (1994). A comparison of three assessment instruments for obsessive-compulsive symptoms. *Journal of Behavior Therapy and Experimental Psychiatry, 25*(2), 143-147.

Röper, G., & Rachman, S.(1976). Obsessional-compulsive checking: Experimental replication and development. *Behaviour Research and Therapy, 14*, 25-32.

Rosario-Campos, M. C., Leckman, J. F., Mercadante, M. T., Shavitt, R. G., Prado, H. D. S., Sada, P., & Miguel, E. C. (2001). Adults with early-onset obsessive-compulsive disorder. *American Journal of Psychiatry, 158*(11), 1899-1903.

Rosario-Campos, M. C., Miguel, E. C., Quatrano, S., Chacon, P., Ferrao, Y., Findley, D., & Tolin, D. (2006). The Dimensional Yale-Brown Obsessive-Compulsive Scale (DY-BOCS): an instrument for assessing obsessive-compulsive symptom dimensions. *Molecular Psychiatry, 11*(5), 495-504.

Rosen, J. C., & Ramirez, E. (1998). A comparison of eating disorders and body dysmorphic disorder on body image and psychological adjustment. *Journal of Psychosomatic Research, 44*(3), 441-449.

Rosenberg, D. R., Averbach, D. H., O'hearn, K. M., Seymour, A. B., Birmaher, B., & Sweeney, J. A. (1997). Oculomotor response inhibition abnormalities in pediatric obsessive-compulsive disorder. *Archives of General Psychiatry,* 54(9), 831-838.

Rothenberg, A. (1986). Eating disorder as a modern obsessive-compulsive syndrome. *Psychiatry, 49*(1), 45-53.

Rosenfeld, R., Dar, R., Anderson, D., Kobak, K. A., & Greist, J. H. (1992). A computer-administered version of the Yale-Brown Obsessive-Compulsive Scale. *Psychological Assessment*, *4*(3), 329.

Rothbaum, B. O., Shaw, L., Morris, R., & Ninan, P. T. (1993). Prevalence of trichotillomania in a college freshman population (letter). *Journal of Clinical Psychiatry, 54*, 72.

Rubenstein, C. S., Pigott, T. A., Altemus, M., L'heureux, F., Gray, J. J., & Murphy, D. L. (1993). High rates of comorbid OCD in patients with bulimia nervosa. *Eating Disorders, 1*(2), 147-155.

Ruscio, A. M., Stein, D. J., Chiu, W. T., & Kessler, R. C.(2010). The epidemiology of obsessive-compulsive disorder in the National Comorbidity Survey

Replication. *Molecular Psychiatry, 15*, 53-63.

Salkovskis, P. M. (1985). Obsessional-compulsive problems: A cognitive-behavioural analysis. *Behaviour Research and Therapy, 23, 571-583.*

Salkovskis, P.M. (1989). Cognitive-behavioural factors and the persistence of intrusive thoughts in obsessional problems. *Behaviour Research and Therapy, 27*(6), 677-682.

Salkovskis, P.M. (1999). Understanding and treating obsessive-compulsive disorder. *Behaviour Research and Therapy, 37*, S29-S52.

Salkovskis, P. M., & Forrester, E. (2002). Responsibility, In R. O. Frost & G Steketee (Eds.), *Cognitive Approaches to Obsessions and Compulsions: Theory, Assessment, and Treatment* (p. 48). Oxpord, UK: Elsevier Ltd.

Salkovskis, P. M., Forrester, E., & Richards, C. (1998). Cognitive-behavioural approach to understanding obsessional thinking. *The British Journal of Psychiatry, Supplement*, (35), 53-63.

Salkovskis, P. M., & Harrison, J. (1984). Abnormal and normal obsessions—a replication. *Behaviour Research and Therapy, 22*(5), 549-552.

Salkovskis, P. M., Lachman, S., Ladouceur, R., Freeston, M., Taylor, S., Kyrios, M., & Sica, C. (1996). Defining responsiility in obsessional problems. *First Meeting of Obsessive-compulsive Cognitions Working Group*, Smith College, Boston, USA.

Salkovskis, P. M., & McGuire, J. (2003). Cognitive-behavioral theory of obsessive-compulsive disorder, In R.G Menzies & P. de Silva (Eds.), *Obsessive-Compulsive Disorder: Theroy, Research and Treatment* (pp. 60-72). The Atrium: Wiley.

Salkovskis, P. M., & Westbrook, D. (1989). Behaviour therapy and obsessional ruminations: can failure be turned into success? *Behaviour Research and Therapy, 27*(2), 149-160.

Salkovskis, P. M., Wroe, A. L., Gledhill, A., Morrison, N., Forrester, E., Richards, C., & Thorpe, S. (2000). Responsibility attitudes and interpretations are characteristic of obsessive compulsive disorder. *Behaviour Research and Therapy, 38*(4), 347-372.

Samuels, J., Nestadt, G., Bienvenu, O. J., Costa, P. T., Riddle, M. A., Liang, K. Y., et al. (2000). Personality disorders and normal personality dimensions in obsessive-compulsive disorder. *The British Journal of Psychiatry, 177*(5), 457-462.

Sanavio, E., & Vidotto, G. (1985). The components of the Maudsley obsessional-compulsive questionnaire. *Behaviour Research and Therapy, 23*(6), 659-662.

Sanavio, E. (1988). Obsessions and compulsions: the Padua Inventory. *Behaviour Research and Therapy, 26*(2), 169-177.

Sanderson, W. C., Wetzler, S., Beck, A. T., & Betz, F. (1994). Prevalence of personality disorders among patients with anxiety disorders. *Psychiatry Research, 51*(2), 167-174.

Sasson, Y., Zohar J., Chopra M., Lustig M., Iancu I., & Hendler T. (1997). Epidemiology of obsessive-compulsive disorder: a world view. *Journal of Clinical Psychiatry, 58*, 7-10.

Sawle, G. V., Hymas, N. F., Lees, A. J., & Frackowiak, R. S. J. (1991). Obsessional slowness: functional studies with positron emission tomography. *Brain, 114*(5), 2191-2202.

Saxena, S., Maidment, K. M., Vapnik, T., Golden, G., Rishwain, T., Rosen, R. M., & Bystritsky, A. (2002). Obsessive-compulsive hoarding: Symptom severity and response to multimodal treatment. *The Journal of Clinical Psychiatry, 63*, 21-27.

Saxena, S., Winograd, A., Dunkin, J. J., Maidment, K., Rosen, R., Vapnik, T., et al. (2001). A retrospective review of clinical characteristics and treatment response in body dysmorphic disorder versus obsessive-compulsive disorder.

The Journal of Clinical Psychiatry, 62(1), 67-73.

Scahill, L., Riddle, M. A., McSwiggin-Hardin, M., Ort, S. I., King, R. A., Goodman, W. K., & Leckman, J. F. (1997). Children's Yale-Brown obsessive compulsive scale: reliability and validity. *Journal of the American Academy of Child & Adolescent Psychiatry, 36*(6), 844-852.

Schneider, J. S. (1984). Basal ganglia role in behavior: Importance of seosory gating and its relavance to psychiatry, *Biological Psychiatry, 19*, 1693-1710.

Shafran, R., Dana,S., & Thordarson, M. A. (1996). Thought-action fusion in obsessive compulsive disorder. *Journal of Anxiety Disorders, 10*, 379-391.

Shafran, R., & Tallis, F. (1996). Obsessive-compulsive hoarding: A cognitive-behavioural approach. *Behavioural and Cognitive Psychotherapy, 24*(3), 209-221.

Shafran, R., Thordarson, D. S., & Rachman, S. (1996). Thought-action fusion in obsessive compulsive disorder. *Journal of Anxiety Disorders, 10*(5), 379-391.

Shapiro, L. J. (2015). *Understanding OCD: Skills to Control the Conscience and Outsmart Obsessive Compulsive Disorder* (pp 48-54). Praeger, California.

Shea, M. T., Stout, R. L., Yen, S., Pagano, M. E., Skodol, A. E., Morey, L. C., et al. (2004). Associations in the course of personality disorders and Axis I disorders over time. *Journal of Abnormal Psychology, 113*(4), 499.

Sher, K. J., Frost, R. O., Kushner, M., Crews, T. M., & Alexander, J. E. (1989). Memory deficits in compulsive checkers: replication and extension in a clinical sample. *Behaviour Research and Therapy*, 27(1), 65-69.

Sher, K. J., Frost, R. O., & Otto, R. (1983). Cognitive deficits in compulsive checkers: An exploratory study. *Behaviour Research and Therapy*, 21(4), 357-363.

Sher, K. J., Mann, B., & Frost, R. O. (1984). Cognitive dysfunction in compulsive checkers: further explorations. *Behaviour Research and Therapy, 22*(5), 493-

502.

Simeon, D., Hollander, E., Stein, D. J., Cohen, L., & Aronowitz, B. (1995). Body dysmorphic disorder in the DSM-IV field trial for obsessive-compulsive disorder. *The American Journal of Psychiatry, 152*(8), 1207-1209.

Skodol, A. E., Oldham, J. M., Hyler, S. E., Stein, D. J., Hollander, E., Gallaher, P. E., & Lopez, A. E. (1995). Patterns of anxiety and personality disorder comorbidity. *Journal of Psychiatric Research, 29*(5), 361-374.

Slade, P. D., & Owens, R. G. (1998). A dual process model of perfectionism based on reinforcement theory. *Behavior Modification, 22*(3), 372-390.

Sobin, C.. Blundell, M. Weiller,F., Gavigan, C., Haiman, M., & Karayiorgou, M.(1998). Phenotypic characteristics of obsessive-compulsive disorder ascertained in adulthood. *Journal of Psychiatric Research, 33*, 265-273.

Sookman D., & Pinard, G. (2002). Overestimation of threat and intolerance of uncertainty in obsessive compulsive disorder. In Frost, R. O., & Steketee, G. (Eds.), *Cognitive Approaches to Obsessions and Compulsions: Theory, Assessment, and Treatment* (pp. 63-89). Oxford, UK: Elsevier Ltd.

Soomro, G. M., Altman, D., Rajagopal, S., & Oakley-Browne, M. (2008). Selective serotonin re-uptake inhibitors (SSRIs) versus placebo for obsessive compulsive disorder (OCD). *Cochrane Database of Systematic Reviews, 23*(1), CD001765.

Srinivasagam, N. M., Kaye, W. H., Plotnicov, K. H., & Greeno, C. (1995). Persistent perfectionism, symmetry, and exactness after long-term recovery from anorexia nervosa. *The American Journal of Psychiatry, 152*(11), 1630.

Stanley, M. A., Prather, R. C., Beck, J. G., Brown, T. C., Wagner, A. L., & Davis, M. L. (1993). Psychometric analyses of the Leyton Obsessional Inventory in patients with obsessive-compulsive and other anxiety disorders. *Psychological Assessment, 5*(2), 187.

Stein, D. J., Bouwer, C., Hawkridge, S., & Emsley, R. A. (1997). Risperidone augmentation of serotonin reuptake inhibitors in obsessive-compulsive and related disorders. *The Journal of Clinical Psychiatry, 58*(3), 119-122.

Stein, D. J., Hollander, E., Simeon, D., & Cohen, L. (1994). Impulsivity scores in patients with obsessive-compulsive disorder. *Journal of Nervous and Mental disease, 182*, 240-241.

Steketee, G., Chambless, D. L., Tran, G. Q., Worden, H., & Gillis, M. M. (1996a). Behavioral avoidance test for obsessive compulsive disorder. *Behaviour Research and Therapy, 34*(1), 73-83.

Steketee, G., Frost, R., & Bogart, K. (1996b). The Yale-Brown obsessive compulsive scale: Interview versus self-report. *Behaviour Research and Therapy, 34*(8), 675-684.

Steketee, G. S., Frost, R. O., Rheaume, J., & Wilhelm, S. (1998). Cognitive theory and treatment of obsessive-compulsive disorder. *Obsessive-compulsive disorders: Practical management*, 369-399.

Stemberger, R. M. T., Thomas, A. M., Mansueto, C. S., & Carter, J. G. (2000). Personal toll of trichotillomania: Behavioral and interpersonal sequelae. *Journal of Anxiety Disorders, 14*(1), 97-104.

Sternberger, L. G., & Burns, G. L. (1990). Maudsley obsessional-compulsive inventory: obsessions and compulsions in a nonclinical sample. *Behaviour Research and Therapy, 28*(4), 337-340.

Stern, R. S., & Cobb, J. P. (1978). Phenomenology of obsessive-compulsive neurosis. *British Journal of Psychiatry, 132*, 200-205.

Storch, E. A., Bagner, D., Merlo, L. J., Shapira, N. A., Geffken, G. R., Murphy, T. K., & Goodman, W. K. (2007). Florida obsessive-compulsive inventory: Development, reliability, and validity. *Journal of Clinical Psychology, 63*(9), 851-859.

Storch, E. A., Benito, K., & Goodman, W. (2011). Assessment scales for obsessive-compulsive disorder. *Neuropsychiatry, 1*(3), 243-250.

Storch, E. A., Rasmussen, S. A., Price, L. H., Larson, M. J., Murphy, T. K., & Goodman, W. K. (2010). Development and psychometric evaluation of the Yale-Brown Obsessive-Compulsive Scale-Second Edition. *Psychological Assessment, 22*(2), 223.

Summerfeldt, L. J. (2004). Understanding and treating incompleteness in obsessive-compulsive disorder. *Journal of Clinical Psychology, 60*(11), 1155-1168.

Summerfeldt, L. J., Antony, M. M., Downie, F., Richter, M. A., & Swinson, R. P. (1997). *Prevalence of particular obsessions and compulsions in a clinic sample*, unpublished manuscript.

Summerfeldt L.J., Huta, V., & Swinson, R.(1998). Personality and obsessive-compulsive disorder. In R. P. Swinson, M. M. Antony, S. Rachman, & M. A. Richter, *Obsessive-Compulsive Disorder: Theory, Research and Treatment* (pp. 79-119). New York: Guilford Press.

Swedo, S. E. (1993). Trichotillomania. *Psychiatric Annals, 23*(7), 402-407.

Swedo, S. E., & Leonard, H. L. (1992). Trichotillomania: an obsessive compulsive spectrum disorder? *Psychiatric Clinics of North America, 15*, 777-790.

Swedo, S. E., Schapiro, M. B., Grady, C. L., Cheslow, D. L., Leonard, H. L., Kumar, A., & Rapoport, J. L. (1989). Cerebral glucose metabolism in childhood-onset obsessive-compulsive disorder. *Archives of General Psychiatry, 46*(6), 518-523.

Tallis, F. (1996). Compulsive washing in the absence of phobic and illness anxiety. *Behaviour Research and Therapy, 34*, 361-362.

Taylor, S. (1995). Assessment of obsessions and compulsions: Reliability, validity, and sensitivity to treatment effects. *Clinical Psychology Review, 15*(4), 261-296.

Taylor, S. (1998). Assessment of obsessive-compulsive disorder. In R. P. Swinson,

M. M. Antony Rachman, & M. A. Richter (Eds), *Obsessive-compulsive disorder: Theory, research, and treatment* (pp. 229-257). New York: Guilford Press.

Taylor, S., Kyrios, M., Thordarson, D. S., Steketee, G., & Frost, R. O. (2002). Development and validation of instruments for measuring intrusions and beliefs in obsessive compulsive disorder. In R. O. Frost & G. Steketee (Eds.), *Cognitive Approaches to Obsessions and Compulsions: Theory, Assessment, and Treatment* (pp. 117-138). Oxford, UK: Elservier Ltd.

Thomsen, P. H., & Mikkelsen, H. U. (1993). Development of personality disorders in children and adolescents with obsessive-compulsive disorder A 6-to 22-year follow-up study. *Acta Psychiatrica Scandinavica, 87*(6), 456-462.

Thordarson, D. S., Radomsky, A. S., Rachman, S., Shafran, R., Sawchuk, C. N., & Hakstian, A. R. (2004). The Vancouver obsessional compulsive inventory (VOCI). *Behaviour Research and Therapy, 42*(11), 1289-1314.

Thordarson, D. S., & Shafran, R. (2002). Importance of thought. In R. O. Frost & G. Steketee (Eds.), *Cognitive Approaches to Obsessions and Compulsions: Theory, Assessment, and Treatment* (pp. 14-17). Oxford, UK: Elservier Ltd.

Thornton, C., & Russell, J. (1997). Obsessive compulsive comorbidity in the dieting disorders. *International Journal of Eating Disorders, 21*(1), 83-87.

Tolin, D. F., Abramowitz, J. S., Brigidi, B. D., Amir, N., Street, G. P., & Foa, E. B. (2001). Memory and memory confidence in obsessive-compulsive disorder. *Behaviour Research Therapy, 39*, 913-927.

Tolin, D, F., & Meunier, S. A. (2008). Contamination and decontamination. In J. S. Abramowitz, D. Mckay, & S, Taylor (Eds.), *Obsessive Compulsive Disorder: Subtype and Spectrum Conditions* (pp. 3-18). New York: Elsevier.

Tolin, D. F., Franklin, M. E., Diefenbach, G. J., Anderson, E., & Meunier, S. A. (2007). Pediatric trichotillomania: descriptive psychopathology and an open trial of cognitive behavioral therapy. *Cognitive Behaviour Therapy*, *36*(3), 129-144.

Tremblay, L., & Schultz, W. (1999). Relative reward preference in primate orbitofrontal cortex. *Nature, 398*(6729), 704.

Tuke, D. H. (1894). Imperative ideas. *Brain, 17*, 179-97.

Tükel, R., Keser, V., Karal ı , N. T., Olgun, T. Ö., & Çal ı kuşu, C. (2001). Comparison of clinical characteristics in trichotillomania and obsessive-compulsive disorder. *Journal of Anxiety Disorders, 15*(5), 433-441.

Valleni-Basile, L. A., Garrison, C. Z., Jackson, K. L., Waller, J. L., McKeown, R. E., Addy, C. L., & Cuffe, S. P. (1994). Frequency of obsessive-compulsive disorder in a community sample of young adolescents. *Journal of the American Academy of Child & Adolescent Psychiatry, 33*(6), 782-791.

Van Oppen, P., Hoekstra, R. J., & Emmelkamp, P. M. (1995). The structure of obsessive-compulsive symptoms. *Behaviour Research and Therapy, 33*(1), 15-23.

Vostanis, P., & Dean, C. (1992). Self-neglect in adult life. *The British Journal of Psychiatry, 161*(2), 265-267.

Wade, D., Kyrios, M., & Jackson, H. (1998). A Model of Obsessive-Compulsive Phenomena in a Nonclinical Sample. *Australian Journal of Psychology, 50*(1), 11-17.

Wegner, D. M., Schneider, D. J., Carter, S. R., & White, T. L. (1987). Paradoxical effects of thought suppression. *Journal of Personality and Social Psychology, 53*(1), 5.

Wellen, D., Samuels, J., Bienvenu, O. J., Grados, M., Cullen, B., Riddle, M., & Nestadt, G. (2007). Utility of the Leyton Obsessional Inventory to distinguish OCD and OCPD. *Depression and Anxiety, 24*(5), 301-306.

Wells, A., & Davies, M. I. (1994). The Thought Control Questionnaire: A measure of individual differences in the control of unwanted thoughts. *Behaviour*

Research and Therapy, 32(8), 871-878.

Welner, A., Reich, T., Robins, E., Fishman, R. & Van Doren, T. (1976). Obsessive-compulsive neurosis: Record, follow-up and family studies: I. inpatient record study. *Comprehensive Psychiatry, 17*, 527-539.

Wilhelm, S., McNally, R. J., Baer L., & Florin, I.(1996). Directed forgetting in obsessive-compulsive disorder. *Behaviour Research Therapy, 34*(8), 633-641.

Woody, S. R., Steketee, G., & Chambless, D. L. (1995). Reliability and validity of the Yale-Brown obsessive-compulsive scale. *Behaviour Research and Therapy, 33*(5), 597-605.

Wu, K. D., Clark, L. A., & Watson, D. (2006). Relations between obsessive-compulsive disorder and personality: Beyond Axis I-Axis II comorbidity. *Journal of Anxiety Disorders, 20*(6), 695-717.

Zohar, J., & Insel, T. R. (1987). Obsessive-compulsive disorder: psychobiological approaches to diagnosis, treatment, and pathophysiology. *Biological Psychiatry, 22*, 667-687.

online etymology dictionalry. http://www.etymonline.com

찾아보기

인명

내용

저자 소개

정승아(Seung-Ah, Jung)

연세대학교 대학원 심리학박사

전) 대인관계 연구소 부소장, 한양대학병원 신경정신과 연구교수

현) 조선대학교 보건과학대학 상담심리학과 교수

〈저서 및 역서〉

정신병리학 특강(공저, 집문당, 2017)

임상심리검사의 이해(2판, 공저, 학지사, 2014)

콤플렉스는 나의 힘(좋은 책 만들기, 2012)

아동심리치료학 개론(공저, 학지사, 2011)

다름의 아름다움(공저, 고즈윈, 2008)

강박장애
-이론, 현상학, 평가-

Obsessive-Compulsive Disorder
-Theory, Phenomenology, Assessment-

2018년 8월 25일 1판 1쇄 인쇄
2018년 8월 30일 1판 1쇄 발행

지은이 • 정승아
펴낸이 • 김진환
펴낸곳 • ㈜ 학지사
04031 서울특별시 마포구 양화로 15길 20 마인드월드빌딩
대표전화 • 02-330-5114 팩스 • 02-324-2345
등록번호 • 제313-2006-000265호

홈페이지 • http://www.hakjisa.co.kr
페이스북 • https://www.facebook.com/hakjisa

ISBN 978-89-997-1645-4 93180

정가 18,000원

이 도서의 국립중앙도서관 출판시도서목록(CIP)은 서지정보유통지원시스템 홈페이지(http://seoji.nl.go.kr)와 국가자료공동목록시스템(http://www.nl.go.kr/kolisnet)에서 이용하실 수 있습니다.
(CIP 제어번호: CIP2018026316)